高等教育"十三五"规划教材
立信精品教材

中级财务会计学

主编 陈璠 韩建清

立信会计出版社
LIXIN ACCOUNTING PUBLISHING HOUSE

图书在版编目(CIP)数据

中级财务会计学 / 陈璠主编. —上海：立信会计出版社，2020.1
高等教育"十三五"规划教材. 立信精品教材
ISBN 978-7-5429-6375-8

Ⅰ.①中… Ⅱ.①陈… Ⅲ.①财务会计-高等学校-教材 Ⅳ.①F234.4

中国版本图书馆 CIP 数据核字(2019)第 289454 号

策划编辑　　陈　旻
责任编辑　　陈　旻

中级财务会计学

出版发行	立信会计出版社		
地　　址	上海市中山西路 2230 号	邮政编码	200235
电　　话	(021)64411389	传　　真	(021)64411325
网　　址	www.lixinaph.com	电子邮箱	lixinaph2019@126.com
网上书店	http://lixin.jd.com	http://lxkjcbs.tmall.com	
经　　销	各地新华书店		
印　　刷	安徽新华印刷股份有限公司		
开　　本	787 毫米×1092 毫米　　1/16		
印　　张	16.75		
字　　数	415 千字		
版　　次	2020 年 1 月第 1 版		
印　　次	2020 年 1 月第 1 次		
印　　数	1—3 100		
书　　号	ISBN 978-7-5429-6375-8/F		
定　　价	42.00 元		

如有印订差错，请与本社联系调换

前　言

人类进入21世纪后,经济全球化和一体化迅猛发展,会计作为国际通用的商业语言,在这个过程中扮演着越来越重要的角色。我国作为一个经济高速增长的发展中国家,更要抓住机遇,积极推进会计的国际化进程,为我国经济的发展提供有力的支持。为了尽快实现我国会计的理论和方法与国际惯例接轨,我国从1993年起,在会计准则和会计制度方面进行了长达数年的改革,并于2006年出台了《企业会计准则》,这标志着我国在推进会计国际化进程中迈出了重要的一步。此后,我国又根据经济发展的实际情况先后对有关准则进行了修订。

在我国经济高速发展的过程中,在推进会计国际化的进程中,各行各业急需大量的会计人才。为了满足全国各类院校财经类专业的会计教学及会计人员继续教育的需要,在总结会计实践和教学经验的基础上,我们组织了长期工作在会计教学一线、具有丰富教学经验的教师,编写了这本《中级财务会计学》教材。我们依据我国现行法律法规、2006年颁布的企业会计准则、2017年修订的收入准则、2018年修订的金融工具确认与计量准则以及2019年4月1日实行的增值税税率等进行编写。本教材阐述了财务会计的基本理论和基本方法,具有较强的理论性、实践性和通用性。为了方便教师的教学,每章均标有学习目的和要求;为了方便学生的学习,每章均附有本章小结、复习思考题及练习题。全书共分十三章,第一章阐述了财务会计的基本内容,第二至第九章阐述了资产的内涵及核算,第十章阐述了负债的内涵及核算,第十一章阐述了所有者权益的内涵及核算,第十二章阐述了收入、费用和利润的内涵及核算,第十三章阐述了财务报告的内涵及编报方法。

本书由陈璠和韩建清共同主编。编写分工如下:第一、第二、第三、第五、第六、第八、第九章由陈璠编写,第四、第七章由熊敏编写,第十章由秦琰旻编写,第十一、第十二章由韩建清编写,第十三章由贡友红编写。最后由陈璠负责对全书进行了修改和总纂。

本书在编写过程中借鉴了相关书刊资料的观点,得到了学院领导和老师的支持,更得到了立信会计出版社的大力支持,在此一并表示感谢。由于编者水平有限,加之时间仓促,书中疏漏和不足在所难免,敬请各位同行专家和读者批评指正。

编　者
2019年10月

目　录

第一章　总论 ··· 1
　第一节　财务会计概述 ··· 1
　第二节　会计假设和会计信息质量要求 ···································· 3
　第三节　会计要素 ··· 7
　第四节　会计计量 ·· 11

第二章　货币资金 ··· 14
　第一节　库存现金 ·· 14
　第二节　银行存款 ·· 17
　第三节　其他货币资金 ·· 30

第三章　应收和预付款项 ··· 35
　第一节　应收票据 ·· 35
　第二节　应收账款 ·· 38
　第三节　预付账款和其他应收款 ·· 38
　第四节　应收款项减值 ·· 40

第四章　存货 ·· 44
　第一节　存货概述 ·· 44
　第二节　原材料的核算 ·· 46
　第三节　其他存货的核算 ··· 58
　第四节　存货的清查 ··· 65
　第五节　存货的期末计量 ··· 67

第五章　金融资产 ··· 77
　第一节　以摊余成本计量的金融资产 ····································· 77
　第二节　以公允价值计量且其变动计入其他综合收益的金融资产 ···· 81
　第三节　以公允价值计量且其变动计入当期损益的金融资产 ········ 83

第六章　长期股权投资 ··· 88
　第一节　长期股权投资的范围及初始计量 ······························· 88
　第二节　长期股权投资的后续计量 ··· 92

第七章　固定资产 ... 99
第一节　固定资产概述 ... 99
第二节　固定资产取得的核算 ... 102
第三节　固定资产折旧的核算 ... 107
第四节　固定资产后续支出的核算 ... 112
第五节　固定资产处置的核算 ... 114
第六节　固定资产清查 ... 117
第七节　固定资产减值 ... 118

第八章　投资性房地产 ... 123
第一节　投资性房地产概述 ... 123
第二节　投资性房地产的初始计量 ... 125
第三节　投资性房地产的后续计量 ... 127
第四节　投资性房地产的处置 ... 130

第九章　无形资产及其他资产 ... 134
第一节　无形资产 ... 134
第二节　其他资产 ... 143

第十章　负债 ... 147
第一节　流动负债 ... 147
第二节　非流动负债 ... 165

第十一章　所有者权益 ... 174
第一节　所有者权益的内容 ... 174
第二节　实收资本 ... 176
第三节　资本公积和其他综合收益 ... 179
第四节　留存收益 ... 181

第十二章　收入、费用和利润 ... 186
第一节　收入 ... 186
第二节　费用 ... 202
第三节　利润 ... 204
第四节　利润分配 ... 213

第十三章　财务报告 ... 219
第一节　财务报告概述 ... 219
第二节　资产负债表 ... 222

第三节 利润表 ………………………………………………………… 232
第四节 现金流量表 ……………………………………………………… 236
第五节 所有者权益变动表 ……………………………………………… 247
第六节 附注 ……………………………………………………………… 249

第一章

总 论

学习目的与要求 学生通过本章的学习,应掌握会计假设和会计信息的质量要求;掌握会计要素的相关内容;熟悉财务会计的概念、目标、特点及会计的计量属性。

本章关键词 财务会计;会计假设;会计要素;会计计量

第一节 财务会计概述

一、财务会计的含义

财务会计是依据《企业会计准则》,以货币为主要计量单位,采用一系列专门方法,对企业的经济活动过程进行完整、连续、系统的核算和监督,向有关各方提供会计信息资料,参与企业经营预测和决策活动。它是企业经济管理的重要组成部分。

会计是随着社会生产的发展和经济管理的要求而产生、发展,并不断完善起来的一项管理活动。在人类社会的发展历史上,人们为了不断满足掌握生产成果和安排生活的需要,逐步产生了计数和计算的要求,如我国的结绳记事、刻木记数的出现就是会计产生的萌芽阶段。随着社会经济的不断发展,生产力的不断提高,剩余产品的大量出现,会计逐渐成为生产经营过程的附带职能。随着货币的产生和商品经济的发展,人们对经济管理的要求也越来越高,作为一种管理方法的会计,从核算内容和方法上也发生了很大的变化,会计技术获得了较大的发展,逐步独立成为一种管理活动。进入资本主义社会,随着商品经济规模的进一步扩大,会计也逐步从简单记录、计量、比较盈亏损益,发展成为一门有完整的方法体系的会计学科。进入20世纪以来,特别是第二次世界大战以后,随着市场竞争的加剧,会计又从对经济活动的结果进行记录、计算和报告,发展到对企业活动的全过程进行控制和监督,参与企业的经营决策和长期决策,为企业内部强化经营管理服务。会计信息越来越被使用者所重视。特别是随着企业组织制度的发展变化,为适应股份公司这一企业主要组织形式的需要,逐渐突破了为单个企业服务的界限,会计信息的服务对象日趋扩大。随着国际经济市场的形成和发展,国际间交流越来越广泛,会计信息突破了国界,它要为全球范围内的投资者服务。

二、财务会计的特征

社会经济的发展使会计所担负的任务越来越重要,为了更好地实现会计工作的目标和职能,现代企业会计逐渐划分为财务会计和管理会计两大分支,它们分别从不同的角度各有侧重地反映、监督、预测、控制企业的经济活动。两者相比,主要有如下特点:

第一,财务会计和管理会计提供信息的服务对象不同。财务会计主要是为满足企业外部的需要,提供决策所需要的财务信息,它以某一特定的企业作为空间范围,其账簿记录和报表编制都是为该企业进行的;管理会计主要是满足企业管理当局经营决策所需信息,适应内部管理需要。正因为这样,有人把财务会计称为对外报告会计(外部会计),把管理会计称为对内报告会计(内部会计)。

第二,财务会计和管理会计提供信息的时间性也有差异。财务会计所提供的信息,主要反映已发生的经济业务,且以定期的财务会计报告(月、季、年)提供历史信息,报告内容不可避免的是事后的信息;管理会计要求及时提供现在及未来信息,这是基于管理上需要事前的计划和预测,用科学的方法加以判断、估计未来。

第三,财务会计和管理会计提供信息的作用不同。财务会计提供企业财务状况、经营成果及现金流量信息。这些信息既可衡量和评价经营管理者的业绩,又可供企业外部进行投资决策、信贷决策之用,引导资金的合理流向。管理会计主要提供企业内部进行经营决策所需的信息,包括经营活动规划、预测、决策以及企业经营活动的控制。这既可将一个企业作为对象,又可将一项活动(或一种方案)、一个项目作为对象,主要着眼于经营管理,供内部决策之用。

第四,财务会计和管理会计提供信息的陈报方式和要求不同。财务会计必须遵循凭证—账簿—报表这一基本模式,数据的正确性要求比较严格,且数据处理加工过程要受公认会计原则和企业会计制度约束,对外提供报告具有规定的报表格式,主要是利润表、资产负债表和现金流量表,对外界提供所需信息;管理会计无固定格式,视企业特定决策需要,提供相关信息,数据要求相对准确。

三、财务会计的目标

财务会计的目标是开展会计工作所要达到的目标,是指财务会计信息如何来满足社会各方面的需要。财务会计的目标主要包括以下两个方面的内容:

第一,向财务报告使用者提供决策有用的信息。

企业编制财务报告的主要目的是为了满足财务报告使用者的信息需要,有助于财务报告使用者作出经济决策。因此,向财务报告使用者提供对决策有用的信息是财务报告的基本目标。如果企业在财务报告中提供的会计信息与使用者的决策无关,没有使用价值,那么财务报告就失去了其编制的意义。

第二,反映企业管理层受托责任的履行情况。

在现代公司制下,企业所有权和经营权相分离,企业管理层是受委托人之托经营管理企业及其各项资产,负有受托责任,即企业管理层所经营管理的企业各项资产基本上均为投资者投入的资本或者向债权人借入的资金所形成的,企业管理层有责任妥善保管并合理、有效地运用这些资产。尤其是企业投资者和债权人等,需要及时或者经常性地了解企业管理层保管、使用资产的情况,以便于评价企业管理层受托责任的履行情况和业绩情况,并决定是否需要调整投资或者信贷政策,是否需要加强企业内部控制和其他制度建设,是否需要更换管理层等。因此,财务报告应当反映企业管理层受托责任的履行情况,以有助于评价企业的经营管理责任和资源使用的有效性。

第二节　会计假设和会计信息质量要求

一、会计假设

会计假设是对会计核算所处时间、空间环境等所作的合理假定,是会计确认、计量和报告的基本前提,规定了会计核算赖以存在的一些前提条件,是企业设计和选择会计方法的重要依据。会计假设包括会计主体、持续经营、会计分期和货币计量。

（一）会计主体

会计主体是指会计工作为其服务的特定单位或组织。典型的会计主体是企业。会计所提供的信息,特别是财务会计报告,反映的是特定会计主体的财务状况与经营成果,不允许含混任何别的会计主体的会计要素,并且不能遗漏本会计主体的任何会计要素。会计主体规定了会计确认、计量和报告的空间范围。

首先,明确会计主体,才能正确划定会计所要处理的各项交易或者事项的范围。在会计工作中,只有那些影响企业本身经济利益的各项交易或者事项,才能加以确认、计量和报告,那些不影响企业本身经济利益的各项交易或者事项不能加以确认、计量和报告。

其次,明确会计主体,才能将会计主体的交易或者事项与会计主体所有者的交易或者事项以及其他会计主体的交易或者事项区分开来。企业所有者的经济交易或者事项是属于企业所有者个体所发生的,不应纳入企业会计核算的范围。

需要注意的是,会计主体与法律主体并不是同一概念。一般来说,法律主体必然是会计主体,而会计主体却不一定就是法律主体。例如,任何企业,无论是独资、合资还是合伙,都是一个会计主体。在企业规模较大的情况下,母公司为了掌握分支机构的生产经营活动和收支情况,也可以将分支机构（分厂、分公司）作为一会计主体,要求其定期编制会计报表。同样,母、子公司在法律形式上均为独立的个体,但在经济上又可视为一个经济实体,会计上是将母、子公司的经济活动以合并报表的方式加以表述。可见,会计主体可以是独立法人,也可以是非法人;可以是一个企业,也可以是企业内部某一单位或企业中的一个特定的部分;可以是单一企业,也可以是由几个企业组成的企业集团。

（二）持续经营

持续经营是指企业或会计主体的生产经营活动在经营期间将按当前的规模和既定的目标延续下去,在可预见的未来,企业不会停业,也不会大规模地削减业务。企业在持续经营条件下,它所持有的资产将按原定的用途在正常的经营过程中使用,它所承担的债务也将按承诺的条件清偿。

持续经营的假设为解决财产计价和费用分配等问题提供了前提条件,如企业各项固定资产价值取得时按实际成本入账,固定资产的折旧按使用年限分期摊销;又如费用分配由于假定企业是持续经营的,因此,某项费用的发生如果不仅与本期的收益有关,并且与以后几期的收益有关,那么,该项费用就应该在有关受益期间进行合理分配。

持续经营假设,并非每个企业都永远持续经营下去,当有证据足以证明企业不能持续存在时,会计人员应放弃这一假设,改为清算价值计量资产,并在企业财务会计报告中作相应的披露。

(三) 会计分期

会计分期是指为了及时反映企业的经营情况,会计核算应当将一个企业持续不断的经营活动过程划分为若干连续的、长短相同的期间,以便于分期结算账目和编制财务会计报告。会计期间分为年度和中期,年度和中期均按公历起讫日期确定。中期是指短于一个完整的会计年度的报告期间,包括半年度、季度和月度。

为了及时反映资产、负债和所有者权益的变化情况,为了充分发挥会计管理的积极作用,在会计实务中就必须将持续不断的企业经营活动在时间上划分为等间距的会计期间,确定每一会计期间的收入、费用和利润,以便分段进行结算,分段编制财务会计报告,从而使企业管理者、投资人、债权人和有关职能部门能及时、准确地得到有关会计信息。明确会计分期这个会计核算的基本前提对会计核算有着重要影响。

由于会计分期,才产生了当期与其他期间的差别,从而出现权责发生制和收付实现制的区别,才使不同类型的会计主体有了记账的基准,进而出现了应收、应付、折旧、摊销等会计处理方法。

(四) 货币计量

货币计量是指企业在进行会计确认、计量和报告过程中采用货币作为统一的计量单位,记录、反映企业的经营情况。采用货币为计量单位是由货币本身的属性决定的。货币是商品一般等价物,是衡量一般商品价值的共同尺度,具有价值尺度、流通手段、贮藏手段和支付手段等特点。经济活动的计量,事实上存在多种计量单位,如货币、实物数量、重量、长度、面积等,会计使用货币作为统一的计量单位,它具有广泛的适用性,更能体现会计的目的,即反映企业的财务状况、经营成果和现金流量。但是,统一采用货币计量也存在缺陷,如某些影响企业财务状况和经营成果的因素(如企业经营战略、研发能力、市场竞争力等),往往难以用货币来计量,但这些信息对于会计信息使用者决策也很重要。所以,企业应当在财务会计报告中补充披露上述各项非财务信息来弥补货币计量的缺陷。

在货币计量的前提下,企业的会计核算应以人民币为记账本位币。业务收支以人民币以外的货币为主的企业,可以选定其中一种货币作为记账本位币,但是编报的财务会计报告应当折算为人民币。在境外设立的中国企业向国内报送的财务会计报告,应当折算为人民币。

二、会计信息质量要求

会计信息质量要求是对企业财务报告中所提供的会计信息质量的基本要求,是使财务报告中提供会计信息对使用者决策有用所应具备的基本特征,包括可靠性、相关性、可理解性、可比性、实质重于形式、重要性、谨慎性和及时性。

(一) 可靠性

可靠性要求企业应当以实际发生的交易或者事项为依据进行会计确认、计量和报告,如实反映符合确认和计量要求的各项会计要素及其他相关信息,保证会计信息真实可靠、内容完整。

企业提供会计信息的目的是为了满足会计信息使用者的决策需要,因此,就应做到内容真实、数字准确、资料可靠。在会计核算工作中坚持以上原则,就应当在会计核算时客观地反映企业的财务状况、经营成果和现金流量,保证会计信息的真实性;会计工作应当正确运用会计原则和方法,准确反映企业的实际情况;会计信息应当能够经受验证,以核实其是否真实。

如果企业的会计核算不是以实际发生的交易或事项为依据,没有如实地反映企业的财务状况、经营成果和现金流量,会计工作就失去了存在的意义,甚至会误导会计信息使用者,导致决策的失误。

(二) 相关性

相关性要求企业提供的会计信息应当与财务报告使用的经济决策需要相关,有助于财务报告使用者对企业过去、现在或者未来的情况作出评价或者预测。

会计信息的价值在于提供的会计信息要与会计信息使用者的要求相关联,也就是与使用者的决策相关,有助于决策,而不是漫无目的地提供使用者不需要的或者不重要的会计信息。在会计核算工作中坚持这一原则,就要求在收集、加工、处理和提供会计信息的过程中,充分考虑会计信息使用者的需求。按照我国的情况,会计信息必须满足三方面的需要:①符合国家宏观经济管理的要求;②满足有关各方面了解企业财务状况和经营成果的需要;③满足企业内部加强经营管理的需要。

如果会计信息提供以后,没有满足会计信息使用者的需要、对会计信息使用者的决策没有什么作用,就不具有相关性。

(三) 可理解性

可理解性要求企业的会计信息应当清晰明了,便于财务报告使用者理解和使用。

提供会计信息的目的在于使用,要使用会计信息首先必须了解会计信息的内涵,弄懂会计信息的内容。在会计核算工作中坚持可理解性原则,要求会计记录和财务会计报告必须清晰明了、简明扼要,数据记录和文字说明一目了然地反映出经济活动的来龙去脉。这就要求会计核算中的会计记录应当准确、清晰,填制会计凭证、登记会计账簿必须做到依据合法、账户对应关系清楚、文字摘要完整;在编制会计报表时,项目勾稽关系清楚、项目完整、数字准确。企业还应视会计核算业务量的大小和管理上的要求,设计出合理的记账程序,保证会计核算程序有条不紊地进行,提高会计核算质量,便于有关方面利用会计信息。

(四) 可比性

可比性要求企业提供的会计信息应当具有可比性。具体包括下列要求:

(1) 同一企业不同时期发生的相同或者相似的交易或者事项,应当采用一致的会计政策,不得随意变更。确需变更的,应当在附注中说明。

企业发生的交易或事项具有复杂性和多样化,对于某些交易或事项可以有多种会计核算方法。例如,存货的领用和发出,可以采用先进先出法、加权平均法、移动平均法和个别计价法等确定其实际成本;固定资产折旧方法可以采用年限平均法、工作量法、年数总和法和双倍余额递减法等。贯彻可比性的目的,是使会计信息的使用者能利用上一会计期间的会计信息考核、评价本期的财务状况和经营成果,并借以进行正确的预测和决策。如果企业在不同的会计期间采用不同的会计核算方法,将不利于会计信息使用者对会计信息的理解,不利于会计信息作用的发挥,甚至引起分析、判断的错觉。

(2) 不同企业发生的相同或者相似的交易或者事项,应当采用规定的会计政策,确保会计信息口径一致、相互可比。

不同的企业可能处于不同行业、不同地区,经济业务发生于不同时点,为了保证会计信息能够满足决策的需要,便于比较不同企业的财务状况、经营成果和现金流量,只要是相同的交易或者事项,就应当采用相同的会计处理方法。可比性使来自各企业的会计信息能统一汇总,为国民经济的宏观调控提供有用的信息。

(五) 实质重于形式

实质重于形式要求企业应当按照交易或者事项的经济实质进行会计确认、计量和报告,不应仅以交易或者事项的法律形式为依据。

在具体会计实务中,交易或者事项的实质往往存在着与其法律形式明显不一致的情形,所以,会计信息要想反映其拟反映的交易或者事项,就必须根据交易或者事项的实质和经济现实,而不能仅仅根据它们的法律形式进行核算和反映。

例如,销售商品的售后回购,如果企业已将商品所有权上的主要风险和报酬转移给购货方,并同时满足收入确认的其他条件,则销售实现,应当确认收入;如果企业没有将商品所有权上的主要风险和报酬转移给购货方,或没有满足收入确认的其他条件,即使企业已将商品交付购货方,销售也没有实现,不应当确认收入。

又如,以融资租赁方式租入的资产,虽然在租赁期内承租企业从法律形式来讲并不拥有其所有权,但是由于租赁合同中规定的租赁期相当长,接近于该资产的使用寿命;租赁期结束时,承租企业有优先购买该资产的选择权;在租赁期内,承租企业有权支配资产并从中受益。所以,从其经济实质来看,企业能够控制其创造的未来经济利益,会计核算上将以融资租赁方式租入的资产视为企业的资产。

如果企业的会计核算仅仅按照交易或者事项的法律形式进行,而其法律形式又没有反映其经济实质和经济现实,那么,其最终结果将不仅不会有利于会计信息使用者的决策,反而会误导会计信息使用者的决策。

(六) 重要性

重要性要求企业提供的会计信息应当反映与企业财务状况、经营成果和现金流量有关的所有重要交易或者事项。

对资产、负债、损益等有较大影响,并进而影响财务会计报告使用者据以作出合理判断的重要会计事项,必须按照规定的会计方法和程序进行处理,并在财务报告中予以充分、准确地披露;对于次要的会计事项,在不影响会计信息真实性和不至于误导财务会计报告使用者作出正确判断的前提下,可适当简化处理。

重要性应视信息的性质和对使用者作出决策的影响程度而定。会计核算应当全面反映企业的财务状况和经营成果,如果会计报表对一些重要的经济业务遗漏或不报,就会失去会计信息的客观性。不全面的会计信息不利于使用者进行决策。重要性与全面性相互兼顾。重要性与会计信息的成本效益直接相关。坚持重要性,就能够使提供会计信息的收益大于成本;反之,就会使提供会计信息的成本大于收益。在评价某些项目的重要性时,很大程度上取决于会计人员的职业判断。一般来说,应当从质和量两个方面进行分析。从性质方面来说,当某一会计事项有可能对决策产生一定影响时,就属于重要项目;从数量方面来说,当某一项目的数量达到一定规模时,就可能对决策产生影响。

(七)谨慎性

谨慎性要求企业以交易或者事项进行会计确认、计量和报告时应当保持应有的谨慎,不应高估资产或者收益、低估负债或者费用。

在市场经济条件下,企业随时可能面对各种风险,为了避免风险的发生给企业正常生产经营带来严重影响,企业在会计核算工作中应坚持谨慎性,要求企业在面临不确定因素的情况下作出职业判断时,应当保持必要的谨慎,充分估计到各种风险和损失,对于可能发生的各项费用和损失,应当合理预计,并予入账;而对于可能获得的收入,则不能预估,提前入账。

需要注意的是,谨慎性并不意味着企业可以任意设置各种秘密准备,否则,就属于滥用谨慎性,并视同重大会计差错来处理。

(八)及时性

及时性要求企业对于已经发生的交易或者事项,应当及时进行会计确认、计量和报告,不得提前或者延后。

会计信息的价值在于帮助会计信息使用者作出经济决策,因此,具有时效性。在会计核算过程中贯彻及时性,一是要求及时收集会计信息,即在经济业务发生后,及时收集整理各种原始单据或者凭证;二是及时处理会计信息,即在国家统一的会计制度规定的时限内,及时编制出财务会计报告;三是及时传递会计信息,即在国家统一的会计制度规定的时限内,及时将编制出的财务会计报告传递给财务会计报告使用者。

如果企业的会计核算不能及时进行,会计信息不能及时提供,就无助于经济决策,就不符合及时性的要求。

第三节 会 计 要 素

一、会计要素的概念

会计要素是会计对象的基本分类,是会计核算对象的具体化。会计要素作为反映企业财务状况和经营成果的基本单位,又是会计报表的基本构件。会计要素包括资产、负债、所有者权益、收入、费用和利润。这六大会计要素可以划分为反映财务状况的会计要素和反映经营成果的会计要素两大类。反映财务状况的会计要素包括资产、负债和所有者权益;反映经营成果的会计要素包括收入、费用和利润。

二、反映企业财务状况的会计要素

(一)资产

1. 资产的定义

资产是指企业过去的交易或者事项形成的、由企业拥有或者控制的、预期会给企业带来经济利益的资源。

资产具有如下基本特征：

(1) 资产预期会给企业带来经济利益,即资产是可望给企业带来现金流入的经济资源。资产必须具有交换价值和使用价值,没有交换价值和使用价值的物品不能给企业带来经济利益,则不作为资产确认。

(2) 资产是企业拥有或者控制的。一般来说,一项资源要作为企业的资产予以确认,对于企业来说要拥有其所有权,可以按照自己的意愿使用或处置。对于一些特殊方式形成的资产,企业虽然对其不拥有所有权,但能够实际控制的,如融资租入固定资产,按照实质重于形式原则的要求,也应当将其作为企业资产予以确认。

(3) 资产是由过去的交易或者事项所形成的。也就是说,资产必须是现实的资产,而不能是预期的资产,是由于过去已经发生的交易或者事项所产生的结果。至于未来交易或者事项以及未发生的交易或者事项可能产生的结果,则不属于现在的资产,不得作为资产确认。

2. 资产的确认条件

将一项资源确认为资产,首先应符合资产的定义。此外,还必须同时满足以下两个条件：

(1) 与该资源有关的经济利益很可能流入企业。根据资产的定义,能够带来经济利益是资产的一个本质特征,但由于经济环境瞬息万变,与资源有关的经济利益能否流入企业或能够流入多少,实际上带有不确定性。因此,资产的确认应当与经济利益流入的不确定性程度的判断结合起来,如果有证据表明,与该资源有关的经济利益很可能流入企业,那么就应当将其作为资产予以确认。

(2) 该资源的成本能够可靠地计量。可计量性是所有会计要素确认的重要前提,资产的确认同样需要符合这一要求。只有当有关资源的成本能够可靠地计量时,资产才能予以确认。

(二) 负债

1. 负债的定义

负债是指企业过去的交易或者事项形成的、预期会导致经济利益流出企业的现时义务。

负债具有如下基本特征：

(1) 负债是企业承担的现时义务。负债作为企业承担的一种义务,是由企业过去的交易或者事项形成的、现已承担的义务。比如,银行借款是因为企业接受了银行贷款形成的,如果没有接受贷款就不会发生银行借款这项负债。应付账款是因为赊购商品或接受劳务形成的;在这种购买未发生之前,相应的应付账款并不存在。

(2) 负债的清偿预期会导致经济利益流出企业。无论负债以何种形式出现,其作为一种现时义务,最终的履行预期均会导致经济利益流出企业。具体表现为交付资产、提供劳务、将一部分股权转给债权人等。对此,企业不能或很少可以回避。从这个意义上讲,企业能够回避的义务,不能确认为一项负债。

(3) 负债是由企业过去的交易或者事项形成的。负债应当由企业过去的交易或者事项所形成,过去的交易或者事项包括购买货物、使用劳务、接受银行贷款等。即只有过去发生的交易或者事项才形成负债,企业将在未来发生的承诺、签订的合同等交易或者事项,不形成负债。

2. 负债的确认条件

将一项现时义务确认为负债,首先应当符合负债的定义。此外,还必须同时满足以下两个条件:

(1) 与该义务有关的经济利益很可能流出企业。根据负债的定义,预期会导致经济利益流出企业是负债的一个本质特征。由于履行义务所需流出的经济利益带有不确定性,尤其是与推定义务相关的经济利益通常需要依赖于大量的估计,因此,负债的确认应当与经济利益流出的不确定性程度的判断结合起来。如果有证据表明,与现时义务有关的经济利益很可能流出企业,那么就应当将其作为负债予以确认。

(2) 未来流出的经济利益的金额能够可靠地计量。负债的确认也需要符合可计量性的要求,即对于未来流出的经济利益的金额应当能够可靠地计量。对于与法定义务有关的经济利益流出金额,通常可以根据合同或者法律规定的金额予以确定。考虑到经济利益的流出一般发生在未来期间,有时未来期间的时间还很长,在这种情况下,有关金额的计量通常需要考虑货币时间价值等因素的影响。

(三) 所有者权益

1. 所有者权益的定义

所有者权益是指企业资产扣除负债后,由所有者享有的剩余权益。公司的所有者权益又称为股东权益。

所有者权益与负债有着本质的不同。负债是企业所承担的现时义务,履行该义务预期会导致经济利益流出企业,而所有者权益在一般的情况下企业不需要归还其投资者;使用负债所形成的资金通常需要企业支付费用,如支付借款利息等,而使用所有者权益所形成的资金则不需要支付费用;在企业清算时,债权人拥有优先清偿权,在清偿所有的负债后才返还给投资者;投资者可以参与企业利润分配,而债权人则不能参与利润分配,只能按照预先约定的条件取得利息收入。

2. 所有者权益的来源构成

所有者权益按其来源主要包括所有者投入的资本、直接计入所有者权益的利得和损失、留存收益等。通常由股本(或实收资本)、资本公积(含股本溢价或资本溢价、其他资本公积)、盈余公积和未分配利润等构成。

所有者投入的资本,是指所有者投入企业的资本部分,它既包括构成企业注册资本或者股本部分的金额,也包括投入资本超过注册资本或者股本部分的金额,即资本溢价或者股本溢价。这部分投入资本按规定应计入资本公积。

直接计入所有者权益的利得和损失,是指不应计入当期损益、会导致所有者权益发生增减变动的、与所有者投入资本或者向所有者分配利润无关的利得或者损失。其中,利得是指由企业非日常活动所形成的、会导致所有者权益增加的、与所有者投入资本无关的经济利益的流入;损失是指由企业非日常活动所发生的、会导致所有者权益减少的、与向所有者分配利润无关的经济利益的流出。比如以公允价值计量且其变动计入其他综合收益的金融资产公允价值的变动额。

留存收益是指企业历年实现的净利润留存于企业的部分,主要包括盈余公积和未分配利润。

3. 所有者权益的确认条件

由于所有者权益体现的是所有者在企业中的剩余权益,因此,所有者权益的确认主要依赖于资产和负债的确认;所有者权益金额的确定也主要取决于资产和负债的计量。

三、反映企业经营成果的会计要素

(一) 收入

1. 收入的定义

收入是指企业在日常活动中形成的、会导致所有者权益增加的、与所有者投入资本无关的经济利益的总流入。

收入具有以下几个方面的特征:

(1) 收入是企业在日常活动中形成的。收入应当是在其日常活动中所形成的。其中,日常活动是指企业为完成其经营目标所从事的经常性活动以及与之相关的活动。例如,工业企业制造并销售产品、商业企业销售商品、保险公司签发保单等,均属于企业的日常活动。明确企业日常活动是为了将收入与利得相区分,因为企业非日常活动所形成的经济利益的流入不能确认为收入,而应当计入利得。

(2) 收入会导致经济利益的流入,该流入不包括所有者投入的资本。收入应当会导致经济利益的流入,从而导致资产的增加。但是,企业经济利益的流入有时是由于所有者投入资本的增加所导致的,所有者投入资本的增加不应当确认为收入,应当将其直接确认为所有者权益。因此,与收入相关的经济利益的流入应当将所有者投入的资本排除在外。

(3) 收入最终会导致所有者权益的增加。与收入相关的经济利益的流入最终会导致所有者权益的增加,不会导致所有者权益增加的经济利益的流入不符合收入的定义,不应确认为收入。

2. 收入的确认条件

收入应当在企业履行了合同中的履约业务,即客户取得相关商品或服务控制权时确认。企业与客户之间的合同同时满足下列条件时,企业应当在客户取得相关商品或服务控制权时确认收入:一是合同各方已批准该合同并承诺将履行各自义务;二是该合同明确了合同各方与所转让商品或提供服务相关的权利和义务;三是该合同有明确的与所转让商品或提供服务相关的支付条款;四是该合同具有商业实质,即履行该合同将改变企业未来现金流量的风险、时间分布或金额;五是企业因向客户转让商品或提供服务而有权取得的对价很可能收回。

(二) 费用

1. 费用的定义

费用是指企业在日常活动中所发生的、会导致所有者权益减少的、与向所有者分配利润无关的经济利益的总流出。

费用具有以下几个方面的特征:

（1）费用是企业在日常活动中发生的。费用应当是企业在其日常活动中所发生的，这里的日常活动的界定与收入定义中涉及的日常活动相一致。将费用界定为日常活动中所发生的，目的是为了将其与损失相区分，企业非日常活动所发生的经济利益的流出不能确认为费用，应当计入损失。

（2）费用会导致经济利益的流出，该流出不包括向所有者分配的利润。费用应当会导致经济利益的流出，从而导致资产的减少或者负债的增加。但是，企业向所有者分配利润也会导致经济利益的流出，而该经济利益的流出属于所有者权益的减少，不应确认为费用，应当将其排除在费用之外。

（3）费用最终会导致所有者权益的减少。与费用相关的经济利益的流出最终会导致所有者权益的减少，不会导致所有者权益减少的经济利益的流出不符合费用的定义，不应确认为费用。

2. 费用的确认条件

费用的确认除了应当符合定义外，还应当满足下列条件：

（1）与费用相关的经济利益很可能流出企业。

（2）经济利益流出企业的结果会导致资产的减少或者负债的增加。

（3）经济利益的流出额能够可靠地计量。

（三）利润

1. 利润的定义

利润是指企业在一定会计期间的经营成果。利润是反映企业经营成果的最终要素。利润通常是评价企业管理层业绩的一项重要指标，也是投资者、债权人等作出投资决策、信贷决策等的重要参考指标。

2. 利润的来源构成

利润包括收入减去费用后的净额、直接计入当期利润的利得和损失等。其中，收入减去费用后的净额反映的是企业日常活动的业绩，直接计入当期利润的利得和损失反映的是企业非日常活动的业绩。直接计入当期利润的利得和损失，是指应当计入当期损益、最终会引起所有者权益发生增减变动的、与所有者投入资本或者向所有者分配利润无关的利得或者损失。企业应当严格区分收入和利得、费用和损失之间的区别，从而更加全面地反映企业的经营业绩。

3. 利润的确认条件

利润反映的是收入减去费用、利得减去损失后的净额，因此，利润的确认主要依赖于收入和费用以及利得和损失的确认，其金额的确定也主要取决于收入、费用、利得、损失金额的计量。

第四节 会 计 计 量

会计计量是为了将符合确认条件的会计要素登记入账，并列报于会计报表及其附注而确定其金额。

一、会计计量属性及其构成

计量属性是指所予计量的某一要素的特性方面。例如,桌子的长度、楼房的高度等。从会计的角度来说,计量属性反映的是会计要素金额的确定基础,它主要包括历史成本、重置成本、可变现净值、现值和公允价值等。

(一)历史成本

在历史成本计量下,资产按照购置时支付的现金或者现金等价物的金额,或者按照购置资产时所付出的对价的公允价值计量。负债按照因承担现时义务而实际收到的款项或者资产的金额,或者承担现时义务的合同金额,或者按照日常活动中为偿还负债预期需要支付的现金或者现金等价物的金额计量。

(二)重置成本

在重置成本计量下,资产按照现在购买相同或者相似资产所需支付的现金或者现金等价物的金额计量。负债按照现在偿付该项债务所需支付的现金或者现金等价物的金额计量。

(三)可变现净值

在可变现净值计量下,资产按照其正常对外销售所能收到现金或者现金等价物的金额扣减该资产至完工时估计将要发生的成本、估计的销售费用以及相关税费后的金额计量。

(四)现值

在现值计量下,资产按照预计从其持续使用和最终处置中所产生的未来净现金流入量的折现金额计量。负债按照预计期限内需要偿还的未来净现金流出量的折现金额计量。

(五)公允价值

在公允价值计量下,资产和负债按照在公平交易中,熟悉情况的交易双方自愿进行资产交换或者债务清偿的金额计量。

二、会计计量属性的应用原则

会计计量属性尽管包括历史成本、重置成本、可变现净值、现值和公允价值等,但是企业在对会计要素进行计量时,应当严格按照规定选择相应的计量属性。一般情况下,对于会计要素的计量,应当采用历史成本计量属性,如企业购入存货、建造厂房、生产产品等,应当以所购入资产发生的实际成本作为资产计量的金额。

但是,在某些情况下,如果仅仅以历史成本作为计量属性,可能难以达到会计信息的质量要求,不利于实现财务报告的目标,有时甚至会损害会计信息质量,影响会计信息的有用性。例如,企业持有的衍生金融工具往往没有实际成本,或者即使有实际成本,实际成本也与其价值相差甚远。因此,如果按照历史成本对衍生金融工具进行计量的话,大量的衍生金融工具交易将成为表外事项,与衍生金融工具有关的价值及其风险信息将无法得到充分披露。在这种情况下,为了提高会计信息的有用性,向使用者提供与决策更为相关的信息,就有必要采用其他计量属性(比如公允价值)进行会计计量,以弥补历史成本计量属性的缺陷。

鉴于应用重置成本、可变现净值、现值、公允价值等其他计量属性,往往需要信赖于估计，为了使所估计的金额在提高会计信息相关性的同时，又不影响其可靠性，《企业会计准则》要求企业应当保证根据重置成本、可变现净值、现值、公允价值所确定的会计要素金额能够取得并可靠计量；如果这些金额无法取得或者可靠地计量，则不允许采用其他计量属性。

本章小结

财务会计是依据《企业会计准则》，以货币为主要计量单位，采用一系列专门方法，对企业的经济活动过程进行完整、连续、系统的核算和监督，向有关各方提供会计信息资料，参与企业经营预测和决策活动，它是企业经济管理的重要组成部分。财务会计的目标是向财务报告使用者提供决策有用的信息，以及反映企业管理层受托责任的履行情况。

财务会计具有六大要素，反映财务状况的会计要素包括资产、负债和所有者权益；反映经营成果的会计要素包括收入、费用和利润。

会计核算的基本前提包括会计主体、持续经营、会计分期和货币计量。会计信息质量要求包括可靠性、实质重于形式、相关性、可比性、及时性、可理解性、谨慎性和重要性。

会计的计量属性包括历史成本、重置成本、可变现净值、现值和公允价值。

复习思考题

1. 什么是财务会计？
2. 试述财务会计与管理会计的区别。
3. 简述会计要素的定义及确认条件。
4. 简述会计核算的基本前提。
5. 简述会计信息质量要求包括的内容。
6. 简述会计的计量属性包括的内容。

第二章

货币资金

学习目的与要求 学生通过本章的学习,应熟悉货币资金的概念、种类;掌握库存现金、银行存款、其他货币资金的核算;熟悉各种常用的银行结算方式的基本规定及其相应的账务处理;熟悉银行存款核对以及银行存款余额调节表的编制方法;了解其他货币资金的具体内容。

本章关键词 库存现金;银行存款;其他货币资金

第一节 库存现金

一、库存现金的管理与控制

库存现金是指存放于企业财会部门、由出纳人员经管的货币。库存现金是企业流动性最强的一项资产,具有随时使用、普遍接受的特点。库存现金的管理与控制涉及使用范围、库存限额、日常收支的内部控制。

(一)库存现金的使用范围

对于库存现金的管理,国务院颁布了《现金管理暂行条例》,中国人民银行颁布了《现金管理暂行条例实施细则》,各企业单位应严格遵照执行,同时应根据本企业的具体情况,制定出相应的内部控制制度,加强对库存现金的管理。国务院颁布的《现金管理暂行条例》中规定,企业只能在以下范围内使用库存现金:

(1)职工的工资和津贴。
(2)个人的劳务报酬。
(3)根据国家规定颁发给个人的科学技术、文化艺术、体育等各种奖金。
(4)各种劳保、福利费用以及国家规定的对个人的其他支出。
(5)向个人收购农副产品和其他物资的价款。
(6)出差人员必须随身携带的差旅费。
(7)结算起点(1 000元人民币)以下的零星支出。
(8)中国人民银行确定需要支付库存现金的其他支出。

不属于现金结算范围支出,不得使用现金结算,须通过银行办理转账结算。

(二)库存现金的库存限额

开户银行根据企业日常零星开支的需要、企业距离银行的远近以及交通便利与否等因素,核定现金库存限额,一般以3~5天的日常零星开支为限。边远地区和交通不便地区最高不超过15天的现金开支需要量。企业每日结存的现金不能超过核定的库存限额,超过部分应及时送存银行,低于限额部分,可向银行提取现金补足。

(三) 库存现金的内部控制

库存现金流动性最强,最容易被挪用或侵占,为保证库存现金的安全完整,必须建立健全库存现金的内部控制制度。库存现金的控制系统包括库存现金收入控制、库存现金支出控制和库存现金控制。

库存现金收入控制,主要是应保证所有库存现金收入全部入账,并不得坐支现金。开具现金收款收据与收款应由不同的经办人员负责办理,互相牵制,减少舞弊行为;所有库存现金收入,都应开具收款收据;控制收款收据和销售发票的数量和编号,开出收据的存根应与已入账的收据联按编号逐张核对金额,确保收入全部入账;企业收入的现金应于当日送存银行,当日送存确有困难的,由开户银行确定送存时间。开户单位从开户银行提取现金时,应当写明用途,由本单位财会部门负责人签字盖章,经开户银行审核后,予以支付。

库存现金支出控制主要是应保证所有库存现金支出都经有关主管人员批准。库存现金支出应符合国家规定的使用范围;款项的支付应以原始凭证为依据,经办人员签字,主管人员审批,账款分管,彼此牵制,相互监督;支票的签发和付款应由两人分别盖章,互相监督。因采购地点不确定、交通不便、生产或市场急需、抢险救灾及其他特殊情况必须使用现金的,开户单位应向开户银行提出申请,由本单位财会负责人签字盖章,经开户银行审核后,予以支付现金。

库存现金控制主要是合理确定库存现金限额,并保证库存现金安全完整。企业应遵守核定的库存现金限额,超过限额的库存现金应及时送存银行;出纳员应根据凭证逐笔序时登记,不得用不符合财务制度的凭证抵充库存现金,每日终了应计算当日的库存现金收入合计数、库存现金付出合计数,并同库存现金库存核对,如有不符,应及时查明原因并予以处理;内部审计或稽核人员应对库存现金定期核查,也可根据需要随时抽查。

二、库存现金的核算

为了反映企业库存现金的收支和结存情况,企业应设置现金日记账,所发生的库存现金收付业务必须通过出纳人员,由出纳人员根据审核后的原始凭证和现金收款凭证、付款凭证,按业务发生的顺序,逐日逐笔序时登记。每日终了,应计算当日现金收入、支出合计数和结余数,并将结余数与实际库存数核对,做到日清月结,保证账款相符。如果发现账款不符,应及时查明原因,进行处理。月份终了,现金日记账的余额应与"库存现金"总账的余额核对相符。有外币现金的企业,应当将人民币和各种外币分别设置现金日记账进行明细核算。

(一) 库存现金收入的核算

企业收入库存现金的来源主要是营业收入和从开户银行提回。企业发生库存现金收入时,应根据审核无误的盖有"现金收讫"戳记的会计凭证及时入账,借记"库存现金"科目,并按库存现金收入的来源,贷记有关科目。

【例2-1】 阳湖公司3月2日发生库存现金收入业务如下:

1. 零售甲商品一批，售价1 000元，增值税额130元，收入现金1 130元。编制会计分录如下：

借：库存现金　　　　　　　　　　　　　　　　　　　　　　　　　1 130
　　贷：主营业务收入　　　　　　　　　　　　　　　　　　　　　　1 000
　　　　应交税费——应交增值税（销项税额）　　　　　　　　　　　　130

2. 阳湖公司向银行提取现金98 200元，备发工资。编制会计分录如下：

借：库存现金　　　　　　　　　　　　　　　　　　　　　　　　　98 200
　　贷：银行存款　　　　　　　　　　　　　　　　　　　　　　　 98 200

（二）库存现金付出的核算

企业付出库存现金，应认真审核其内容是否符合国家规定的库存现金支付范围，是否符合有关财务制度，是否手续齐全等。对不合理的开支，应拒绝报销和付款；对手续不完备的凭证，应补办手续；对弄虚作假的行为，应予以揭露。根据审核无误的、盖有"现金付讫"戳记的原始凭证办理入账，按付出库存现金的用途借记有关科目，贷记"库存现金"科目。

【例2-2】 阳湖公司3月2日发生库存现金支出业务如下：

1. 后勤科采购办公用品前来办理报销，取得的增值税专用发票注明：金额200元，增值税额26元，审核无误，以现金付讫，该批办公用品已被管理部门领用。编制会计分录如下：

借：管理费用　　　　　　　　　　　　　　　　　　　　　　　　　　200
　　应交税费——应交增值税（进项税额）　　　　　　　　　　　　　　26
　　贷：库存现金　　　　　　　　　　　　　　　　　　　　　　　　　226

2. 以现金发放职工工资58 000元。编制会计分录如下：

借：应付职工薪酬　　　　　　　　　　　　　　　　　　　　　　　58 000
　　贷：库存现金　　　　　　　　　　　　　　　　　　　　　　　 58 000

3. 采购员王伟预借差旅费1 500元，以现金付讫。编制会计分录如下：

借：其他应收款——王伟　　　　　　　　　　　　　　　　　　　　1 500
　　贷：库存现金　　　　　　　　　　　　　　　　　　　　　　　　1 500

4. 将现金1 170元缴存银行。编制会计分录如下：

借：银行存款　　　　　　　　　　　　　　　　　　　　　　　　　1 170
　　贷：库存现金　　　　　　　　　　　　　　　　　　　　　　　　1 170

（三）库存现金的清查

为了保证现金的安全完整，企业应当按规定对库存现金进行定期或不定期的清查，一般采用实地盘点法。出纳人员对其经管的库存现金，要做到日清月结，账款相符。每日营业终了，应计算出当日库存现金收、付合计数和结余数，并与库存现款核对相符。清查中如果发现有挪用现金、白条抵库的情况，应及时予以纠正；对于超限额留存的现金应及时送存银行。

如发生库存现金溢余或短缺,应填制现金盘点报告单,同时追查原因。企业的库存现金溢余(短缺)通过"待处理财产损溢——待处理流动资产损溢"科目核算。待查明原因后,再根据不同的情况进行不同的处理。

(1) 对于库存现金短缺,属于应由责任人赔偿或应由保险公司赔偿的部分,转入"其他应收款"科目;属于无法查明的其他原因,根据管理权限,经批准后转入"管理费用"科目。

(2) 对于库存现金溢余,属于应支付给有关人员或单位的,转入"其他应付款"科目;属于无法查明原因的库存现金溢余,经批准后,转入"营业外收入"科目。

【例2-3】 出纳员日终清点库存现金,发现长款58元,原因待查。编制会计分录如下:

借:库存现金　　　　　　　　　　　　　　　　　　　　　　　　58
　　贷:待处理财产损溢——待处理流动资产损溢　　　　　　　　　　58

上项长款因无法查明原因,经批准转作营业外收入处理。编制会计分录如下:

借:待处理财产损溢——待处理流动资产损溢　　　　　　　　　　58
　　贷:营业外收入　　　　　　　　　　　　　　　　　　　　　　58

【例2-4】 出纳员日终清点库存现金,发现短款120元,原因待查。编制会计分录如下:

借:待处理财产损溢——待处理流动资产损溢　　　　　　　　　120
　　贷:库存现金　　　　　　　　　　　　　　　　　　　　　　120

经查,其中50元为报销中多付款,现已追回,50元应由负责人张三赔偿,20元经批准作管理费用列支。编制会计分录如下:

借:库存现金　　　　　　　　　　　　　　　　　　　　　　　　50
　　其他应收款——张三　　　　　　　　　　　　　　　　　　　50
　　管理费用　　　　　　　　　　　　　　　　　　　　　　　　20
　　贷:待处理财产损溢——待处理流动资产损溢　　　　　　　　　120

第二节　银 行 存 款

一、银行存款的管理

银行存款是企业存放于银行或其他金融机构的货币资金,包括人民币存款和外币存款。企业在银行存款管理中应遵守如下规定:

(1) 企业应当按照国家《支付结算办法》的规定,在银行开立账户,办理存款、取款和转账结算。银行存款账户分为基本存款账户、一般存款账户、临时存款账户和专用存款账户。

基本存款账户是企业办理日常转账结算和库存现金收付的账户,企业发放工资、奖金等库存现金的支取,只能通过基本存款账户办理,一家企业只能选择一家银行开立一个基本存款账户;一般存款账户是企业在基本存款账户以外的银行借款转存、与基本存款账户的企业不在同一地点的附属非独立核算单位账户,企业可以通过本账户办理转账结算和库存现金缴存,但不能支取库存现金;临时存款账户是企业因临时经营活动的需要开立的账户,可通过本账户办理转账结算和根据库存现金管理的规定办理库存现金收付;专用存款账户是企业因特定用途需要开立的账户。

(2) 企业除按规定可使用库存现金外,都必须通过银行办理转账结算。

(3) 各单位在银行开立的账户,只供本单位业务范围内的资金收付,不准出租、出借或转让给其他单位和个人。

(4) 企业应当遵守结算纪律,不准签发没有资金保证的票据或远期支票,套取银行信用;不准签发、取得和转让没有真实交易和债权债务的票据,套取银行和他人资金;不准无理拒绝付款,任意占用他人资金;不准违反规定开立和使用账户。

(5) 企业应当及时核对银行账户,确保银行存款账面余额与银行对账单相符。对银行账户核对过程中发现的未达账项,应查明原因,及时处理。

二、银行结算方式

结算是指通过货币资金的收付行为对企业与其他单位或个人之间由于社会经济活动而产生的债权债务的了结和清算。根据中国人民银行《支付结算办法》的规定,银行转账结算主要包括银行汇票、银行本票、商业汇票、支票、信用卡、汇兑、委托收款、托收承付和信用证等方式,其中,银行本票、支票适用于同城结算,异地托收承付、汇兑适用于异地结算,其他则是同城异地均可使用的结算方式。企业应根据实际情况,选择适当的结算方式。

(一) 银行本票

1. 银行本票的概念和特点

银行本票是银行签发的、承诺自己在见票时无条件支付确定的金额给收款人或者持票人的票据。银行本票分定额本票和不定额本票,定额本票面值分为 1 000 元、5 000 元、10 000元和 50 000 元。

银行本票的出票人是银行。按规定,出票银行应收妥银行本票申请人的款项后才签发银行本票,并保证见票付款,这样,收款人或持票人在取得银行本票后,即可随时向银行请求付款,所以银行本票具有信誉高、支付能力强等特点。无论单位或个人,凡需要在同一票据交换区域支付款项的,都可以使用银行本票。

2. 银行本票结算的主要规定

(1) 签发银行本票必须记载的事项包括:表明"银行本票"的字样;无条件支付的承诺;确定的金额;收款人名称;出票日期;出票人签章。欠缺记载上列事项之一的银行本票无效。

(2) 银行本票的背书转让。银行本票可以背书转让,但填明"现金"字样和"不得转让"

字样的银行本票不得背书转让。

(3) 银行本票的提示付款。银行本票的提示付款期限一般为自出票日起 1 个月,最长不得超过 2 个月。

(4) "现金"银行本票的使用范围。申请人或收款人为单位的不得申请使用现金银行本票。

(5) 银行本票的挂失止付。填明"现金"字样和代理付款人的银行本票遗失,失票人可通知付款人和代理付款人办理挂失止付手续,其他的银行本票丧失,不得挂失止付。

银行本票格式见图 2-1 所示。

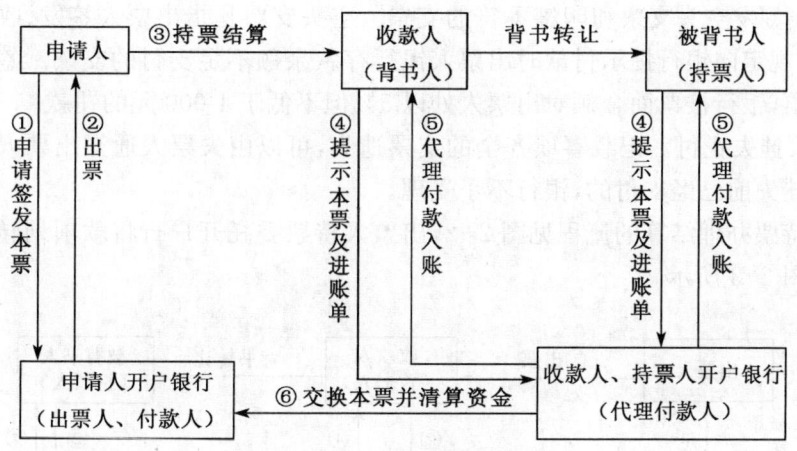

图 2-1 银行本票流转程序

(二) 支票

1. 支票的概念、种类和特点

支票是出票人签发的、委托办理支票存款业务的银行在见票时无条件支付确定的金额给收款人或者持票人的票据。

我国《票据法》按照支付票款方式,将支票分为现金支票、转账支票和普通支票三种。

支票上印有"现金"字样的为现金支票,现金支票可以用于支取现金。支票上印有"转账"字样的为转账支票,转账支票只能用于转账。支票上未印有"现金"或"转账"字样的为普通支票,普通支票可以用于支取现金,也可以用于转账。在普通支票左上角画两条平行线的,为划线支票,划线支票只能用于转账,不得支取现金。

支票的出票人是在银行机构开立可以使用支票的存款账户的单位和个人,出票人开户银行是付款人,付款人受出票人的委托从其账户支付票款。按规定,单位和个人在同一票据交换区域的各种款项结算,均可以使用支票,签发支票时,出票人在付款人处的存款应足以支付支票金额,银行见票即付。所以,支票结算方式具有简便、灵活、迅速和可靠的特点,是目前应用比较广泛的一种同城结算方式。

2. 支票结算的主要规定

(1) 签发支票必须记载的事项包括:表明"支票"的字样;无条件支付的委托;确定的金额;付款人名称;出票日期;出票人签章。欠缺记载上列事项之一的支票无效。

(2) 签发支票用墨。签发支票应使用碳素墨水或墨汁填写,未按规定填写,被涂改冒领的,由出票人负责。

(3) 支票的补记。支票的金额、收款人名称可以由出票人授权补充记载。未补记前,支票不得背书转让和提示付款。

(4) 支票的背书转让。支票可以背书转让,但用于支取现金和填明"不得转让"字样的支票不得背书转让。

(5) 支票的提示付款。支票的提示付款期限为自出票日起 10 天,超过提示付款期限提示付款的,持票人开户银行不予受理,付款人不予付款。

(6) 禁止签发空头支票和印签不符的支票。空头支票是指出票人签发、收款人或持票人收受,并按规定向银行提示付款时出票人银行存款余额不足支付的支票。签发空头或印签不符的支票,银行按票面金额对出票人处以 5‰但不低于 1 000 元的罚款。

(7) 支票挂失止付。记载事项齐全的支票遗失,可以由失票人通知出票人开户银行挂失止付。在挂失前已经支付的,银行不予受理。

收款人持票办理结算的流程见图 2-2,出票人持票委托开户行将款项划转给收款人的结算流程见图 2-3 所示。

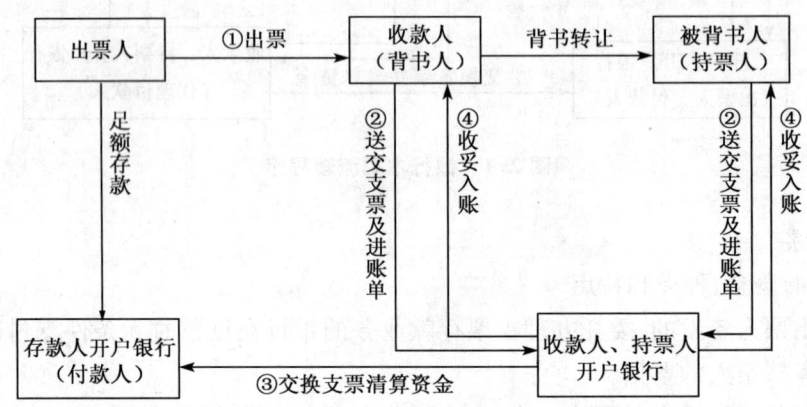

图 2-2 借记支票流转程序

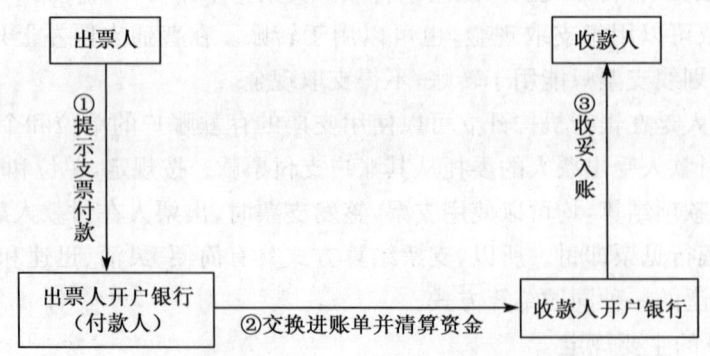

图 2-3 贷记支票流转程序

（三）商业汇票

1. 商业汇票的概念、特点和种类

商业汇票是出票人签发的、委托付款人在指定日期内无条件支付确定的金额给收款人的票据。

商业汇票按承兑人不同，分为商业承兑汇票和银行承兑汇票。承兑是指汇票付款人承诺在汇票到期日无条件支付汇票金额的票据行为。商业汇票的付款人即为承兑人。

商业承兑汇票是指由收款人签发，付款人承兑，或由付款人签发并承兑的票据。商业承兑汇票的承兑人是付款人，也是交易中的购货企业。商业承兑汇票到期时，如果付款人的存款不足支付票款或付款人存在合法抗辩事由拒绝付款证明，连同商业承兑汇票邮寄持票人开户银行转持票人，银行不负责付款，由购销双方自行处理。

银行承兑汇票是指由在承兑银行开立存款账户的存款人（承兑申请人）签发，并由承兑申请人向开户银行申请，经银行审查同意承兑的票据。银行承兑汇票的出票人是购货企业，承兑人和付款人是购货企业的开户银行，承兑银行应按票面金额向出票人收取 $0.5‰$ 的手续费。银行承兑汇票的出票人应于汇票到期前将票款足额缴存其开户银行。承兑银行应在汇票到期日或到期日后的见票当日支付票款。如果出票人于汇票到期日未能足额缴存票款的，承兑银行除凭票向持票人无条件付款外，对出票人尚未支付的汇票金额按照每天 $5‰$ 计收罚息。

商业汇票的特点是：商业汇票是反映延期付款的商品交易中，购销企业之间直接信用关系的票据，它是一种经过付款人承诺付款的期票。采用商业汇票结算方式，对于购货企业来讲，是一种短期融资方式，可以使企业在资金暂时不足的情况下及时购进材料物质，保证生产经营顺利进行；同时，商业信用票据化，加强了对付款人的约束力，有利于防止商品信用中的拖欠行为。对于销售企业来讲，可以扩大销售，促进生产；同时，汇票经过承兑，信用较高，较能保证按期收回货款；另外，在急需资金时，符合条件的还可以将汇票向银行申请贴现，融通资金。

2. 商业汇票结算的主要规定

（1）签发商业汇票必须记载的事项包括：表明"商业承兑汇票"或"银行承兑汇票"的字样；无条件支付的委托；确定的金额；付款人名称；收款人名称；出票日期；出票人签章。欠缺记载上列事项之一的商业汇票无效。

（2）付款日期、地点的记载。汇票上记载付款日期、付款地、出票地等事项的，应当清楚、明确。汇票上未记载付款日期的为见票即付。商业汇票的付款期限最长不得超过 6 个月。

（3）商业汇票的背书转让。商业汇票可以背书转让，填明"不得转让"字样的商业汇票，不得背书转让。

（4）商业汇票的提示付款。持票人对见票即付的商业汇票，自出票日起 1 个月内向付款人提示付款；对定日付款、出票后定期付款或见票后定期付款的汇票，自到期日起 10 日内向承兑人提示付款。

（5）商业汇票的挂失止付。已承兑的商业汇票遗失，可由失票人通知承兑人、承兑人开户银行或承兑银行挂失止付，在此之前已向持票人付款的，银行不再接受挂失止付。

商业汇票流转程序见图 2-4 和图 2-5 所示。

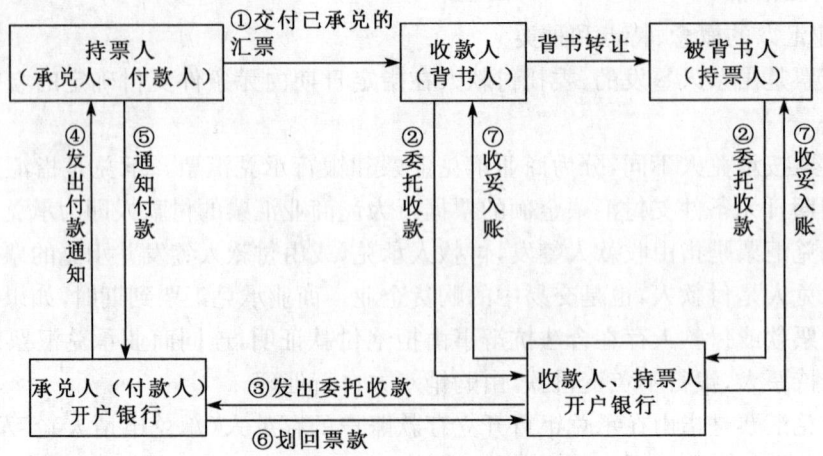

图 2-4 商业承兑汇票流转程序

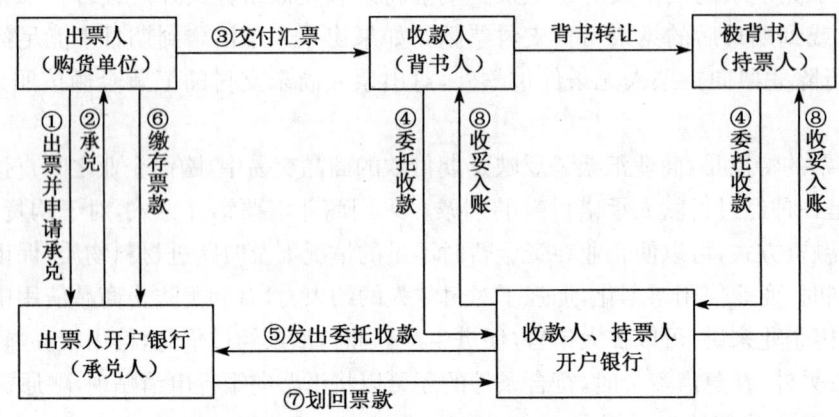

图 2-5 银行承兑汇票流转程序

(四) 银行汇票

1. 银行汇票的概念和特点

银行汇票是出票银行签发的,由其在见票时按照实际结算金额无条件支付给收款人或者持票人的票据。银行汇票可以用于转账;填明"现金"字样的,也可以用于支取现金,银行汇票的付款人为银行汇票的出票银行。按规定,银行应收妥汇款人款项后,才签发银行汇票给汇款人持往异地办理转账结算或支取现金。

银行汇票的特点是:票随人到,人到款到,既可用于转账,也可提现,具有使用灵活,兑现性强的特点。另外,凭汇票购货,余款自动退回,可以钱货两清,防止不合理的预付货款的尾数拖欠。单位和个人的各种款项结算,均可使用银行汇票。

2. 银行汇票结算的主要规定

(1) 银行汇票必须记载的事项包括:"银行汇票"的字样;无条件支付的承诺;出票金额;付款人名称;收款人名称;出票日期;出票人签章。欠缺记载上列事项之一的银行汇票无效。

(2) 银行汇票的提示付款。持票人向银行付款时,必须同时提交银行汇票和解讫通知,缺少任何一联,银行不予受理。银行汇票的提示付款期限为自出票日起1个月。

(3) "现金"银行汇票的使用范围。申请人或收款人为单位的,不得申请使用填有"现金"字样的银行汇票。

(4) 银行汇票的背书转让。银行汇票的背书转让以不超过出票金额的实际结算金额为准,未填写实际结算金额或实际结算金额超过出票金额的银行汇票不得背书转让。

(5) 银行汇票的挂失止付。银行汇票遗失,失票人可凭人民法院出具的其享有票据权利的证明,向出票银行请求付款或退款。

银行汇票流转程序见图2-6所示。

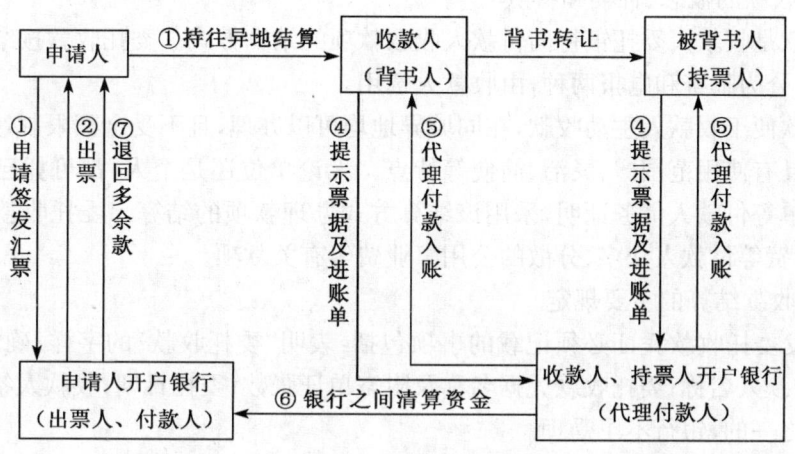

图2-6 银行汇票流转程序

(五) 信用卡

1. 信用卡的概念、种类及特点

信用卡是指商业银行向个人和单位发行的,凭以向特约单位购物、消费,且具有消费信用的特制载体卡片。

使用信用卡结算,有利于减少现金货币的使用,节约流通费用,扩大银行转账结算范围;也有利于方便购物消费,简化收款手续,维护支付人的资金安全;同时,允许在规定限额内善意透支,可以满足支付人急需。因此,信用卡是现代社会一种较理想的信用支付工具。

2. 信用卡结算主要规定

(1) 信用卡的申请。单位或个人申领信用卡,应按规定填制申请表,连同有关资料一并送交发卡银行。符合条件并按银行要求缴存一定金额的备用金后,银行为申领人开立信用卡存款账户,并发给信用卡。

(2) 单位信用卡账户资金的缴存。单位信用卡账户的资金一律从其基本存款账户转账存入,不得缴存现金,不得将销货收入的款项直接存入信用卡账户。

(3) 信用卡的使用。信用卡仅限于合法持卡人本人使用,持卡人可持信用卡在特约单位购物、消费。单位卡不得用于10万元以上的商品交易、劳务供应款项的结算。单位卡一律不得支取现金。

(4) 信用卡透支及计息。不同商业银行发行的不同种类的信用卡的透支额度不同,一一般金卡透支额度较高,普通卡透支额度较低;贷记卡透支额度较高,准贷记卡透支额度较低;贷记卡存款一般不计息,但透支时有一定的免息期,超过免息期透支额计息;准贷记卡存款按中国人民银行规定的活期存款利率计息,透支无免息期。

持卡人使用信用卡不得恶意透支。恶意透支是指持卡人透支额超过规定限额或规定期限,并经发卡行催收无效的透支行为。

(5) 信用卡的挂失止付。持卡人丧失信用卡后应立即持本人身份证件或其他有效证明,并按规定提供有关情况,向发卡行或代理行申请挂失。

(六) 委托收款

1. 委托收款的概念、种类和特点

委托收款是收款人委托银行向付款人收取款项的结算方式。委托收款按结算款项的划回方式不同,分为邮寄和电报两种,由收款人选用。

委托收款便于收款人主动收款,在同城异地均可以办理,且不受金额限制,所以,委托收款结算方式具有使用范围广、灵活、简便等特点。无论单位还是个人,都可凭已承兑商业汇票、债券、存单等付款人债务证明,采用该结算方式办理款项的结算。委托收款还适用于收取电费、电话费等付款人众多、分散的公用事业费等有关款项。

2. 委托收款结算的主要规定

(1) 签发委托收款凭证必须记载的事项包括:表明"委托收款"的字样;确定的金额;付款人名称;收款人名称;委托收款凭据名称及附寄单证张数;委托日期;收款人签章。欠缺记载上列事项之一的,银行不予受理。

(2) 委托。收款人办理委托收款应向银行提交委托收款凭证和有关债务证明。委托收款结算款项的划回方式分为邮寄和电报两种,由收款人选用。

(3) 付款。付款人开户行收到收款人开户行寄来的委托收款凭证及债务凭证后,应及时通知付款人。付款人接到付款通知及有关附件后,应在规定的3天付款期内付款,付款人未在付款期内通知银行付款的,银行视为同意承付,于付款期满的次日将款项划给收款人。

付款人在付款期满日营业终了前,存款账户不足支付的,即视为无款支付,付款人开户行应将债务凭证连同未付款通知书退回收款人开户行转交收款人。

(4) 拒绝付款。付款人审查有关债务证明后,对收款人委托收取的款项需拒绝支付的,可以在承付期内向开户银行出具拒绝付款理由书,注明拒付理由并提供足够的证明,开户银行将连同所收单证寄收款人开户银行转交收款人。

委托收款结算流转程序见图 2-7 所示。

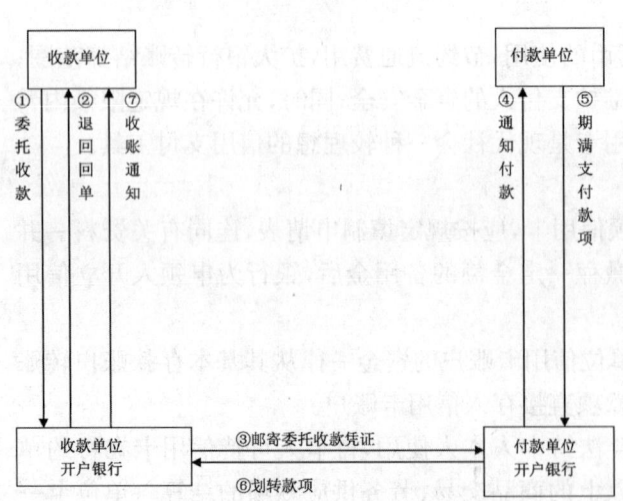

图 2-7 委托收款结算流转程序

（七）汇兑

1. 汇兑的概念、种类和特点

汇兑是汇款人委托银行将其款项支付给收款人的结算方式。

汇兑按款项划转方式不同，可分为信汇和电汇两种。信汇是指汇款人委托银行通过邮寄方式将款项划给收款人。电汇是指汇款人委托银行通过电报将款项划转给收款人。在这两种汇兑方式中，信汇费用较低，但汇款速度比电汇慢，电汇的费用较高，汇款人可根据需要选择使用。

汇兑结算方式便于汇款人向异地的收款人主动付款，其手续简便，划款迅速，应用广泛，单位和个人的各种款项的结算，均可使用汇兑结算方式。

2. 汇兑结算的主要规定

（1）签发汇兑凭证必须记载的事项包括：表明"信汇"或"电汇"的字样；无条件支付的委托；确定的金额；收款人名称；汇款人名称；汇入地点、汇入行名称；汇出地点、汇出行名称；委托日期；汇款人签章。欠缺记载上列事项之一的，银行不予受理。

（2）汇入行对汇入款的处理。汇入行对开立存款账户的收款人，应将汇给其的款项直接转入收款人的账户，并向其发出收款通知。汇入款还可以汇款人的要求办理留行待取、分次支取、转汇等手续；汇款人和收款人均为个人，且注明"现金"字样的，可以支取现金；汇款人确定不得转让的，应在汇款凭证上注明"不得转汇"字样。

（3）汇出汇款的撤销。汇款人对汇出行尚未汇出的款项，可以申请撤销。申请撤销时，应出具正式函件或本人身份证及原信、电汇回单。

（4）汇出汇款的退汇。汇款人对汇出行已经汇出的款项可以申请退汇。对在汇入行开立存款账户的收款人，由收款人与汇款人自行联系退汇。对未在汇入银行开立存款账户的收款人，经汇入行核实汇款确未支付，方可办理退汇手续。

（5）汇入汇款的退汇。汇入行对收款人拒绝接受的汇款，应立即办理退汇手续。汇入行对收款人发出取款通知，经过2个月无法交付的汇款，可主动办理退汇手续。

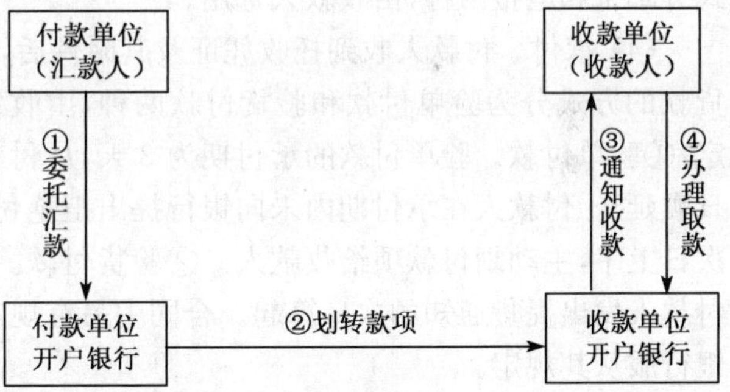

汇兑结算流转程序，如图2-8所示。

图 2-8 汇兑结算流转程序

（八）托收承付

1. 托收承付的概念、适用范围、适用条件和特点

托收承付是根据购销合同由收款人发货后委托银行向异地付款人收取款项，由付款人向银行承认付款的结算方式。

根据《支付结算办法》的规定，托收承付的适用范围是：①使用该结算方式的收款单位和付款单位，必须是国有企业、供销合作社以及经营管理较好，并经开户银行审查同意的城乡集体所有制工业企业。②办理结算的款项必须是商品交易以及因商品交易而产生的劳务供应的款项。代销、寄销、赊销商品的款项,不得办理托收承付结算。《支付结算办法》还规定,办理托收承付,除必须同时符合上述两项规定外,还必须具备以下三个条件:①收付双方使用托收承付结算必须签有符合《经济合同法》的购销合同,并在合同上订明使用托收承付结算方式;②收款人办理托收,必须具有商品确已发运的证件(包括铁路、航运、公路等运输部门签发运单、运单副本和邮局包裹回执),没有发运证件,可凭其他有关证件办理;③收付双方办理托收承付结算,必须重合同、守信用。

由于托收承付结算方式有规定的使用范围和条件的限制,加上在结算中银行实施了严格的监督管理,所以,这种结算方式具有使用范围较窄、监督严格和信用较高的特点。

2. 托收承付结算的主要规定

(1) 使用托收承付结算方式的条件包括:必须是国有企业、供销合作社以及经营管理较好、经开户银行审查同意的城乡集体所有制的工业企业;必须是商品交易以及因商品交易而产生的劳务供应款项;必须签有符合《经济合同法》的购销合同,并在合同上订明使用托收承付结算方式;收付双方必须重合同、守信用;收款人办理托收,需提供商品确已发运的证明(另有规定者除外)。

(2) 签发托收承付凭证必须记载的事项包括:表明"托收承付"的字样;确定的金额;付款人名称及账号;收款人名称及账号;付款人开户银行名称;收款人开户银行名称;托收附寄单证张数或册数;合同名称、号码;委托日期;收款人签章。欠缺记载上列事项之一的,银行不予受理。

(3) 托收。收款人按购销合同发货后,将托收凭证连同发运证件或其他符合规定的单证送交银行,委托银行办理托收。托收承付结算起点为每笔 10 000 元。结算款项的划回方式分邮寄和电报两种,由收款人选用。

(4) 承付。付款人收到托收凭证及其附件后,应在承付期内审查核对,安排资金。承付货款的方式分为验单付款和验货付款两种,由收付双方商量选用,并在合同中作出明确规定:①验单付款。验单付款的承付期为 3 天,从付款人开户行发出通知的次日算起(遇到假日顺延)。付款人在承付期内未向银行提出拒绝付款,银行视作同意承付,并在承付期满的次日上午,主动划付款项给收款人。②验货付款。验货付款承付期为 10 天,从运输部门向付款人发出提货通知的次日算起。合同中另有规定,并在托收凭证上注明验货付款期限的,银行服从其规定。

(5) 逾期付款。付款人在承付期满日银行营业终了时,如无足够资金支付全部款项,其不足部分为逾期未付款项,按逾期付款处理。付款人开户行对付款人逾期支付的款项,根据逾期付款的金额和逾期天数,按每天 5‰ 计算逾期付款赔偿金给收款人。

付款人开户行对逾期未付的托收凭证,负责进行扣款的期限为 3 个月(从承付期满日算起)。期满时,付款人仍无足够资金支付该笔尚未付清的欠款的,付款人开户行应于次日通知付款人将有关交易单证(单证已作账务处理或已部分支付的,可以填制应付款项证明单)在 2 日内退回银行,银行将有关结算凭证、交易凭证退回收款人开户行转交收款人。对付款人逾期不退回单证的,开户银行应当自发出通知后第三天起,按未付款金额,每天处以 5‰ 但不低于 50 元的惩罚,并暂停付款人向外办理结算业务,直至退回单证为止。

(6) 拒绝付款。付款人若发现托收款不符合托收承付结算的有关规定,或在验单、验货过程中发现货物的品种、规格、数量、质量和价格等与合同规定不符,应在承付期内填写拒绝付款理由书,注明拒付理由并提供足够的证明。经银行审查并签注意见后,由付款人开户行将拒付理由书及有关单证寄收款人开户行转收款人。

三、银行存款的核算

(一)银行存款的分类核算

银行存款核算包括总分类核算和明细分类核算。

银行存款的总分类核算是通过设置"银行存款"科目进行的。该科目属于资产类科目,借方登记存款的增加数;贷方登记存款的减少数;期末借方余额表示期末存款的实际结存数。企业存在其他金融机构的存款,也应在本科目内核算,但企业在银行的其他存款,如外埠存款、银行本票存款、银行汇票存款、信用卡存款和信用证保证金存款等,在"其他货币资金"科目核算,不在本科目核算。银行存款总账可直接根据收付款凭证逐笔登记,也可定期或于月份终了,根据汇总付款凭证或科目汇总表登记。

银行存款的明细分类核算是通过设置银行存款日记账进行的。银行存款日记账可按存款种类开设,对于外币存款应按不同币种和开户银行分别设置日记账。银行存款日记账由企业出纳人员根据审核后的收付款凭证,按照业务发生的顺序逐笔登记,每日终了应结出余额。银行存款日记账一般采用三栏式,其账户结构、登记方法及作用与现金日记账基本相同。银行存款日记账应定期与银行对账单核对,月份终了时,银行存款日记账余额必须与银行存款总账的余额核对相符。

(二)银行存款的账务处理

企业收入银行存款,应根据银行存款送款单或银行收账通知及有关单证,及时编制记账凭证,借记"银行存款"科目,贷记有关科目;企业支付银行存款,应根据支票存根、办理付款结算的付款通知及有关单证,及时编制记账凭证,借记有关科目,贷记"银行存款"科目。

【例2-5】 收到中天公司归还前欠甲企业货款的转账支票一张,金额80 000元,甲企业将支票和填制的进账单送交开户银行。根据银行盖章退回的进账单第一联和有关原始凭证,编制会计分录如下:

借:银行存款 80 000
　　贷:应收账款——中天公司 80 000

【例2-6】 甲企业向新百公司购买办公用品,取得的增值税专用发票注明:金额1 500元,增值税额195元,开出转账支票支付款项,根据支票存根和有关发票,编制会计分录如下:

借:管理费用 1 500
　　应交税费——应交增值税(进项税额) 195
　　贷:银行存款 1 695

【例2-7】 4月20日,辽宁新兴公司销售给上海华联公司甲产品16 000元,增值税额为2 080元。收到并填写银行汇票及解讫通知,出票金额为22 000元,实际结算金额为18 080元,多余金额为3 920元。解存银行后,根据进账单回单及销售凭证等,编制会计分录如下:

> 借：银行存款　　　　　　　　　　　　　　　　　　　　　　　　　　　18 080
> 　　贷：主营业务收入　　　　　　　　　　　　　　　　　　　　　　　　16 000
> 　　　　应交税费——应交增值税（销项税额）　　　　　　　　　　　　　2 080

【例 2-8】　甲企业采用汇兑结算方式，委托银行将款项 23 000 元划转给中山公司，以偿还前欠货款。根据开户银行退回的汇款回单，编制会计分录如下：

> 借：应付账款——中山公司　　　　　　　　　　　　　　　　　　　　23 000
> 　　贷：银行存款　　　　　　　　　　　　　　　　　　　　　　　　　23 000

【例 2-9】　江苏夏华公司向上海紫荆公司购买丙材料 100 000 元，增值税额 13 000 元，采用托收承付结算方式。现收到银行转来承付通知及所附增值税专用发票，经审核无误，予以承付，材料尚未收到。江苏夏华公司应编制会计分录如下：

> 借：在途物资——丙材料　　　　　　　　　　　　　　　　　　　　　100 000
> 　　应交税费——应交增值税（进项税额）　　　　　　　　　　　　　　13 000
> 　　贷：银行存款　　　　　　　　　　　　　　　　　　　　　　　　　113 000

【例 2-10】　甲企业销售产品给蓝天公司，前已采用托收承付结算方式委托银行向蓝天公司收取款项 15 000 元，现收到银行转来的托收承付收账通知。根据托收承付收账通知及有关单据，编制会计分录如下：

> 借：银行存款　　　　　　　　　　　　　　　　　　　　　　　　　　　15 000
> 　　贷：应收账款——蓝天公司　　　　　　　　　　　　　　　　　　　15 000

四、银行存款的核对

（一）银行存款核对的内容

银行存款是企业最重要的流动资产之一，在企业生产经营活动中，涉及货币资金收付的业务量非常大，而其中绝大部分都是通过银行进行转账结算的。为了保证银行存款核算的真实、准确，及时纠正银行存款账目可能发生的差错，准确地掌握企业可运用的银行存款实有数，保证银行存款账实相符，企业必须做好银行存款核对的工作。

银行存款的核对主要包括以下三项内容。

1. 银行存款日记账与银行存款收付款凭证互相核对，做到账证相符

收付款凭证是登记银行存款日记账的依据，在记账过程中，往往会由于粗心而发生重记、漏记、记错方向或记错数字等情况，通过账证核对就可以及时发现这些错误，并立即按规定方法更正，从而保证账证相符。

2. 银行存款日记账与银行存款总账互相核对，做到账账相符

银行存款日记账是序时逐笔登记，总账一般是定期汇总登记，由于逐笔登记的记录次数较多，汇总登记在汇总时的工作量较大，难免会发生差错，通过账账核对就可以及时发现差错并立即更正。同时，由于银行存款的日记账与总账是由不同人员登记的，通过账账核对，能有效地防止舞弊行为的发生。

3. 银行存款日记账与银行开出的银行对账单互相核对,做到账单相符,从而达到账实相符

银行存款是企业存在银行的款项,由银行负责保管,企业在银行的存款实有数是通过银行对账单反映的,所以,企业应定期将银行存款日记账的记录同银行对账单进行逐笔核对,及时查找对方不一致的原因,保证银行存款的账实相符。从理论上讲,银行存款日记账的记录与银行开出的银行对账单的记录,无论是发生额还是期末余额,都应该是一致的,但在核对中,往往会出现不一致,原因主要有两个:一是双方各自的记账错误,这种错误应由双方及时查明原因,予以更正;二是存在未达账项。所谓未达账项,是指企业与银行之间,由于凭证传递上的时间差,一方已登记入账,而另一方尚未入账的账项。在核对中如发现未达账项,应编制银行存款余额调节表进行调节,使双方余额相等。

(二) 银行存款余额调节表的编制

由于银行存款的收付有多种支付结算方式,收付凭证的传递又需要一定的时间,这就会出现在有些结算方式下,银行已完成了款项的收付但凭证还未到达企业,在另一些结算方式下,情况则相反的未达账项,因此,对同一笔业务,企业和银行各自入账的时间可能会不一致。

未达账项具体有四种情况:

(1) 银行已收款记账,企业尚未收到银行的收账通知而未记账的款项。如企业委托银行收取的款项,银行办妥收款手续后入账,而收款通知尚未到达企业,企业尚未记增加。

(2) 银行已付款记账,企业尚未收到银行的付款通知而未记账的款项。如银行向企业收取的借款利息、代企业支付的公用事业费用、到期的商业汇票付款等,银行办妥付款手续后入账,而付款通知尚未到达企业,企业尚未记减少。

(3) 企业已收款记账,而银行尚未办妥入账手续的款项。如企业收到外单位的转账支票,填好进账单,并经银行受理盖章,即可入账记增加,而银行则要办妥转账手续后,才能入账记增加。

(4) 企业已付款记账,而银行尚未支付入账的款项。如企业签发转账支票后记存款减少,而持票人尚未到银行办理转账手续,银行尚未记减少。

出现未达账项的第(1)和第(4)种情况,会使银行对账单的余额大于企业银行存款日记账的余额,出现第(2)和第(3)种情况,结果则相反。为了准确掌握企业可运用的银行存款实有数,合理调配使用资金,企业应通过编制银行存款余额调节表,对未达账项进行调节。

银行存款余额调节表是企业为了核对本企业与银行双方的存款账面余额而编制的列有双方未达账项的一种报表,具体编制方法是:在银行与企业的存款账面余额的基础上,加上各自的未收款减去各自的未付款,然后再计算出各自的余额。经调节后,双方余额如果相等,一般说明双方记账没有错误,该余额就是企业银行存款的实有数;双方余额如果不相等,表明记账有差错,应立即查明错误原因。属于本企业原因的,应按规定的改错方法进行更正;属于银行方面的原因,应及时通告银行更正。

以下举例说明银行存款余额调节表的编制。

【例2-11】 2×19年12月31日,某企业银行存款日记账余额为75 000元,银行对账单余额为73 900元,经逐笔核对,发现未达账项如下:

1. 12月30日,企业销售产品,收到转账支票2 000元,送存银行,银行尚未收到款项。
2. 12月30日,企业开出转账支票支付水电费9 300元,持票人未到银行办理转账。
3. 12月30日,银行收到企业委托代收的某公司购货款1 000元,企业未收到收款通知。
4. 12月30日,银行已扣掉企业应付的借款利息9 400元,企业尚未收到付息通知。

根据以上未达账项,编制银行存款余额调节表,见表2-1所示。

表2-1　　　　　　　　　　银行存款余额调节表
2×19年12月31日　　　　　　　　　　　　　　单位:元

项　目	金　额	项　目	金　额
企业银行存款日记账余额	75 000	银行对账单余额	73 900
加:银行已收,企业未收的托收款项	1 000	加:企业已收,银行未收的转账支票	2 000
减:银行已付,企业未付的水费	9 400	减:企业已付,银行未付的转账支票	9 300
调整后的存款余额	66 600	调整后的存款余额	66 600

表2-1调整后的余额相等,表示双方记账基本没有错误,调整后的余额就是企业目前银行存款的实有数。但要说明的是,调节后的存款余额表明企业可动用的银行存款实有数,银行存款余额调节表并不能作为调整账面记录的依据。对于银行已入账,企业尚未入账的未达账项,应待有关凭证到达后,再进行账务处理。

企业应加强对银行存款的管理,并定期对银行存款进行检查,如果有确凿证据表明存在银行或其他金融机构的款项已经部分不能收回,或者全部不能收回的,如吸收存款的单位已宣告破产,其破产不足以清偿的部分,或者全部不能清偿的,应当作为当期损失,借记"营业外支出"科目,贷记"银行存款"科目。

第三节　其他货币资金

其他货币资金是企业除库存现金、银行存款以外的其他各种货币资金,包括外埠存款、银行汇票存款、银行本票存款、信用卡存款、信用证保证金存款和存出投资款等。

从某种意义上说,其他货币资金也是一种银行存款,但它是承诺了专门用途的存款,不能像结算户存款那样可随时安排使用,所以,专设"其他货币资金"科目对其进行核算。该科目属资产类科目,借方登记增加数,贷方登记减少数,期末借方余额反映其他货币资金的实存数。"其他货币资金"科目应按照其他货币资金的种类设置明细科目进行核算。

一、外埠存款

外埠存款是指企业到外地进行临时或零星采购时,汇往采购地银行开立采购专户的款项。

企业将款项委托当地银行汇往采购地开立的采购专户,除采购员差旅费可以支付少量现金外,一律转账结算;采购专户的存款不计利息、只付不收、付完清户,企业在采购时,通过采购专户结算货款。采购结束后有结余款的,将其退回汇款企业开户银行。

【例 2-12】 5月12日,某企业到外地某市采购甲材料,委托当地开户银行汇款 14 000 元到采购地开立采购专户。根据收到的银行汇款回单联,编制会计分录如下:

借:其他货币资金——外埠存款　　　　　　　　　　　　　　　　　14 000
　　贷:银行存款　　　　　　　　　　　　　　　　　　　　　　　　　　14 000

【例 2-13】 5月30日,上述采购完成,取得的增值税专用发票上注明,价款10 000元,增值税额1 300元。同时收到开户银行的通知,该采购专户中的结余款项已退回。材料尚未收到。根据收到的有关账单,编制会计分录如下:

借:在途物资——甲材料　　　　　　　　　　　　　　　　　　　　10 000
　　应交税费——应交增值税(进项税额)　　　　　　　　　　　　　　1 300
　　银行存款　　　　　　　　　　　　　　　　　　　　　　　　　　2 700
　　贷:其他货币资金——外埠存款　　　　　　　　　　　　　　　　　14 000

二、银行汇票存款

银行汇票存款是指企业为取得银行汇票,按规定存入银行的款项。

企业将款项缴存开户银行取得银行汇票后,可持往异地办理转账结算或支取现金,汇票使用后如有多余款或因汇票超过付款期未付出的,将其退回企业开户银行。

【例 2-14】 某企业向银行提交银行汇票申请书并将款项100 000元缴存开户银行,要求银行办理银行汇票并已取得汇票。根据银行盖章退回的申请书存根联,编制会计分录如下:

借:其他货币资金——银行汇票存款　　　　　　　　　　　　　　　100 000
　　贷:银行存款　　　　　　　　　　　　　　　　　　　　　　　　　100 000

【例 2-15】 某企业持汇票前往异地采购乙材料,取得的增值税专用发票上注明,材料价款70 000元,增值税额9 100元。材料尚未收到。根据发票账单等有关凭证,编制会计分录如下:

借:在途物资——乙材料　　　　　　　　　　　　　　　　　　　　70 000
　　应交税费——应交增值税(进项税额)　　　　　　　　　　　　　　9 100
　　贷:其他货币资金——银行汇票存款　　　　　　　　　　　　　　　79 100

【例 2-16】 银行汇票多余款20 900元已退回企业开户银行。根据开户银行转来的银行汇票第四联(多余款收账通知),编制会计分录如下:

借:银行存款　　　　　　　　　　　　　　　　　　　　　　　　　20 900
　　贷:其他货币资金——银行汇票存款　　　　　　　　　　　　　　　20 900

三、银行本票存款

银行本票存款是指企业为取得银行本票,按规定存入银行的款项。

企业将款项交存开户银行取得银行本票后,可在同一票据交换区域内办理转账结算或取得现金。如企业因本票超过付款期等原因未曾使用的,可要求银行退款。

【例 2-17】 某企业向银行提交银行本票申请书并将款项3 390元缴存银行。取得银行

本票时,根据银行盖章退回的申请书存根联,编制会计分录如下:

　　借:其他货币资金——银行本票存款　　　　　　　　　　　　　　　3 390
　　　　贷:银行存款　　　　　　　　　　　　　　　　　　　　　　　　　　　3 390

【例2-18】 某企业使用本票购买办公用品,取得的增值税专用发票注明,金额3 000元,增值税额390元。根据发票账单等有关凭证,编制会计分录如下:

　　借:管理费用　　　　　　　　　　　　　　　　　　　　　　　　　　3 000
　　　　应交税费——应交增值税(进项税额)　　　　　　　　　　　　　　 390
　　　　贷:其他货币资金——银行本票存款　　　　　　　　　　　　　　　　3 390

如果企业因本票超过付款期等原因而要求退款时,应填制进账单一式两联,连同本票一并送交银行,根据银行盖章退回的进账单第一联,借记"银行存款"科目,贷记"其他货币资金——银行本票存款"科目。

四、信用卡存款

信用卡存款是指企业为取得信用卡,按照规定存入银行的款项。

企业申请信用卡,应按规定填制申请表,连同支票和有关资料一并送交发卡银行,根据银行盖章退回的进账单第一联,借记"其他货币资金——信用卡存款"科目,贷记"银行存款"科目。

企业用信用卡购物或支付有关费用,应根据银行转来的信用卡存款的付款凭证及所附发票账单,经核对无误后,借记"管理费用"等科目,贷记"其他货币资金——信用卡存款"科目。

企业信用卡在使用过程中,需要向其账户续存资金的,借记"其他货币资金——信用卡存款"科目,贷记"银行存款"科目。

五、信用证保证金存款

信用证保证金是指企业为取得信用证,按规定存入银行的保证金。

企业向银行申请开立信用证,应按规定向银行提交开证申请书、信用证申请人承诺书和购销合同。企业向银行缴纳保证金,应根据银行退回的进账单第一联,借记"其他货币资金——信用证保证金存款"科目,贷记"银行存款"科目。

企业用信用证保证金存款购物后,应根据开证行交来的信用证来单通告书及有关单据列明的金额,借记"原材料""应交税费——应交增值税(进项税额)"等科目,贷记"其他货币资金——信用证保证金存款"科目。

六、存出投资款

存出投资款是指企业为购买股票、债券、基金等,根据有关规定存入证券公司指定银行开立的投资款专户的款项。

企业向证券公司划出资金时,应按实际划出的金额,借记"其他货币资金——存出投资款"科目,贷记"银行存款"科目。

企业用存出投资款购买股票、债券时，按实际发生的金额，借记"交易性金融资产"等科目，贷记"其他货币资金——存出投资款"科目。

本章小结

货币资金是企业在生产经营过程中以货币形态存在的资产，包括库存现金、银行存款和其他货币资金三个部分。

库存现金是货币资金中流动性最强的一项资产，库存现金的管理与控制涉及使用范围、库存限额和日常收支的内部控制。

银行存款是企业存放于银行或其他金融机构的货币资金，银行转账结算主要包括银行汇票、银行本票、商业汇票、支票、信用卡、汇兑、委托收款、托收承付和信用证等结算方式，企业应根据实际情况，选择适当的结算方式。

银行存款核算包括总分类核算和明细分类核算。月份终了时，银行存款日记账余额必须与银行存款总账的余额核对相符。对于未达账项，企业应编制银行存款余额调节表进行调整。经调节后，双方余额如果仍不相等，应立即查明错误原因，由企业或银行进行更正。

其他货币资金是企业除库存现金、银行存款以外的其他各种货币资金，包括外埠存款、银行汇票存款、银行本票存款、信用卡存款、信用证保证金存款和存出投资款等，其他货币资金也是一种银行存款，但它是承诺了专门用途的存款。

复习思考题

1. 什么是货币资金？它包括哪些内容？
2. 银行关于库存现金管理有哪些基本规定？
3. 什么是银行存款？银行存款的管理有哪些规定？
4. 目前国内使用的银行结算方式有哪些？分别有什么特点？
5. 其他货币资金的内容包括哪些？

练习题

习题一

资料 某企业发生如下相关业务：

(1) 企业从银行提取现金1 800元。

(2) 企业销售产品一批，开出的增值税专用发票注明，货款150 000元，增值税额19 500元，企业已接到银行的收款通知。

(3) 厂部职工李立出差回厂报销差旅费，费用合计为780元，交回余款220元。

(4) 以现金发放职工工资36 000元和困难补助2 000元。

(5) 企业办理信用卡申领手续，缴存信用卡备用金存款50 000元。

(6) 经办人员持有关单据报销用信用卡支付的有关费用，共支付业务招待费12 500元。

(7) 企业向银行提交银行汇票委托书,并将 120 000 元缴存银行,取得银行汇票,交给采购员持往异地办理材料采购业务。

(8) 采购员完成采购任务回厂,有关单据表明,材料的买价计 100 000 元,增值税额 13 000 元,材料尚未到达。同日,收到银行的多余款收账通知。

要求 根据上述资料编制会计分录。

习 题 二

资料 某企业 2×19 年 12 月 31 日银行存款日记账余额为 256 000 元,银行对账单余额为 265 000 元,经查对有下列未达账项:

(1) 企业于月末存入银行的转账支票 2 000 元,银行尚未入账。

(2) 委托银行代收的销货款 12 000 元,银行已经收到入账,但企业尚未收到银行收款通知。

(3) 银行代付本月电话费 4 000 元,企业尚未收到银行付款通知。

(4) 企业于月末开出转账支票 3 000 元,持票人尚未到银行办理转账手续。

要求

(1) 根据所给资料编制银行存款余额调节表(见表 2-2)。

表 2-2　　　　　　　　　　银行存款余额调节表

2×19 年 12 月 31 日　　　　　　　　　　　　单位:元

项　　目	金额	项　　目	金额
企业账面存款余额		银行对账单余额	
加:		加:	
减:		减:	
调节后的存款余额		调节后的存款余额	

(2) 如果调节后双方的银行存款余额仍不相符,则应如何处理?

(3) 该企业在 2×19 年 12 月 31 日可动用的银行存款的数额是多少?

第三章

应收和预付款项

学习目的与要求 学生通过本章的学习,掌握应收票据的概念和种类、确认和计量、取得、收回的账务处理;掌握应收账款的确认计量;掌握坏账准备的账务处理;熟悉坏账的确认条件、备用金的核算;了解应收票据的背书转让、预付账款和其他应收款的主要内容和核算方法。

本章关键词 应收账款;应收票据;预付账款;坏账准备

第一节 应收票据

一、应收票据的概念和种类

应收票据是指企业因销售商品、产品、提供劳务等而收到的、尚未到期兑现的商业票据。在我国,除商业汇票外,大部分票据都是即期票据,可以即刻收款或存入银行成为货币资金,不需要作为应收票据核算。因此,我国的应收票据即指商业汇票。

商业汇票是商品交易过程中,销售方与购货方之间结算的票据。一般是由收款人或付款人(或承兑申请人)签发,承兑人承兑,并于到期日向收款人或被背书人支付票款的票据。

商业汇票按承兑人不同,分为商业承兑汇票和银行承兑汇票。商业汇票按是否计息分为不带息商业汇票和带息商业汇票。不带息商业汇票是指商业汇票到期时,承兑人只按票面金额(即面值)向收款人或被背书人支付款项的商业汇票。带息商业汇票是指商业汇票到期时,承兑人必须按票面金额加上票据规定利息率计算的到期利息向收款人或被背书人支付票款的票据。带息票据的到期值等于其面值加上到期应计利息。

我国目前主要使用不带息商业汇票。

二、应收票据的确认与计量

应收票据的确认,是要解决如何确定其入账价值的问题。我国商业汇票的期限一般较短(最长不超过 6 个月),用现值记账不但计算麻烦而且其折价还要逐期摊销,过于繁琐。因此,应收票据一般按其面值确认,即企业收到应收票据时,应按照票据的面值入账。

三、应收票据的核算

为了反映和监督应收票据取得、收回等业务,企业应当设置"应收票据"科目,借方登记取得的应收票据的面值,贷方登记到期收回或到期前向银行贴现的应收票据的票面余额,期末余额在借方,反映企业持有的商业汇票的票面余额。"应收票据"科目可按照开出、承兑商业汇票的单位进行明细核算,并设置"应收票据备查簿",登记商业汇票的种类、号数和出票日、票面金额、交易合同号和付款人、承兑人、背书人的姓名或单位名称、到期日、背书转让日、贴现日、贴现率和贴现净额及收款日和收回金额、退票情况等资料。商业汇票到期结清票款或退票后,在备查簿中应予以注销。

企业收到开出、承兑的商业汇票时,按应收票据的面值,借记"应收票据"科目,按实现的营业收入,贷记"主营业务收入"等科目,按增值税专用发票上注明的增值税额,贷记"应交税金——应交增值税(销项税额)"科目。企业收到用以抵偿应收账款的应收票据时,借记"应收票据"科目,贷记"应收账款"科目。

应收票据到期收回款项时,按票面金额,借记"银行存款"科目,贷记"应收票据"科目。商业承兑汇票到期,承兑人违约拒付或无力支付票款,企业收到银行退回的商业承兑汇票、委托收款凭证、未付票款通知书或拒绝付款证明等,将到期票据的票面金额转入"应收账款"科目,借记"应收账款"科目,贷记"应收票据"科目。

【例3-1】 3月12日,A企业销售一批商品给B企业,增值税专用发票上注明的商品价款是10 000元,增值税销项税额为1 300元。收到B企业签发的商业承兑汇票一张,期限6个月。A企业应编制会计分录如下:

借:应收票据　　　　　　　　　　　　　　　　　　　　　　11 300
　　贷:主营业务收入　　　　　　　　　　　　　　　　　　　　　10 000
　　　　应交税费——应交增值税(销项税额)　　　　　　　　　　1 300

应收票据到期,A企业收回款项11 300元,存入银行。A企业应编制会计分录如下:

借:银行存款　　　　　　　　　　　　　　　　　　　　　　11 300
　　贷:应收票据　　　　　　　　　　　　　　　　　　　　　　11 300

如果该票据到期,B企业无力偿还票款,A企业应将到期票据的票面金额转入"应收账款"科目,编制会计分录如下:

借:应收账款——B企业　　　　　　　　　　　　　　　　　11 300
　　贷:应收票据　　　　　　　　　　　　　　　　　　　　　　11 300

【例3-2】 4月3日,A企业收到C企业开出并承兑的商业汇票一张,面值250 000元,抵付前欠的货款。A企业应编制会计分录如下:

借:应收票据　　　　　　　　　　　　　　　　　　　　　 250 000
　　贷:应收账款——C企业　　　　　　　　　　　　　　　　 250 000

四、应收票据背书转让

企业可以将自己持有的商业汇票背书转让。背书是指持票人在票据背面或者粘单上记载有关事项并签章的票据行为,签字人称为背书人,背书人对票据的到期付款负连带责任。

企业将持有的应收票据背书转让以取得所需物资时,应按计入取得物资成本的价值,借记"在途物资""原材料""库存商品"等科目,按照增值税专用发票上注明的增值税额,借记

"应交税费——应交增值税(进项税额)"科目,按应收票据的票面金额,贷记"应收票据"科目,如有差额,借记或贷记"银行存款"等科目。

【例 3-3】 承[例 3-2],假定 4 月 20 日 A 企业将收到的 C 企业开出的商业汇票背书转让给 D 企业,以取得所需的甲材料,材料价款为 200 000 元,增值税额为 26 000 元,多余款 24 000 元 D 企业以存款支付。A 企业应编制会计分录如下:

```
借:在途物资                                          200 000
    应交税费——应交增值税(进项税额)                    26 000
    银行存款                                           24 000
    贷:应收票据                                                  250 000
```

五、应收票据贴现

(一)贴现的含义

贴现是指持票人因急需资金,将未到期的商业汇票背书后转让给银行,银行受理后,从票面金额中扣除按银行贴现利率计算确定的贴现利息后,将余额支付给持票人的业务活动。其计算公式如下:

$$贴现期 = 票据期限 - 企业已持有票据期限$$
$$贴现利息 = 票据到期值 \times 贴现率 \times 贴现期$$
$$贴现所得 = 票据到期值 - 贴现利息$$

其中:带息应收票据的到期值是其面值加上票据利息,不带息应收票据的到期值就是其面值。

贴现期是指从贴现日至票据到期日的天数,如 4 月 1 日将 5 月 15 日到期的票据到银行办理贴现,则贴现期为 44 天(即 4 月份 30 天,5 月份 14 天,在计算天数时算头不算尾)。

(二)贴现的核算

对于票据贴现,企业通常按实际收到的金额,借记"银行存款"科目,按贴现利息部分,借记"财务费用"科目,按应收票据的票面金额,贷记"应收票据"科目。

【例 3-4】 3 月 1 日,A 公司将持有的一张面值 60 000 元、到期日为 7 月 1 日的商业承兑汇票向银行申请贴现,年贴现率为 5%,且银行不拥有追索权。

$$票据到期值 = 60\ 000(元)$$
$$贴现利息 = 60\ 000 \times 5\% \times 4/12 = 1\ 000(元)$$
$$贴现所得 = 60\ 000 - 1\ 000 = 59\ 000(元)$$

```
借:银行存款                                           59 000
    财务费用                                            1 000
    贷:应收票据                                                   60 000
```

[例 3-4]中,如果银行拥有追索权,则 A 公司应按票面额确认为短期借款。应编制会计分录如下:

```
借:银行存款                                           59 000
    财务费用                                            1 000
    贷:短期借款                                                   60 000
```

第二节 应 收 账 款

一、应收账款的确认和计量

应收账款是指企业因销售商品或产品、提供劳务等,应向购货单位或接受劳务单位收取的款项。

会计上所指的应收账款有其特定的范围。第一,应收账款是指因销售活动形成的债权,不包括应收职工欠款、应收债务人的利息等其他应收款。第二,应收账款是指流动资产性质的债权,不包括长期的债权,如购买的长期债券等。第三,应收账款是指本企业应收客户的款项,包括代垫的运杂费,但不包括本企业付出的各类存出保证金,如租入包装物押金等。

由于应收账款是因赊销业务而产生的,因此,应收账款应于收入实现时予以确认。

应收账款的计量通常与收入的计量保持一致,通常应按实际发生额计价入账。

二、应收账款的会计处理

【例3-5】 某企业销售一批商品,售价总额为60 000元,适用的增值税税率为13%,以存款代购货单位垫付运杂费1 000元,已向银行办妥托收手续。应编制会计分录如下:

借:应收账款　　　　　　　　　　　　　　　　　　　68 800
　　贷:主营业务收入　　　　　　　　　　　　　　　　60 000
　　　　应交税费——应交增值税(销项税额)　　　　　7 800
　　　　银行存款　　　　　　　　　　　　　　　　　　1 000

收到货款时,应编制如下会计分录:

借:银行存款　　　　　　　　　　　　　　　　　　　68 800
　　贷:应收账款　　　　　　　　　　　　　　　　　　68 800

第三节 预付账款和其他应收款

一、预付账款

预付账款是指企业按照购货合同规定预付给供应单位的款项。预付账款按实际付出的金额入账。

企业应单独设置"预付账款"科目进行核算。但当企业的预付账款情况不多,或与供货单位往来以赊销为主时,也可以不设置"预付账款"科目,而将预付账款直接记入"应付账款"科目的借方。但在编制会计报表时,仍然要将"预付账款"和"应付账款"的金额分开报告。

企业按购货合同的规定预付货款时,按预付金额,借记"预付账款"科目,贷记"银行存款"科目。企业收到预定的货物时,应根据发票账单等列明的应计入购入货物成本的金额,借记"原材料"等科目,按增值税专用发票上注明的增值税额,借记"应交税费——应交增值税(进项税额)"科目,按应付的金额,贷记"预付账款"科目;补付货款时,借记"预付账款"科目,贷记"银行存款"科目;退回多付的款项时,借记"银行存款"科目,贷记"预付账款"科目。

【例3-6】 某企业与A公司签订购货合同,购入甲材料1 000千克,单价20元,按合同规定预付货款的20%,已开出转账支票支付。3天后收到A公司发来的甲材料,取得的增值税专用发票注明售价20 000元,增值税进项税额2 600元,材料已验收入库。剩余款项以存款支付。应编制会计分录如下:

(1)预付货款时:

借:预付账款——A公司　　　　　　　　　　　　　　　　　　　　　4 000
　　贷:银行存款　　　　　　　　　　　　　　　　　　　　　　　　　4 000

(2)收到甲材料,验收入库时:

借:原材料——甲材料　　　　　　　　　　　　　　　　　　　　　　20 000
　　应交税费——应交增值税(进项税额)　　　　　　　　　　　　　　2 600
　　贷:预付账款——A公司　　　　　　　　　　　　　　　　　　　　22 600

(3)补付货款时:

借:预付账款——A公司　　　　　　　　　　　　　　　　　　　　　18 600
　　贷:银行存款　　　　　　　　　　　　　　　　　　　　　　　　　18 600

二、其他应收款

其他应收款是指企业除应收票据、应收账款、预付账款等以外的其他各种应收、暂付款项。其包括:①应收的各种赔款、罚款;②应收出租包装物的租金;③应向职工收取的各种垫付款项;④备用金(向企业各职能科室、车间等拨出的备用金);⑤存出的保证金,如租入包装物支付的押金;⑥其他各种应收、暂付款项。

企业应设置"其他应收款"科目对以上业务进行核算。"其他应收款"科目应按各种应收、暂付项目设置明细科目。企业发生其他应收款时,按应收金额,借记"其他应收款"科目,贷记有关科目。收回各种款项时,借记有关科目,贷记"其他应收款"科目。

现举例说明"其他应收款——备用金"科目的核算方法。

备用金是指企业财会部门预付给企业内部各科室、车间或职工个人用作零星开支、零星采购和职工差旅费的备用款项。备用金是适应一些零星支出的实际需要而采用的一种先领后用和用后报销制度。使用备用金的单位或个人须按规定用途使用备用金。

备用金的核算,可在"其他应收款"科目下设"备用金"二级科目核算,也可以单设"备用金"科目进行核算。

备用金的管理和核算方法,有一般备用金制和定额备用金制两种。

1. 一般备用金制

一般备用金制就是预借的款项,用后一次报销结清。有关部门和职工领取备用金时,应填写借款单,并经有关负责人批准。使用后,应及时填写报销单并附有关原始凭证向财会部门报销。

【例 3-7】 4月13日，车间职工张明预借备用金 3 000 元，应编制会计分录如下：

借：其他应收款——备用金（张明） 3 000
　　贷：库存现金 3 000

【例 3-8】 5月15日，张明报销差旅费 2 600 元，其中包括可抵扣增值税进项税额 150 元，退回多余现金 400 元。应编制会计分录如下：

借：制造费用 2 450
　　应交税费——应交增值税（进项税额） 150
　　库存现金 400
　　贷：其他应收款——备用金（张明） 3 000

2. 定额备用金制

定额备用金制就是财会部门根据备用金使用部门的实际需要，核定备用金定额一次拨给，用于日常零星开支。报销时，财会部门根据审核后的报销单据，用支票或现款补足定额。企业对于零星支出频繁的部门或个人可实行定额备用金制度。

【例 3-9】 4月1日，企业总务部门按定额领取备用金 4 000 元，应编制会计分录如下：

借：其他应收款——备用金（总务部门） 4 000
　　贷：库存现金 4 000

【例 3-10】 4月28日，总务部门报销办公用品费等 2 200 元，其中包括可抵扣的增值税进项税额 200 元。根据审核后的报销单，以现金补足定额。应编制会计分录如下：

借：管理费用 2 000
　　应交税费——应交增值税（进项税额） 200
　　贷：库存现金 2 200

第四节 应收款项减值

一、应收款项减值损失的确认

应收账款等应收款项是企业拥有的金融资产。根据金融工具确认和计量会计准则的规定，企业应当在资产负债表日以预期信用损失为基础，对以摊余成本计量的金融资产等的账面价值进行检查，有客观证据表明该金融资产发生减值的，应当计提减值准备。

预期信用损失是指以发生违约的风险为权重的金融工具信用损失的加权平均值。

信用损失是指企业按照原实际利率折现的、根据合同应收的所有合同现金流量与预期收取的所有现金流量之间的差额，即全部现金短缺的现值。其中，对于企业购买或源生的已发生信用减值的金融资产，应按照该金融资产经信用调整的实际利率折现。由于预期信用损失考虑付款的金额和时间分布，因此，即使企业预计可以全额收款但收款时间晚于合同规定的到期期限,也会产生信用损失。

在估计现金流量时,企业应当考虑金融工具在整个预计存续期的所有合同条款(如提前还款、展期、看涨期权或其他类似期权等)。企业所考虑的现金流量应当包括出售所持担保品获得的现金流量,以及属于合同条款组成部分的其他信用增级所产生的现金流量。

金融资产发生减值时,应当将该金融资产的账面价值减记至预计未来现金流量(不包括尚未发生的未来信用损失)现值,减记的金额确认为信用减值损失,计入当期损益。

为了核算企业应收款项减值的情况,应设置"坏账准备"科目,核算以摊余成本计量的应收款项等金融资产以预期信用损失为基础计提的损失准备。它属于资产类备抵科目,借方登记发生坏账损失时结转已计提的坏账准备和冲销多提的坏账准备;贷方登记提取的坏账准备;收回的已作为坏账核销的应收款项也登记在贷方;贷方余额表示已提取的坏账准备。在资产负债表上列作各项应收款项的减项。

【例 3-11】 某企业 2×18 年年末应收账款逾期天数与违约损失率和预期信用损失计算,如表 3-1 和表 3-2 所示。

表 3-1　　　　　　　　　　逾期天数与违约损失率对照表

项目	未逾期	逾期 1~30 日	逾期 31~60 日	逾期 61~90 日	逾期>90 日
违约损失率	0.3%	1.6%	3.6%	6.6%	10.6%

表 3-2　　　　　　　　　　预期信用损失计算表　　　　　　　　　　金额单位:元

项目	账面余额 (A)	违约损失率 (B)	按整个存续期内预期信用 损失确认的损失准备(C=A×B)
未逾期	15 000 000	0.3%	45 000
逾期 1~30 日	7 500 000	1.6%	120 000
逾期 31~60 日	4 000 000	3.6%	144 000
逾期 61~90 日	2 500 000	6.6%	165 000
逾期>90 日	1 000 000	10.6%	106 000
合计	30 000 000	—	580 000

假设该企业 2×18 年年末计提坏账准备前"坏账准备"科目贷方余额为 200 000 元。则 2×18 年年末应计提坏账准备金额为 380 000 元(580 000－200 000)。应编制会计分录如下:

借:信用减值损失　　　　　　　　　　　　　　　　　　　　　　　　　380 000
　　贷:坏账准备　　　　　　　　　　　　　　　　　　　　　　　　　　380 000

2×19 年 5 月,企业发现有 30 000 元的应收账款无法收回,按有关规定确认为坏账损失。应编制会计分录如下:

借:坏账准备　　　　　　　　　　　　　　　　　　　　　　　　　　　30 000
　　贷:应收账款　　　　　　　　　　　　　　　　　　　　　　　　　　30 000

2×19年12月31日,该企业根据本年年末应收账款余额按照上述方法计算的坏账准备金额为 600 000 元。

年末应补提的坏账准备金额为 50 000 元[600 000－(580 000－30 000)]。应编制会计分录如下:

  借:信用减值损失   50 000
    贷:坏账准备   50 000

2×20年10月11日,接银行通知,企业上年度已冲销的 30 000 元坏账又收回,款项已存入银行。应编制会计分录如下:

  借:应收账款   30 000
    贷:坏账准备   30 000
  借:银行存款   30 000
    贷:应收账款   30 000

或者:

  借:银行存款   30 000
    贷:坏账准备   30 000

2×20年12月31日,该企业根据本年年末应收账款余额按照上述方法计算的坏账准备金额为 450 000 元。

年末应冲销多提的坏账准备金额为 180 000 元[(600 000＋30 000)－450 000]。应编制会计分录如下:

  借:坏账准备   180 000
    贷:信用减值损失   180 000

本 章 小 结

  应收和预付款项是指企业在日常生产经营过程中发生的各项债权,包括应收账款、应收票据、预付账款和其他应收款。应收票据包括商业承兑汇票和银行承兑汇票,两者在账务处理中稍有不同,但都可以转让和贴现。应收账款的核算较为简单。预付账款是企业按照购货合同规定预付给供应单位的款项,在不设置"预付账款"科目的情况下,应将预付款业务记入"应付账款"科目的借方。其他应收款中关于备用金的核算,分为定额备用金和非定额备用金两种,注意两者的区别。应收款项因属于企业金融资产中以摊余成本计量的金融资产,所以其减值的核算按照金融工具的确认与计量准则的要求进行。

复 习 思 考 题

1. 商业承兑汇票和银行承兑汇票在账务处理上有何区别?
2. 其他应收款的核算内容包括哪些?

练 习 题

习 题 一

资料 甲公司2×19年发生相关经济业务如下：

1. (1) 2×19年5月4日甲公司销售一批商品给乙企业，增值税专用发票上注明的商品价款是20 000元，增值税销项税额为2 600元。收到乙企业签发的商业承兑汇票一张，期限6个月。

(2) 上述汇票到期，乙企业如数支付票款，款项已收存银行。

(3) 假设上述汇票到期，乙企业无款支付，又该如何处理？

2. (1) 2×19年6月21日，甲公司收到D公司开来的一张6个月期、面值为45 000元的银行承兑汇票，抵付前欠货款。

(2) 7月10日，甲公司将该票据背书转让给C公司，用于购买甲材料，收到的增值税专用发票上注明：买价40 000元，增值税额5 200元，材料已入库，货款不足部分开出转账支票支付。

3. 2×19年10月1日，甲公司将持有的一张出票日为2×19年7月1日、面值为900 000元、期限为6个月的银行承兑汇票贴现，贴现率为6%。假设银行不拥有追索权。

要求 编制相关会计分录。

习 题 二

资料 某企业发生如下相关经济业务：

(1) 某企业销售商品一批，增值税专用发票上注明的价款为50 000元，增值税销项税额6 500元，以银行存款代垫运杂费1 000元，商品已发出，并已向银行办妥托收手续。10天后，收到开户银行的通知，货款已收存银行。

(2) 某企业与S公司签订购货合同，购入A材料2 000千克，单价40元，按合同规定预付货款的30%，已开出转账支票支付。5天后，收到S公司发来的A材料，取得的增值税专用发票注明售价80 000元，增值税进项税额10 400元，材料已验收入库。剩余款项以存款支付。

(3) 某企业对行政科实行非定额备用金制度。本月行政科职员李明从财务科预借差旅费2 000元，以现金支付。李明出差回来，报销差旅费1 700元，其中含有可抵扣的增值税进项税额100元，多余款项以现金交回财务科。

(4) 某企业对生产车间实行定额备用金制度，核定的备用金定额为5 000元，开出现金支票支付。本月车间报销办公费2 000元、差旅费500元、会议费1 200元，其中含有可抵扣的增值税进项税额200元，经审核予以报销，以现金补足其定额。

要求 编制相关会计分录。

习 题 三

资料 某企业年初"坏账准备"科目贷方余额为20万元，当年年末该企业根据应收账款余额计算的坏账准备金额为54万元；第二年5月，发生坏账30万元，年末该企业根据应收账款余额计算的坏账准备金额为20万元；第三年8月，上年已核销的坏账又收回25万元，年末该企业根据应收账款余额计算的坏账准备金额为50万元。

要求 编制相关会计分录。

第四章

存 货

学习目的与要求 学生通过本章的学习,应掌握存货的概念及确认;掌握存货入账价值的确定、存货发出计价方法的含义和具体计算方法;掌握期末存货价值的确定方法;掌握原材料按实际成本计价核算的方法、特点及收发原材料的账务处理;掌握原材料按计划成本计价核算的方法、特点及收发原材料的账务处理;熟悉周转材料的主要内容及账务处理方法、委托加工物资的账务处理;了解产成品、商品核算的账务处理、存货盘盈、盘亏及毁损的账务处理方法。

本章关键词 存货;原材料;周转材料;委托加工物资

第一节 存货概述

一、存货的定义和确认

(一)存货的定义

存货是指企业在日常活动中持有以备出售的产成品或商品、处在生产过程中的在产品、在生产过程或提供劳务过程中耗用的材料和物料等。

存货最基本的特征是,企业持有存货的最终目的不是为了自用或消耗,而是为了出售(无论是可直接出售还是需要经过加工后才能出售),这一特征使存货明显区别于固定资产等长期资产。

(二)存货的确认

存货在同时满足以下两个条件时,才能加以确认:一是与该存货有关的经济利益很可能流入企业;二是该存货的成本能够可靠地计量。企业要把一项资产确认为存货,首先应符合存货的定义,然后应符合以上两个条件才能予以确认,而不能以其存放何处或何种状态来作为判断标准。比如,企业的在途物资、委托加工物资、发出商品等项目应列为企业的存货;而对于代销产品,在商品售出以前,所有权属于委托方,应作为委托方的存货处理。

二、存货的分类

企业在生产经营过程中为销售或耗用而储备的存货品种繁多,它们在生产经营过程中的用途不同,所起的作用也不尽一致。为了做好存货的核算,加强存货的管理,会计上有必要对存货进行科学分类。

按照存货的来源和用途不同,企业的存货可分为以下几类:

第一,原材料即企业购入的各种材料,包括原材料及主要材料、辅助材料、外购半成品(外购件)、修理用备件(备品备件)、包装材料和燃料等。

第二,产成品即企业已经完成全部生产过程并验收入库,合乎标准规格和技术条件,可以按照合同规定的条件送交订货单位,或者可以作为商品对外销售的产品。企业接受外来原材料加工制造的代制品和为外单位加工修理的代修品,制造和修理完成验收入库后,视同企业的产成品。

第三,自制半成品即企业经过一定生产过程并已检验合格交付半成品仓库,但尚未制造完成产成品,仍须继续加工的中间产品。

第四,外购商品即企业购入的无需经过任何加工就可直接对外销售的商品。

第五,周转材料即企业能够多次使用、逐渐转移其价值,但仍保持原有形态不确认为固定资产的材料,如包装物和低值易耗品。

此外,对企业的存货还可以按照其存放地点进行分类,分为库存存货、在途存货和加工中存货。库存存货是指已经运达企业并已验收入库的各种原材料、商品等;在途存货是指货款已经结算,尚未验收入库,正在运输途中的各种存货;加工中存货是指企业自行生产加工以及委托外单位加工中的各种存货。

三、存货的初始计量

存货应当按照成本进行初始计量。存货成本包括采购成本、加工成本和其他成本。

(一)存货的采购成本

存货的采购成本包括购买价格、相关税费、运输费、装卸费、保险费以及其他可归属于存货采购成本的费用。

存货的购买价格是指企业购入的材料或商品的发票账单上列明的价款,但不包括按规定可以抵扣的增值税额。

存货的相关税费是指企业购买存货发生的进口关税、消费税、资源税和不能抵扣的增值税进项税额等应计入存货采购成本的税费。

其他可归属于存货采购成本的费用是指采购成本中除上述各项以外的可归属于存货采购的费用,如在存货采购过程中发生的仓储费、包装费、运输途中的合理损耗、入库前的挑选整理费用等。

商品流通企业在采购商品过程中发生的运输费、装卸费、保险费以及其他可归属于存货采购的费用等进货费用,应当计入存货采购成本,也可以先进行归集,期末根据所购商品的存销情况再进行分摊。对于已售商品的进货费用,计入当期损益;对于未售商品的进货费用,计入期末存货成本。企业采购商品的进货费用金额较小的,可以在发生时计入当期损益。

(二)存货的加工成本

存货的加工成本是指在存货的加工过程中发生的追加费用,包括直接人工以及按照一定方法分配的制造费用。

直接人工是指企业在生产产品和提供劳务过程中发生的直接从事产品生产和劳务提供人员的职工薪酬。

制造费用是指企业为生产产品和提供劳务而发生的各项间接费用。

(三) 存货的其他成本

存货的其他成本是指除采购成本、加工成本以外的,使存货达到目前场所和状态所发生的其他支出。企业设计产品发生的设计费用通常应计入当期损益,但是为特定客户设计产品所发生的、可直接确定的设计费用应计入存货的成本。

存货的来源不同,其成本的构成内容也不同。原材料、商品、低值易耗品等通过购买而取得的存货的成本由采购成本构成;产成品、在产品、半成品等自制或委托外单位加工完成的存货的成本由采购成本、加工成本以及使存货达到目前场所和状态所发生的其他支出构成。实务中具体按以下原则确定:

(1) 购入的存货的成本包括买价、运输费、装卸费、保险费、包装费、仓储费等费用,运输途中的合理损耗,入库前的挑选整理费用和按规定应计入成本的税费和其他费用。

(2) 自制的存货的成本包括直接材料、直接人工和制造费用等各项实际支出。

(3) 委托外单位加工完成的存货的成本包括实际耗用的原材料或者半成品加上加工费、运输费、装卸费、保险费等费用,以及按规定应计入成本的税费。

(4) 投资者投入的存货的成本应当按照投资合同或协议约定的价值确定,但合同或协议约定的价值不公允的除外。

(5) 通过非货币性资产交换、债务重组和企业合并等取得的存货的成本,应当分别按照非货币性资产交换准则、债务重组准则或企业合并准则等的规定确定。

但是,下列费用不应计入存货成本,而应在其发生时计入当期损益:

(1) 非正常消耗的直接材料、直接人工和制造费用,应在发生时计入当期损益,不应计入存货成本。例如,由于自然灾害而发生的直接材料、直接人工和制造费用,由于这些费用的发生无助于使该存货达到目前场所和状态,不应计入存货成本,而应确认为当期损益。

(2) 仓储费用,即企业在存货采购入库后发生的储存费用,应在发生时计入当期损益。但是在生产过程中为达到下一个生产阶段所必需的仓储费用应计入存货成本。

(3) 不能归属于使存货达到目前场所和状态的其他支出,应在发生时计入当期损益,不得计入存货成本。

第二节 原材料的核算

一、原材料的概念及种类

(一) 原材料的概念

原材料是指企业用于制造产品并构成产品实体的购入物品,以及购入的供生产耗用但不构成产品实体的辅助性物品等。原材料是企业存货的重要组成部分,品种、规格较多,为便于加强对原材料的管理和核算,需要对其进行科学分类。

(二) 原材料的种类

原材料按其经济内容不同,可分为以下六类:

(1) 原料及主要材料,即在生产过程中经过加工后构成产品主要实体的各种原料和材料。原料是指直接取自于自然界的劳动对象,如纺纱用的原材料、炼铁用的矿石等;材料是指已被加工过的劳动对象,如织布用的棉纱、机械制造用的钢材等。

(2) 辅助材料,即不构成产品的主要实体,但直接用于产品生产的有助于产品形成或便于生产进行的各种材料,如染料、机油等。

(3) 外购半成品(外购件),即从外部购入,经过加工或装配构成产品实体的半成品或配套件,如纺织厂外购棉纱、汽车制造厂外购的轮胎等。如果外购半成品数量不大时,也可列作原料及主要材料。

(4) 修理用备件(备品备件),即用于修理本企业机器设备和运输设备等专用的各种零件或备件,如齿轮、阀门等。

(5) 包装材料,即包装产品用的、除包装物之外等各种材料,如纸、绳、铁丝等。

(6) 燃料,即在生产过程中用来燃烧发热,为创造正常劳动条件用的各种燃料,包括各种固体、液体和气体燃料,如煤、汽油和天然气等。

原材料按其存放地点不同,可分为以下三类:

(1) 在途材料,即企业从外部购入,货款已付或已开出、承兑商业汇票,但尚未运到企业或虽已运到企业但尚未验收入库的材料。

(2) 库存材料,即企业存放在各类材料仓库的各种材料。

(3) 委托加工材料,即发出委托外单位加工的材料。

二、原材料采用实际成本计价的核算

(一) 原材料取得的核算

原材料的日常核算分为按实际成本计价和按计划成本计价两种方法,企业可以根据自身生产经营特点及管理要求,自行决定采用哪一种核算方法。当企业按实际成本对原材料进行核算时,其特点是:从原材料的收发凭证到明细分类账和总分类账全部都是按实际成本计价,并应设置下列科目进行核算。

"原材料"科目,用于核算企业库存原材料的实际成本。该科目属于资产类科目,借方登记入库原材料的实际成本;贷方登记出库原材料的实际成本;期末借方余额反映企业库存原材料的实际成本。该科目应按原材料的保管地点(仓库)、材料的类别、品种和规格设置材料明细账(或材料卡片)。

"在途物资"科目,用于核算企业购入尚未到达或尚未验收入库的各种物资的实际成本。该科目属于资产类科目,借方登记已付款或已开出、承兑商业汇票的物资的实际成本;贷方登记已验收入库物资的实际成本;期末借方余额反映企业已付款或已开出、承兑商业汇票但尚未到达或尚未验收入库的在途物资的实际成本。该科目应按供应单位设置明细账进行明细核算。

1. 购入原材料的核算

企业外购原材料时,既可以从本地进货,又可以从外地进货,而且可以根据购货业务的不同特点采用不同的结算方式。由于采购地点和采用的结算方式等因素的影响,经常会出现材料入库和付款时间不一致的情况,因此,其账务处理方法也不一样。

(1) 结算凭证等单据与材料同时到达的采购业务。对于此类业务,企业在支付货款、材料验收入库后应根据结算凭证、发票账单凭证确定的材料收入成本,借记"原材料"科目,根据取得的增值税专用发票上注明的税额,借记"应交税费——应交增值税(进项税额)"(一般纳税企业,下同)科目,按照实际支出的款项,贷记"银行存款"等科目。

【例 4-1】 甲企业经有关部门核定为一般纳税企业,某日该企业购入原材料一批,取得的增值税专用发票注明的原材料价款为 200 000 元,增值税额为 26 000 元,运费 1 000 元,取得的增值税专用发票上注明增值税额为 90 元,发票等结算凭证已经收到,货款已通过银行转账支付,材料已验收入库。应编制会计分录如下:

借:原材料 201 000
  应交税费——应交增值税(进项税额) 26 090
  贷:银行存款 227 090

(2) 已支付货款或已开出、承兑商业汇票但材料尚未运达的采购业务。对于此类业务,企业应根据结算凭证、发票账单等,借记"在途物资""应交税费——应交增值税(进项税额)"科目,贷记"银行存款"或"应付票据"等科目;待收到材料后,再根据收料单,借记"原材料"科目,贷记"在途物资"科目。

【例 4-2】 承[例 4-1],假设购入材料的发票等结算凭证已到,货款已经支付,但材料尚未运到,企业应于收到发票等结算凭证时编制会计分录如下:

借:在途物资 201 000
  应交税费——应交增值税(进项税额) 26 090
  贷:银行存款 227 090

上述材料到达验收入库时,再作如下会计分录:

借:原材料 201 000
  贷:在途物资 201 000

(3) 材料已到、结算凭证未到,故货款尚未支付的采购业务。对于此类业务发生时,有关凭证一般在较短时间内就会到达,为了简化核算,在月份内发生的,可以暂不入账,等到有关凭证到达后再按实际支付的货款入账,进行总分类核算;若到了月末时,有关凭证还未到达,已入库的材料可按暂估价入账,下月初用红字冲回,等有关结算凭证到达后,再按实际货款入账,这样既能使月末账实相符,又不违背实际成本计价原则。

【例 4-3】 承[例 4-1],假设材料已经运到,并验收入库,但发票等结算凭证尚未收到,货款尚未支付,月末,按照暂估价入账,假设其暂估价为 198 000 元,应编制会计分录如下:

借:原材料 198 000
  贷:应付账款——暂估应付账款 198 000

下月初,用红字将上述会计分录冲回:

借:原材料 198 000 ①
  贷:应付账款——暂估应付账款 198 000

---

① □表示红字。

待收到有关结算凭证,并支付款项时,再进行入账。

(4) 购货折扣。如果采用赊销方式销售原材料,为了鼓励购买方尽早付款,常常允许购买方在规定的现金付款期内,按买价的一定比例享受现金折扣的优惠。按我国《企业会计准则》规定,当企业实际获得现金折扣时,现金折扣应当作财务收益;当丧失现金折扣时,丧失的现金折扣则包括在存货的成本之中。

【例4-4】 A企业购入材料一批,取得的增值税专用发票注明的原材料价款为500 000元,增值税额为65 000元,付款条件为2/10,N/20,材料已验收入库(增值税不享受现金折扣)。A企业应编制会计分录如下:

借:原材料　　　　　　　　　　　　　　　　　　　　　　500 000
　　应交税费——应交增值税(进项税额)　　　　　　　　　65 000
　　贷:应付账款　　　　　　　　　　　　　　　　　　　　565 000

如果A企业在10天内付款,则应编制会计分录如下:

借:应付账款　　　　　　　　　　　　　　　　　　　　565 000
　　贷:银行存款　　　　　　　　　　　　　　　　　　　555 000
　　　　财务费用　　　　　　　　　　　　　　　　　　　 10 000

如果A企业超过10天付款,应编制会计分录如下:

借:应付账款　　　　　　　　　　　　　　　　　　　　565 000
　　贷:银行存款　　　　　　　　　　　　　　　　　　　565 000

(5) 短缺与损耗的处理。企业外购原材料可能会发生短缺与损耗,必须认真查明原因,分清经济责任,区分不同情况进行处理。

凡属运输过程中的合理损耗,如由于自然损耗等原因而发生的短缺,应当计入验收入库材料的采购成本之中,相应地提高入库材料的实际采购成本,不再另作账务处理。

凡属由运输机构和过失人造成的短缺,应将短缺部分的成本和增值税转入"其他应收款"科目。

尚待查明原因和需要报经批准才能转销的损失,应当转入"待处理财产损溢"科目核算,待查明原因后再分别情况进行处理:属于运输机构、保险公司或其他过失人负责赔偿的损失,记入"其他应收款"等科目;属于自然灾害等非常原因造成的损失,应将扣除残料价值和由过失人、保险公司赔款后的净损失,记入"营业外支出——非常损失"科目;属于无法收回的其他损失,记入"管理费用"科目。

【例4-5】 6月3日,甲企业向外地某单位购入A材料1 000千克,单价500元,增值税税率为13%,价税款共565 000元已用银行存款支付。6月20日,A材料运达,验收入库950千克,短缺50千克,其中2千克属定额内合理损耗,其余48千克短缺原因不明,待查。

6月3日,付款时,编制会计分录如下:

借:在途物资　　　　　　　　　　　　　　　　　　　　500 000
　　应交税费——应交增值税(进项税额)　　　　　　　　　65 000
　　贷:银行存款　　　　　　　　　　　　　　　　　　　565 000

6月20日,材料验收入库,编制会计分录如下:

验收入库材料的实际成本=(950+2)×500=476 000(元)

借:原材料——A材料　　　　　　　　　　　　　　　　　　　476 000
　　贷:在途物资　　　　　　　　　　　　　　　　　　　　　　476 000

短缺材料的实际成本=48×500=24 000(元)
短缺材料应负担的增值税=500×13%×48=3 120(元)

编制会计分录如下:

借:待处理财产损溢——待处理流动资产损溢　　　　　　　　　27 120
　　贷:在途物资　　　　　　　　　　　　　　　　　　　　　　24 000
　　　　应交税费——应交增值税(进项税额转出)　　　　　　　 3 120

以后查明原因,短缺的48千克材料是运输部门的责任造成,运输部门已同意赔款但款项尚未收到。编制会计分录如下:

借:其他应收款——运输部门　　　　　　　　　　　　　　　　27 120
　　贷:待处理财产损溢——待处理流动资产损溢　　　　　　　　27 120

2. 其他方式取得原材料的核算

(1)自制原材料。自制原材料完工入库,应按生产过程中所归集的料、工、费从"生产成本"科目转入"原材料"科目。

【例4-6】　本企业自行加工一批材料,现已加工完毕,验收入库,加工过程中耗用原材料1 000元,工资费用600元,其他费用200元。

归集成本:

借:生产成本——自制材料　　　　　　　　　　　　　　　　　1 800
　　贷:原材料　　　　　　　　　　　　　　　　　　　　　　　1 000
　　　　应付职工薪酬　　　　　　　　　　　　　　　　　　　　　600
　　　　制造费用　　　　　　　　　　　　　　　　　　　　　　　200

入库时:

借:原材料　　　　　　　　　　　　　　　　　　　　　　　　　1 800
　　贷:生产成本——自制材料　　　　　　　　　　　　　　　　1 800

(2)投资者投入原材料。企业接受其他单位以原材料作价投资时,按照投资各方确认的价值,借记"原材料"科目,按照投资方所提供的增值税专用发票上注明的增值税额,借记"应交税费——应交增值税(进项税额)"科目,按照两者之和,贷记"实收资本"等科目。

【例4-7】　企业接受其他单位投资的材料,双方确认的价值为400 000元,增值税额为52 000元。该企业应编制如下会计分录:

借:原材料　　　　　　　　　　　　　　　　　　　　　　　　400 000
　　应交税费——应交增值税(进项税额)　　　　　　　　　　　 52 000
　　贷:实收资本　　　　　　　　　　　　　　　　　　　　　　452 000

（3）接受捐赠的原材料。企业接受捐赠的原材料，按确定的实际成本，借记"原材料"科目，贷记"营业外收入"等科目。

【例4-8】 某企业接受捐赠的材料一批，根据捐赠方提供的有关单据确定其价款为15 000元。该企业收到材料后编制如下会计分录：

  借：原材料   15 000
    贷：营业外收入   15 000

（4）废料回收。企业从生产中回收的废料，应按废料交库单估价入账，借记"原材料"科目，贷记"生产成本"等科目。

（二）发出原材料的核算

1. 发出存货的计价方法

采用不同的存货成本流转假设，在期末存货与发出存货之间分配成本，就产生了不同的发出存货的计价方法。我国目前采用的存货计价的主要方法有先进先出法、月末一次加权平均法、移动加权平均法和个别计价法。下面以材料存货为例，来阐述以上几种方法的具体运用。

（1）先进先出法。先进先出法是指以先购进的材料先消耗为假定前提，日常发出材料的实际单价，按库存材料中最先购进的那批材料的实际成本计价的方法。采用这种方法，收入材料时，在材料明细账中逐笔登记购进材料的实际价格，如果发出材料的数量超过月初库存量，超过部分则按本月每批购入材料的单价计算，其余以此类推。

【例4-9】 某企业2×19年8月甲种材料明细账，如表4-1所示。

表4-1　　　　　　　　　　　　原材料明细分类账

材料名称：甲种材料　　　　　　　　　　　　　　　　计量单位：千克

日期	凭证号数	摘要	收入			发出			结存		
			数量	单价	金额	数量	单价	金额	数量	单价	金额
8月1日		期初余额							150	10	1 500
8月2日		发出				80	10	800	70	10	700
8月8日		购入	100	11.75	1 175				70 100	10 11.75	700 1 175
8月10日		发出				70 50	10 11.75	700 587.5	50	11.75	587.5
8月18日		购入	150	11.50	1 725				50 150	11.75 11.50	587.5 1 725
8月25日		发出				50 50	11.75 11.50	587.5 575	100	11.50	1 150
8月31日		本月合计	250		2 900	300		3 250	100	11.50	1 150

采用这种方法,能及时计算出材料的发出和结存的金额,使计价工作分散在月份内进行,这就便于月末的结账工作。但采用这种方法在一次发料涉及几批进料的成本时,发料单上和材料明细分类账上会出现若干个单价。对于材料收发业务频繁的企业,核算工作量就很繁重,所以这种方法适合于收发料比较少的企业。

采用先进先出法计算出的期末存货比较接近当时的市场价格,但本期损益的计算不够准确,特别是在物价持续上涨的情况下,计入本期成本的存货费用偏低,本期利润偏高,而在物价持续下跌的情况下,计入本期成本的存货费用偏高,本期利润偏低。

(2) 月末一次加权平均法。采用这种方法,即全月计算一次材料的平均单位成本,其计算公式如下:

$$\text{材料单位平均成本} = \left(\text{月初库存材料的实际成本} + \text{本月购入材料的实际成本}\right) \div \left(\text{月初结存材料数量} + \text{本月购入材料数量}\right)$$

本月发出材料的实际成本 = 本月发出材料数量 × 材料单位平均成本

月末结存材料的实际成本 = 月末结存材料数量 × 材料单位平均成本

如果计算出来的加权平均单位成本不是整数,需四舍五入的,为优先保证存货结存成本的正确性,应采用倒轧成本法计算发出存货的成本。即:

$$\text{月末结存材料的实际成本} = \text{月末结存材料数量} \times \text{材料单位平均成本}$$

$$\text{本月发出材料的实际成本} = \text{月初库存材料的实际成本} + \text{本月购入材料的实际成本} - \text{月末结存材料的实际成本}$$

【例 4-10】 仍以[例 4-9]资料为例,如果采用月末一次加权平均法计价,该企业 2×19 年 8 月甲种材料明细账如表 4-2 所示。

表 4-2　　　　　　　　　　　原材料明细分类账

材料名称:甲种材料　　　　　　　计量单位:千克

日期	凭证号数	摘要	收入			发出			结存		
			数量	单价	金额	数量	单价	金额	数量	单价	金额
8月1日		期初余额							150	10	1 500
8月2日		发出				80			70		
8月8日		购入	100	11.75	1 175				170		
8月10日		发出				120			50		
8月18日		购入	150	11.50	1 725				200		
8月25日		发出				100			100		
8月31日		本月合计	250		2 900	300	11	3 300	100	11	1 100

加权平均单位成本＝(1 500＋2 900)÷(150＋250)＝11(元)
本月发出材料成本＝300×11＝3 300(元)
月末结存材料成本＝100×11＝1 100(元)

采用这种方法,简化了日常材料发出的核算,因为发出材料平时不计价,只在月终一次计算全月材料平均单价后,才计算发出材料的实际总成本,所以,平时在发料单和材料明细账上看不出材料发出单价和结存金额。为了保证及时核算产品成本,在价格因素波动不大的情况下,可以用上月末的加权平均单价作为本月发出材料实际成本的依据。

采用这种计价法,计入本期成本的存货费用和期末结存的存货价值都与实际不符,当市场价格发生较大波动时,就会影响本期损益和资产负债表反映的期末结存存货价值的正确性。

(3) 移动加权平均法。采用这种方法的特点是:每购进一次材料,如果收入材料的实际单位成本与库存材料的实际平均成本不一致时,就要计算一次平均成本,然后按平均成本在领料凭证上标价。材料的平均单位成本的计算公式为:

$$\text{材料平均单位成本} = \left(\text{以前结存材料的实际成本} + \text{本批收入材料的实际成本}\right) \div \left(\text{以前结存材料的实际数量} + \text{本批收入材料数量}\right)$$

发出材料的实际成本＝发出材料数量×材料平均单位成本

【例 4-11】 仍以[例 4-9]资料为例,如果采用移动加权平均法,该企业 2×19 年 8 月甲种材料明细账,如表 4-3 所示。

表 4-3　　　　　　　　　　　　原材料明细分类账

材料名称:甲种材料　　　　　　　　　　　　计量单位:千克

日期	凭证号数	摘要	收入			发出			结存		
			数量	单价	金额	数量	单价	金额	数量	单价	金额
8月1日		期初余额							150	10	1 500
8月2日		发出				80	10	800	70	10	700
8月8日		购入	100	11.75	1 175				170	11.03	1 875
8月10日		发出				120	11.03	1 323.5	50	11.03	551.5
8月18日		购入	150	11.50	1 725				200	11.38	2 276.5
8月25日		发出				100	11.38	1 138.5	100	11.38	1 138
8月31日		本月合计	250		2 900	300		3 262	100	11.38	1 138

第一批发出材料的成本＝80×10＝800(元)
第一批发货后结存材料的成本＝70×10＝700(元)
第一批购入材料后的平均单位成本＝(700+1 175)÷(70+100)≈11.03(元)
第二批发货后结存材料的成本＝50×11.03＝551.5(元)
第二批发出材料的成本＝1 875－551.5＝1 323.5(元)
第二批购入材料后的平均单位成本＝(551.5+1 725)÷(50+150)≈11.38(元)
第三批发货后结存材料的成本＝100×11.38＝1 138(元)
第三批发出材料的成本＝2 276.5－1 138＝1 138.5(元)
月末结存材料的实际成本＝100×11.38＝1 138(元)

采用移动加权平均法，材料的计价工作可以分散在平时进行，有利于月末的结账和发出的材料总成本的计算工作，但对于材料购进很频繁的企业，平时材料的计价工作仍很繁重。

采用这种计价方法，资产负债表中期末结存的存货价值和计入本期成本的存货费用都比较接近当时的市场价格，本期损益的计算比较正确。

(4) 个别计价法。采用这种方法计算出来的发出材料的实际成本完全是按照原来的购进、收入的单价计算的，也就是材料本身的实际单价。

如果采用这种方法，材料的单位成本要能够分别辨认，在材料收入时，分别存放并将材料单价标明在材料上，这样，不论在材料发出时还是期末盘点时，很容易查明材料的实际单位成本，按照这种方法计价，发出的实物与价值是一致的，因而，材料的发出成本与存货成本的计算亦最为准确，但其核算工作量很大，所以，只适用于不能替代使用的存货以及为了特定目的而专门购入或制造的存货。

采用个别计价法，在资产负债表中反映的期末结存的存货价值和计入本期成本的存货费用都与收入存货时的价格相同，即完全按历史成本计价，所以最符合历史成本计价原则。

2. 领用和出售原材料的核算

由于企业材料的日常领发业务频繁，为了简化日常核算工作，平时一般只登记材料明细分类账，反映各种材料的收发和结存金额，月末根据按实际成本计价的发料凭证，按领用部门和用途，汇总编制发料凭证汇总表，并据以登记总分类账，进行材料发出的总分类核算。企业根据发料凭证汇总表记账时，借记"生产成本""制造费用""销售费用""管理费用""委托加工物资"和"在建工程"等科目，贷记"原材料"科目。

【例 4-12】 某企业销售材料一批，售价为 2 000 元，增值税税率为 13%，其材料的实际成本为 1 800 元，企业应编制会计分录如下：

借：银行存款　　　　　　　　　　　　　　　　　　　　　　　2 260
　　贷：其他业务收入　　　　　　　　　　　　　　　　　　　　2 000
　　　　应交税费——应交增值税(销项税额)　　　　　　　　　　 260

同时，结转材料成本：

借：其他业务成本　　　　　　　　　　　　　　　　　　　　　1 800
　　贷：原材料　　　　　　　　　　　　　　　　　　　　　　　1 800

材料收发按实际成本计价日常工作量大，而且不利于成本管理，所以该方法适用于材料品种较少而且收发业务较少的企业。对于材料收发业务频繁,而且有计划成本管理条件的企业,材料的日常核算可以采用计划成本计价的核算方法。

三、原材料采用计划成本计价的核算

原材料按计划成本计价方法进行收发核算的主要特点是:收发凭证按原材料的计划成本计价,总账及其明细分类账按计划成本登记,材料的实际成本与计划成本的差异通过"材料成本差异"科目进行核算。所以,企业应设置下列科目。

1. "原材料"科目

该科目与按实际成本计价的核算内容相同,但借方、贷方和余额均反映材料的计划成本。

2. "材料采购"科目

该科目核算企业购入材料、商品等的采购成本。其属于资产类科目,借方登记外购物资的实际成本和结转实际成本小于计划成本的节约差异;贷方登记验收入库物资的计划成本和结转实际成本大于计划成本的超支差异;期末余额在借方,反映已经收到发票账单付款或已开出、承兑商业汇票,但物资尚未到达或尚未验收入库的在途物资。

3. "材料成本差异"科目

该科目核算企业各种材料实际成本和计划成本的差异,是一个调整科目,借方登记入库材料实际成本大于计划成本的差异(超支差)和结转发出材料应负担的节约差;贷方登记入库材料实际成本小于计划成本的差异(节约差)和结转发出材料应负担的超支差;期末余额在借方,反映库存材料的超支差额,若在贷方,则反映库存材料的节约差额。

由于原材料的核算具有代表性,所以,这里主要以原材料为例来阐述计划成本的核算方法,其他类型存货的核算可以参照原材料核算的方法进行。

(一)原材料收入核算

与按实际成本核算的道理相同,材料入库和款项的支付时间往往不一致,主要有以下几种情况。

1. 付款同时收料,即结算凭证与材料同时到达的采购业务

在这种情况下,企业一方面按材料的实际成本付款,另一方面按计划成本结转入库材料的成本,同时结转其实际成本与计划成本之间的差异。

【例 4-13】 某企业购入一批材料,买价 600 000 元,进项税额 78 000 元,该批材料的计划成本为 610 000 元,款项通过银行转账支付,材料已验收入库。会计分录如下:

用银行存款支付货款时:

借:材料采购　　　　　　　　　　　　　　　　　　　　　　　　　600 000
　　应交税费——应交增值税(进项税额)　　　　　　　　　　　　78 000
　　　贷:银行存款　　　　　　　　　　　　　　　　　　　　　　　678 000

材料验收入库时:

借:原材料　　　　　　　　　　　　　　　　　　　　　　　　　　610 000
　　　贷:材料采购　　　　　　　　　　　　　　　　　　　　　　　610 000

结转入库材料成本差异（节约差）：

借：材料采购　　　　　　　　　　　　　　　　　　　　　　　　　10 000
　　贷：材料成本差异　　　　　　　　　　　　　　　　　　　　　　　　10 000

如果收到已经预付货款的物资后，其账务处理与上述核算类似。

2. 先付款，后收料

这类业务是指已经收到发票账单付款或已开出承兑商业汇票，但物资尚未到达或尚未验收入库的在途物资。

还以上项业务为例，如果材料的有关款项通过银行转账支付，材料尚在途中，只需作上项第一笔付款分录。期末该项业务的金额，在"材料采购"科目的借方余额反映，表示在途物资的实际采购成本。以后物资到达企业，验收入库时，再作入库与结转差异的分录。

3. 先收料，后付款

对于尚未收到发票但材料已经验收入库的业务，在物资收到时，可暂不作会计分录，待办理结算手续后，再按应计入材料采购成本的金额，作付款同时收料的会计处理。如果发票在月末仍未到达，应在月末将材料按计划成本暂估入账，下月初用红字原数冲回。

【例4-14】　某月25日，企业收到一批材料，其计划成本为20 000元，已验收入库。在月末其发票仍未到达，月末，企业应作会计分录如下：

借：原材料　　　　　　　　　　　　　　　　　　　　　　　　　　20 000
　　贷：应付账款——暂估应付账款　　　　　　　　　　　　　　　　　20 000

下月初，用红字冲回：

借：原材料　　　　　　　　　　　　　　　　　　　　　　　　　　20 000
　　贷：应付账款——暂估应付账款　　　　　　　　　　　　　　　　　20 000

如果发票账单已到，但尚未付款或尚未开出承兑商业汇票的验收入库的材料，因为根据合同，随货同行的发票能够计算确定实际成本，应与上述处理有所区别。

【例4-15】　某月20日，企业收到一批材料，并验收入库，其计划成本为12 000元，随同货物同到的增值税专用发票上注明，其买价11 000元，增值税额1 430元，款项尚未支付，企业应作如下会计分录：

借：材料采购　　　　　　　　　　　　　　　　　　　　　　　　　11 000
　　应交税费——应交增值税（进项税额）　　　　　　　　　　　　　1 430
　　贷：应付账款　　　　　　　　　　　　　　　　　　　　　　　　12 430

同时，结转入库材料的计划成本：

借：原材料　　　　　　　　　　　　　　　　　　　　　　　　　　12 000
　　贷：材料采购　　　　　　　　　　　　　　　　　　　　　　　　12 000

结转入库材料成本差异（节约差）：

借：材料采购　　　　　　　　　　　　　　　　　　　　　　　　　1 000
　　贷：材料成本差异　　　　　　　　　　　　　　　　　　　　　　1 000

4. 短缺与损耗的处理

材料验收入库时发现的短缺与损耗,其账务处理与按实际成本计价的大致相同。对于运输途中的合理损耗,应计入材料的实际成本;对于应由供应单位、外部运输机构或有关责任人负责赔偿的材料短缺与损耗,应按照材料的实际成本及负担的增值税,借记"应付账款""其他应收款"等科目,贷记"材料采购""应交税费——应交增值税(进项税额转出)"科目;尚待查明原因和须报经批准才能转销的损失,先记入"待处理财产损溢"科目,待查明原因后再作账务处理。

(二)原材料发出核算

采用计划成本计价的企业,原材料发出的核算程序与实际成本计价也基本相同。其区别主要是在月末要计算原材料的成本差异率,并根据原材料的成本差异率来计算并结转差异额,将计划成本调整为实际成本。

1. 材料成本差异率的计算

该差异率的计算公式是:

$$材料成本差异率 = \left[\left(\begin{array}{c}月初结存材料\\成本差异额\end{array} + \begin{array}{c}本月收入材料\\成本差异额\end{array}\right) \div \left(\begin{array}{c}月初结存材料\\计划成本\end{array} + \begin{array}{c}本月收入材料\\计划成本\end{array}\right)\right] \times 100\%$$

应该注意的是,在上述公式中,材料成本差异额如果是超支差异,以正数表示;如果是节约差异,则以负数表示。

根据材料成本差异率,就可以将发出材料的计划成本调整为实际成本,其计算公式为:

本月发出材料应负担的成本差异=本月发出材料的计划成本×材料成本差异率

发出材料的实际成本=发出材料的计划成本±发出材料应负担的成本差异

结存材料的实际成本=结存材料的计划成本±结存材料应负担的成本差异

【例4-16】 某企业2×19年1月初结存原材料的计划成本为100 000元,本月收入原材料的计划成本为200 000元,本月发出原材料的计划成本为160 000元,原材料成本差异的月初数为10 000元(节约),本月收入材料成本差异为4 000元(超支),材料成本差异率及发出材料应负担的成本差异计算如下:

材料成本差异率=[(-10 000+4 000)÷(100 000+200 000)]×100%=-2%

发出材料应负担的成本差异=160 000×(-2%)=-3 200(元)

发出材料的实际成本=160 000-3 200=156 800(元)

结存材料的实际成本=140 000×(1-2%)=137 200(元)

2. 账务处理

【例4-17】 某企业按计划成本进行原材料的日常核算,当月某种材料发料凭证汇总表上列明,生产产品领用120 000元,车间管理部门领用35 000元,厂部管理部门领用5 000元,该月这种材料的成本差异率为-2%。根据有关凭证可编制如下会计分录:

(1)本月领料时:

借:生产成本 120 000
　　制造费用 35 000
　　管理费用 5 000
　贷:原材料 160 000

(2) 月末,结转材料成本差异时:

借:材料成本差异　　　　　　　　　　　　　　　　　　　　　　　　3 200
　　贷:生产成本　　　　　　　　　　　　　　　　　　　　　　　　　2 400
　　　　制造费用　　　　　　　　　　　　　　　　　　　　　　　　　　700
　　　　管理费用　　　　　　　　　　　　　　　　　　　　　　　　　　100

由此我们可以看出,采用计划成本计价核算,可以大大简化材料的日常核算,有利于成本管理和成本控制。

第三节　其他存货的核算

一、委托加工物资的核算

(一) 委托加工物资核算的内容

在企业的生产经营活动中,往往会因企业自身工艺设备条件的限制或为降低成本等方面考虑,需要将一些物资,如材料、半成品等委托外单位进行加工,制造成具有另一种性能和用途的物资,这种委托外单位加工的物资,就是委托加工物资。委托加工物资虽然存放在外单位,但其所有权属委托企业,加工完成后要收回。加工完成收回的物资不仅实物形态、性能会发生变化,而且其价值也会发生增加的变化。

委托加工物资的实际成本包括发出加工材料或半成品的实际成本;支付的加工费用及加工物资的往返运杂费;应负担的相关税金等。企业进行委托加工物资的核算,就是要正确地反映和监督这些成本的发生,做好加工物资的发出、收回及加工费等款项的结算工作,以保证加工物资的安全完整和成本计算的准确。

(二) 委托加工物资的核算

企业应设置"委托加工物资"科目,用来核算企业委托外单位加工的各种物资的实际成本。该科目属于资产类科目,借方登记发出加工物资的实际成本、支付的加工费、应负担的运杂费和应计入委托加工物资成本的税金等;贷方登记加工完成收回物资及退回剩余物资的实际成本;期末借方余额反映企业委托外单位加工但尚未加工完成物资的实际成本。

1. 发出委托加工物资

企业发出委托外单位加工的物资时,应按物资的实际成本,借记"委托加工物资"科目,贷记"原材料""库存商品"等科目,如果发出物资采用计划成本(或售价)核算的,还应同时结转成本差异(或商品进销差价)。

2. 支付加工费用、应负担的运杂费

企业支付的加工费用、应负担的运杂费等,应借记"委托加工物资""应交税费——应交增值税(进项税额)"等科目,贷记"银行存款"等科目。如果加工物资以后用于非应纳增值税项目或免征增值税项目的,以及未取得增值税专用发票的一般纳税人和小规模纳税人的加工物资,应将缴纳的增值税计入加工物资的成本,借记"委托加工物资"科目,贷记"银行存款"等科目。

3. 交纳的消费税

如果委托加工物资属于应纳消费税的应税消费品,应由受托方在向委托方交货时代收代缴消费税。委托方缴纳消费税时,应分别不同情况处理:凡属加工物资收回后直接用于销售的,应将受托方代收代缴的消费税计入委托加工物资的成本,借记"委托加工物资"科目,贷记"银行存款"等科目;凡属加工物资收回后用于连续生产应税消费品的,所纳税款按规定准予抵扣以后销售环节应缴纳的消费税,借记"应交税费——应交消费税"科目,贷记"银行存款"等科目。

4. 加工完成验收入库的物资和退回剩余物资

委托加工物资加工完成验收入库退回剩余物资,应按加工收回物资的实际成本和剩余物资的实际成本,借记"原材料""库存商品"等科目,贷记"委托加工物资"科目。

需要说明的是,企业发给外单位加工物资时,如果采用计划成本核算的,还应同时结转材料成本差异,贷记或借记"材料成本差异"科目。

【例4-18】 甲企业发出A材料一批,委托乙企业加工成B材料(属于应税消费品)。A材料的实际成本为100 000元,取得的增值税专用发票显示:加工费为15 000元,增值税额为1 950元,来回运费为2 000元,增值税额为180元,消费税为13 000元,款项已用银行存款支付。B材料已加工完毕验收入库(以后用于继续生产应税消费品)。甲企业编制有关的会计分录如下:

(1) 发出委托加工材料时:

借:委托加工物资——乙企业　　　　　　　　　　　　　　　　　　　　　　100 000
　　贷:原材料——A材料　　　　　　　　　　　　　　　　　　　　　　　　　　　100 000

(2) 支付加工费、运费和税金时:

借:委托加工物资——乙企业　　　　　　　　　　　　　　　　　　　　　　17 000
　　应交税费——应交增值税(进项税额)　　　　　　　　　　　　　　　　　2 130
　　　　　　——应交消费税　　　　　　　　　　　　　　　　　　　　　　13 000
　　贷:银行存款　　　　　　　　　　　　　　　　　　　　　　　　　　　　　　32 130

(3) B材料加工完毕验收入库时:

借:原材料——B材料　　　　　　　　　　　　　　　　　　　　　　　　　117 000
　　贷:委托加工物资——乙企业　　　　　　　　　　　　　　　　　　　　　　117 000

【例4-19】 甲公司委托乙公司加工商品一批(属于应税消费品)100 000件。1月20日,发出材料一批,计划成本为6 000 000元,材料成本差异率为-3%。2月20日,支付商品加工费120 000元,支付应当缴纳的消费税660 000元,增值税额15 600元,该商品收回后用于直接销售。3月4日,用银行存款支付往返运费10 000元及增值税额900元。3月5日,上述商品100 000件(每件计划成为为65元)加工完毕,办理验收入库手续。甲企业编制有关的会计分录如下:

(1) 1月20日,发出委托加工材料时:

借:委托加工物资——乙企业　　　　　　　　　　　　　　　　　　　　　6 000 000
　　贷:原材料　　　　　　　　　　　　　　　　　　　　　　　　　　　　　　6 000 000

借:材料成本差异	180 000	
贷:委托加工物资——乙企业		180 000

(2) 2月2日,支付加工费和税金时:

借:委托加工物资——乙企业	780 000	
应交税费——应交增值税(进项税额)	15 600	
贷:银行存款		795 600

(3) 3月4日,支付往返运费时:

借:委托加工物资——乙企业	10 000	
应交税费——应交增值税(进项税额)	900	
贷:银行存款		10 900

(4) 3月5日,加工完毕验收入库时:

借:库存商品	6 500 000	
材料成本差异	110 000	
贷:委托加工物资——乙企业		6 610 000

二、周转材料的核算

周转材料包括包装物和低值易耗品。

(一) 包装物的核算

1. 包装物的概念及种类

包装物是指为了包装本企业产品而储备的各种包装容器,如桶、箱、瓶、坛、袋等,具体包括:

(1) 生产过程中用于包装产品作为产品组成部分的包装物。

(2) 随同产品出售而不单独计价的包装物。

(3) 随同产品出售而单独计价的包装物。

(4) 出租或出借给购买单位使用的包装物。

各种包装材料,如纸、绳、铁丝、铁皮等,应在"原材料"科目中核算,用于储存和保管商品、材料而不对外出售的包装物,应按价值大小和使用年限长短,分别在"固定资产"和"周转材料"科目中核算。包装物数量不大的企业,可以将包装物并入"原材料"科目内核算。单独列作企业商品的自制包装物,应作为库存商品处理。

2. 包装物的账务处理

为了反映和监督包装物的增减变动及其价值损耗、结存等情况,企业应当设置"周转材料——包装物"科目进行核算,借方登记包装物的增加,贷方登记包装物的减少,期末余额在借方,通常反映企业期末结存包装物的金额。

对于生产领用包装物,应根据实际领用包装物的实际成本或计划成本,借记"生产成本"科目,贷记"周转材料——包装物"科目,借记或贷记"材料成本差异"科目,随同商品出售而不单独计价的包装物,应于包装物发出时,按其实际成本计入销售费用。随同商品出售而单独计价的包装物,一方面应反映其销售收入,计入其他业务收入;另一方面应反映其实际销售成本,计入其他业务成本。企业出租包装物,收取的租金,应在"其他业务收入"科目中核算,在收到或退回押金时,应在"其他应付款"科目中核算。企业出借包装物,采用不同方法计提的包装物摊销额,应记入"销售费用"科目的借方,贷记有关科目。多次使用的包装物应当根据使用次数分次进行摊销。

【例 4-20】 甲公司对包装物采用计划成本核算,某月生产产品领用的包装物计划成本为 100 000 元,材料成本差异率为－3%。甲公司编制有关的会计分录如下:

借:生产成本　　　　　　　　　　　　　　　　　　　　　　　97 000
　　材料成本差异　　　　　　　　　　　　　　　　　　　　　　3 000
　　贷:周转材料——包装物　　　　　　　　　　　　　　　　　100 000

【例 4-21】 承[例 4-20],领用包装物为随同商品出售而不单独计价,甲公司编制有关的会计分录如下:

借:销售费用　　　　　　　　　　　　　　　　　　　　　　　97 000
　　材料成本差异　　　　　　　　　　　　　　　　　　　　　　3 000
　　贷:周转材料——包装物　　　　　　　　　　　　　　　　　100 000

【例 4-22】 乙公司对包装物采用实际成本核算,某月销售商品领用单独计价包装物的实际成本为 80 000 元,销售收入为 100 000 元,增值税额为 13 000 元,款项已存入银行。乙公司编制有关的会计分录如下:

借:银行存款　　　　　　　　　　　　　　　　　　　　　　　113 000
　　贷:其他业务收入　　　　　　　　　　　　　　　　　　　　100 000
　　　　应交税费——应交增值税(销项税额)　　　　　　　　　　13 000
借:其他业务成本　　　　　　　　　　　　　　　　　　　　　　80 000
　　贷:周转材料——包装物　　　　　　　　　　　　　　　　　80 000

(二)低值易耗品的核算

1. 低值易耗品的概念及种类

低值易耗品是指不作为固定资产核算的各种用具物品,如工具、管理用具、玻璃器皿,以及在经营过程中周转使用的包装容器等。

2. 低值易耗品的账务处理

为了反映和监督低值易耗品的增减变动及其价值损耗、结存等情况,企业应当设置"周转材料——低值易耗品"科目进行核算,借方登记低值易耗品的增加,贷方登记低值易耗品的减少,期末余额在借方,通常反映企业期末结存低值易耗品的金额。

低值易耗品等周转材料符合存货定义和条件的,按照使用次数分次计入成本和费用。金额较小的,可在领用时一次计入成本费用,以简化核算,但为加强实物管理,应当在备查簿上进行登记。

采用分次摊销法摊销低值易耗品,低值易耗品在领用时摊销其账面价值的单次平均摊销额。分次摊销法适用于可供多次反复使用的低值易耗品。在采用分次摊销法的情况下,需要单独设置"周转材料——低值易耗品(在用)""周转材料——低值易耗品(在库)"和"周转材料——低值易耗品(摊销)"明细科目。

【例 4-23】 甲公司的基本生产车间领用专用工具一批,实际成本为 100 000 元,不符合固定资产定义,采用分次摊销法进行摊销。该专用工具的使用次数估计为两次。甲企业编制有关的会计分录如下:

(1) 领用专用工具时:

借:周转材料——低值易耗品(在用)　　　　　　　　　　　100 000
　　贷:周转材料——低值易耗品(在库)　　　　　　　　　　　100 000

(2) 第一次领用时,摊销其价值的一半:

借:制造费用　　　　　　　　　　　　　　　　　　　　　50 000
　　贷:周转材料——低值易耗品(摊销)　　　　　　　　　　　50 000

(3) 第二次领用时,摊销其价值的一半:

借:制造费用　　　　　　　　　　　　　　　　　　　　　50 000
　　贷:周转材料——低值易耗品(摊销)　　　　　　　　　　　50 000

同时:

借:周转材料——低值易耗品(摊销)　　　　　　　　　　　100 000
　　贷:周转材料——低值易耗品(在用)　　　　　　　　　　　100 000

三、库存商品的核算

(一)工业企业库存商品的核算

工业企业库存商品主要是指产成品。产成品是指企业已经完成全部生产过程并已验收入库,合乎标准规格和技术条件,可以按照合同规定的条件送交订货单位,或者可以作为对外销售的产品。它包括企业自备材料加工的、制造的商品产品、企业接受外来原材料加工制造的代制品和为外单位加工修理的代修品等。

1. 验收入库商品

企业生产完成验收入库的产成品,应按实际成本结转,借记"库存商品"科目,贷记"生产成本——基本生产成本"科目。

【例 4-24】 某企业某年 7 月末入库 A 产品 650 件,单位成本 410 元,总成本 266 500 元,B 产品 430 件,单位成本 500 元,总成本 215 000 元。

编制会计分录如下:

借:库存商品——A 产品　　　　　　　　　　　　　　　266 500
　　　　　　——B 产品　　　　　　　　　　　　　　　215 000
　　贷:生产成本——基本生产成本　　　　　　　　　　　　481 500

2. 发出商品

企业销售商品、确认收入并结转销售成本,借记"主营业务成本"科目,贷记"库存商品"科目。

【例 4-25】 某企业月末结转本月已销商品成本,本月实际销售 A 产品 1 000 件,单位实际成本 230 元;销售 B 产品 400 件,单位实际成本 500 元。编制会计分录如下:

借：主营业务成本——A产品 230 000
　　　　　　　——B产品 200 000
　　贷：库存商品——A产品 230 000
　　　　　　　——B产品 200 000

（二）商品流通企业库存商品的核算

商品流通企业的库存商品主要是指外购或委托加工完成、验收入库用于销售的各种商品。其核算可以采用售价核算，也可以采用进价核算。

1. 验收入库商品

库存商品采用进价核算的企业，在商品到达验收入库后，应按商品的购进成本，记入"库存商品"科目。

【例4-26】 某商品流通企业购入商品一批，其进价300 000元，增值税额39 000元，销售方代垫运费1 000元，增值税额90元，发票和结算凭证已经收到，款项已通过银行转账支付，商品已验收入库。该企业采用进价核算库存商品。编制会计分录如下：

（1）支付有关款项时：

借：在途物资 301 000
　　应交税费——应交增值税（进项税额） 39 090
　　贷：银行存款 340 090

（2）商品入库时：

借：库存商品 301 000
　　贷：在途物资 301 000

库存商品采用售价核算的企业，在商品到达验收入库后，应按商品的售价，记入"库存商品"科目，同时，将商品的售价和进价的差额，记入"商品进销差价"科目。

【例4-27】 承[例4-26]，假设该企业采用售价核算库存商品。该批商品售价为390 000元，编制会计分录如下：

（1）支付有关款项时：

借：在途物资 301 000
　　应交税费——应交增值税（进项税额） 39 090
　　贷：银行存款 340 090

（2）商品入库时：

借：库存商品 390 000
　　贷：在途物资 301 000
　　　　商品进销差价 89 000

2. 发出商品

商品流通企业在发出商品时，可以采用毛利率法和零售价法进行日常核算。

（1）毛利率法。毛利率法是商品流通企业特别是商品批发企业常用的一种存货计价方法。在这种方法下，首先应根据前期实际，或本月计划的毛利率匡算出本期的销售毛利，然

后计算出本期销售成本和期末存货成本,具体计算公式如下:

$$毛利率 = 销售毛利 \div 销售净额 \times 100\%$$

$$销售净额 = 商品销售收入 - 销售退回与折让$$

$$销售毛利 = 商品销售净额 \times 毛利率$$

$$销售成本 = 销售净额 - 销售毛利$$

$$期末存货成本 = 期初存货成本 + 本期购货成本 - 本期销售成本$$

【例 4-28】 某商品批发企业月初某类存货为 150 000 元,本月购货 850 000 元,销货 900 000 元,销售退回与折让合计为 20 000 元,上季度该类商品毛利率为 20%。计算本月已销存货和月末存货的成本。

$$本月销售净额 = 900\ 000 - 20\ 000 = 880\ 000(元)$$

$$销售毛利 = 880\ 000 \times 20\% = 176\ 000(元)$$

$$销售成本 = 880\ 000 - 176\ 000 = 704\ 000(元)$$

$$月末存货成本 = 150\ 000 + 850\ 000 - 704\ 000 = 296\ 000(元)$$

上述销售成本计算公式还可以简化为:

$$销售成本 = 销售净额 \times (1 - 毛利率)$$

以上列数字为例:

$$销售成本 = 880\ 000 \times (1 - 20\%) = 704\ 000(元)$$

采用这种计价方法,商品销售成本按大类销售额计算,并按大类商品结转成本。商品明细账平时只记数量不记金额,计算手续简便,为了保证商品存货成本计算的正确性,每个季度末应对前2个月用毛利率法计算出的成本进行调整,具体做法是:首先,每季度末最后一个月末结存数量按照前述各种计价方法,先计算出月末存货成本。然后,计算该季度的商品销售成本,用该季度的商品销售成本减去前2个月已结转的成本,计算出第三个月应结转的销售成本。

(2) 零售价法。零售价法是商品零售企业经常采用的一种存货计价方法。在这种方法下,平时商品的购入、加工收回、销售均按售价记账,售价与进价的差额通过"商品进销差价"科目核算,期末计算进销差价和本期已销售商品应分摊的进销差价,并据以调整本期销售成本。其计算公式如下:

$$商品进销差价率 = \left[\left(\dfrac{期初库存商品}{进销差价} + \dfrac{本期购入商品}{进销差价}\right) \div \left(\dfrac{期初库存}{商品售价} + \dfrac{本期发生的}{商品售价}\right)\right] \times 100\%$$

$$本期销售商品应分摊的进销差价 = 本期商品销售收入 \times 商品进销差价率$$

$$本期销售商品实际成本 = 本期商品销售收入 - 本期销售商品应分摊的进销差价$$

【例 4-29】 某商场 2×19 年 5 月份的期初库存商品成本 289 480 元,售价总额 360 000 元,本期购进该商品成本 620 000 元,售价总额 806 000 元,本期销售收入 820 000 元。有关计算如下:

$$期初库存商品进销差价 = 360\ 000 - 289\ 480 = 70\ 520(元)$$

$$本期发生的商品进销差价 = 806\ 000 - 620\ 000 = 186\ 000(元)$$

商品进销差价率＝(70 520＋186 000)÷(360 000＋806 000)×100％＝22％

已销商品应分摊的进销差价＝820 000×22％＝180 400(元)

本期销售商品的实际成本＝820 000－180 400＝639 600(元)

期末结存商品的实际成本＝289 480＋620 000－639 600＝269 880(元)

第四节 存货的清查

一、存货清查概述

存货的品种、规格一般较多，收发较频繁，因而在收发、计量和核算工作中很容易发生差错。有些存货还会发生自然损耗，可能被丢失、贪污和盗窃。这些都会造成存货盘盈、盘亏，出现账实不符的现象。此外，如果仓库和企业经营管理不善，还可能会发生存货的变质、损坏和超储积压。存货清查的目的就在于如实反映企业存货的实有数额，保证存货核算的真实性，监督存货的安全完整。

存货清查的内容一般包括：①核对存货的账存数和实存数，查明盘盈、盘亏存货的品种、规格和数量；②查明变质、毁损、积压呆滞存货的品种、规格和数量。

仓储中的存货，应采用实地盘点的方法。在盘点以前，应根据存货的不同性质，分别采用点数、过磅、量尺等方法。存货实际盘存的数量也应记入存货盘点表，以便与账存数进行核对。

存货盘点，不但要点清数量，而且要注意存货的质量，看有无霉烂变质和毁损，如果有，还应查明霉烂变质和毁损的程度。如果发现库存数量大、长期没有领发或收发数量很少，应查明是否为超储积压、过时冷背的存货。

盘盈、盘亏、变质毁损、积压冷背的存货，应分析原因、明确责任，提出处理意见。

在途存货和委托加工存货也应进行清查，清查时可采用函调或实地盘点的方法。

存货应当定期盘点，每年至少盘点一次。盘点结果如果与账面记录不符，应于期末前查明原因，并根据企业的管理权限，经股东大会、董事会，或经理(厂长)会议或类似机构批准后，在期末结账前处理完毕。盘盈的存货，应冲减当期的管理费用；盘亏的存货，在减去过失人或者保险公司等赔款和残料价值之后，计入当期管理费用，属于非常损失的，计入营业外支出。

盘盈或盘亏的存货，如在期末结账前尚未经批准的，应在对外提供财务会计报告时先按上述规定进行处理，并在会计报表附注中作出说明；如果其后批准处理的金额与已处理的金额不一致，应按其差额调整会计报表项目的年初数。

二、存货数量的盘存方法

会计期末，为了客观、真实、正确地反映企业期末存货的价值，必须准确地确定期末存货的数量。企业存货的数量盘存方法主要有永续盘存制和实地盘存制两种。

（一）永续盘存制

永续盘存制就是对各项存货物资的增加或减少，都必须根据原始凭证在有关账簿中进行连续登记，并随时在账上结算出各项存货物资的结余额。即各种物资的增减变动及结存数，都要在账簿上得到完整的反映，因此，这种方法又称为账面盘存制。

采用永续盘存制的优点是：能够及时地反映每种存货的增减变动和结存情况，并在数量和金额两方面对存货进行控制；存货各明细账的结存数量又可以通过实地盘点与实存数量相核对，有利于加强存货物资管理。其缺点是：日常核算的工作量较大。

（二）实地盘存制

实地盘存制就是在期末通过盘点实物，来确定库存存货的数量，并据以计算销售或耗用存货数量的一种方法。这种方法的特点就是对各项物资平时只登记收入，不登记发出，每到期末，则根据实地盘点的结存数量，来倒轧物资发出数，并据以登记入账。其计算公式如下：

本期存货发出数量＝期初库存数量＋本期收入数量－期末库存数量（实地盘点数）

在这种方法下，所谓账存数实际上也就是实存数，它们之间无法相互控制和相互核对。虽然在核算上比较简单，但手续很不严密，企业一般不宜采用。

三、存货清查结果的账务处理

对存货清查结果的账务处理应以存货盘点表作为原始凭证。这种账务处理应分两步走：首先，根据盘存表所列盘盈、盘亏和毁损等存货的数量，调整账面记录，做到账实相符。然后，将库存商品盘盈或盘亏于期末前查明原因，并根据企业的管理权限，经股东大会或经理（厂长）会议等类似机构批准后，在期末结账前处理完毕。

企业应设置"待处理财产损溢——待处理流动资产损溢"科目。该科目借方登记存货清查时盘亏毁损的损失数额和报批后冲转的盘盈数额，贷方登记存货清查时盘盈数额和报批后冲转的盘亏毁损的损失数额。企业清查的各种存货损溢，应在期末结账前处理完毕。期末处理后，该科目应无余额。

对存货盘盈的金额一般冲减管理费用。对盘亏、毁损等的损失要分别不同性质的原因进行处理：

第一，由于自然损耗造成的定额以内的短缺应在管理费用中核销。

第二，由于各种原因造成的超定额损耗，应在明确责任后，由有关单位或个人赔偿，实在无法确定责任单位或个人的，在管理费用中核销。

第三，由于自然灾害等不可抗拒原因发生的，应在扣除保险公司赔偿后，在营业外支出中列支。

【例4-30】 企业在财产清查盘点中发现库存商品盘亏10 000元，这些商品的进项税额为1 300元。经有关部门批准后，上项盘亏的存货，属于保管不善，应由责任人赔偿6 000元，其余转销。企业编制会计分录如下：

批准前：

借：待处理财产损溢 ——待处理流动资产损溢　　　　　　　　　　　11 300
　　贷：库存商品　　　　　　　　　　　　　　　　　　　　　　　　10 000
　　　　应交税费——应交增值税（进项税额转出）　　　　　　　　　 1 300

批准后:

借:其他应收款	6 000
管理费用	5 300
贷:待处理财产损溢——待处理流动资产损溢	11 300

【例4-31】 企业在财产清查中盘盈库存商品200元,经批准,期末冲减管理费用。企业编制会计分录如下:

批准前:

借:库存商品	200
贷:待处理财产损溢——待处理流动资产损溢	200

批准后:

借:待处理财产损溢——待处理流动资产损溢	200
贷:管理费用	200

采用零售价法核算的商品发生溢余,应按同类商品的市价,借记"库存商品"科目,贷记"待处理财产损溢"科目。库存商品发生损失,按进价和不可抵扣的增值税进项税额,借记"待处理财产损溢"科目,按售价,贷记"库存商品"科目,按不可抵扣的增值税进项税额,贷记"应交税费——应交增值税(进项税额转出)"科目,按售价与进价的差额,借记"商品进销差价"科目。批准后的处理与前述库存商品盘盈、盘亏的核算相同。

如盘盈、盘亏的库存商品,在期末结账前尚未经批准的,在对外提供财务会计报告时先按上述规定进行处理,并在会计报表附注中作出说明;如果其后批准处理的金额与已处理的金额不一致,企业应调整会计报表相关项目的年初数。

第五节　存货的期末计量

为了客观地反映企业期末存货的价值,在资产负债表日,企业应对其拥有的存货进行准确计量。

一、存货期末计价量则

我国《企业会计准则——存货》规定,"会计期末,存货应当按照成本与可变现净值孰低计量"。

(一)成本与可变现净值孰低法的含义

成本与可变现净值孰低法是指期末存货按照成本与可变现净值两者之中较低者计价的方法。当成本低于可变现净值时,期末存货按历史成本计价;当成本高于可变现净值时,期末存货则按可变现净值计价。这里所讲的成本,是指存货的历史成本,即前面所述存货的计价方法(如先进先出法、移动平均法等)计算出的期末存货的价值。这里所讲的可变现净值,是指企业在正常经营过程中,以存货的估计售价减去至完工估计将要发生的成本、估计的销售费用以及相关税金后的金额,即存货可收回的价值。采用成本与可变现净值孰低法进行期末存货的计量符合会计的谨慎性原则,而且使存货符合资产的定义。

(二) 可变现净值的确定

1. 确定可变现净值应考虑的主要因素

企业在确定存货的可变现净值时,应考虑的主要因素有涉及可变现净值的售价、成本、销售费用和相关税金等,对这些资料应取得可靠证据,在此基础上,再考虑持有存货的目的及资产负债表日后事项的影响等因素。

(1) 应以取得的可靠证据为基础。即应取得对确定存货的可变现净值有直接影响的确凿证明,如产品的市场销售价格、与企业产品相同或类似商品的销售价格、供货方提供的有关资料、销售方提供的有关资料和生产成本资料等。

(2) 应考虑持有存货的目的。由于企业持有存货的目的不同,确定存货可变现净值的计算方法也不同。存货一般可以分为持有以备出售的存货,如产成品、商品和用于出售的原材料等,它又分为有合同约定的存货和没有合同约定的存货;将在生产过程中或提供劳务过程中耗用的存货,如用于生产的材料、在产品或自制半成品等。

(3) 应考虑资产负债表日后事项的因素。在确定资产负债表日存货的可变现净值时,不仅要考虑资产负债表日与该存货相关的价格与成本波动,而且还应考虑未来的相关事项。

2. 可变现净值中估计售价的确定

存货估计售价的确定,是计算可变现净值的重要组成部分。确定估计售价时,应当以资产负债表日为基准日,但是如果当月存货价格变动较大时,则应当以当月该存货平均价格为准或以资产负债表日前最近几次销售价格的平均数为准。除此以外,企业还应分别下列不同情况,确定存货的估计售价:

(1) 为执行销售合同或者劳务而持有的存货,通常应当以产成品或商品的合同价格作为其可变现净值的计量基础。如果企业与购买方签订了销售合同(或劳务合同),并且销售合同订购的数量大于或等于企业持有的存货数量,在确定与该销售合同直接相关存货的可变现净值时,应当以销售合同价格作为其可变现净值的计量基础。即如果企业就其产成品或商品签订了销售合同,则该批产成品或商品的可变现净值应当以合同价格作为计量基础;如果企业销售所规定的标的物还没有生产出来,但持有专门用于该标的物生产的原材料,其可变现净值也应当以合同价格作为计量基础。这里所称销售合同,是指固定销售合同,如价格固定、数量固定、标的物的规格固定和交货地点固定等。

【例 4-32】 2×18 年 11 月 8 日,甲公司与乙商场签订了一份销售合同,双方约定 2×19 年 3 月 1 日,甲公司应按每件 500 元的价格向乙商场提供 A 商品 1 000 件。2×18 年 12 月 31 日,甲公司生产的 A 商品的账面价值为 280 000 元,数量为 800 件,单位成本为 350 元。2×18 年 12 月 31 日,该批商品的市场销售价格为 550 元。请确定甲公司该批商品的可变现净值的计量基础。

根据甲公司与商场签订的销售合同规定,该批 A 商品的销售价格已由销售合同约定,并且其库存数量小于销售合同约定的数量,所以,该批 A 商品的可变现净值应以合同约定的价格 400 000 元(500×800)作为计量基础。

【例 4-33】 承[例 4-32],如甲公司还没有生产该批 A 商品,但持有的库存材料 C 材料专门用于生产该批 A 商品 1 000 件,其账面价值(成本)为 300 000 元,市场销售价格 425 000

元。请确定 C 材料可变现净值的计量基础。

根据甲公司与乙商场签订的销售合同约定,A 商品的销售价格已由销售合同约定,甲公司还未生产,但持有的 C 材料专门用于生产该批 A 商品,且可生产的 A 商品的数量不大于销售合同订购的数量,因此,在计算该批 C 材料的可变现净值时,应以销售合同约定的 A 商品的销售价格 500 000 元(500×1 000)作为计量基础。

(2) 如果企业持有存货的数量多于销售合同订购数量,那么,销售合同约定数量的存货应以销售合同所规定的价格作为可变现净值的计量基础,超出部分的存货可变现净值应当以产成品或商品的一般销售价格作为计量基础。

【例 4-34】 承[例 4-32],如 2×18 年 12 月 31 日,甲公司生产的 A 商品账面价值为 420 000 元,数量为 1 200 件,单位成本为 350 元。2×18 年 12 月 31 日,该批商品的市场销售为 550 元。请确定甲公司该批商品可变现净值的计量基础。

根据甲公司与乙商场签订的销售合同约定,该批 A 商品的销售价格已由销售合同约定,但是其库存数量(1 200 件)大于销售合同约定的数量(1 000 件),在这种情况下,对于销售合同约定数量(1 000 件)的 A 商品可变现净值应以销售合同约定的价格 500 000 元(500×1 000)作为计量基础,而对于超出部分(200 件)的 A 商品的可变现净值应以一般销售价格 110 000 元(550×200)作为计量基础。

(3) 没有销售合同约定的存货,但不包括用于出售的材料,其可变现净值应以产成品或商品一般销售价格作为计量基础。

【例 4-35】 假如 2×19 年 12 月 31 日,甲公司生产的 A 商品的账面价值(成本)为 350 000元,数量为 1 000 件,每件单位成本为 350 元。2×19 年 12 月 31 日,该批商品的市场销售价格为每件 550 元。甲公司没有签订有关该批 A 商品的销售合同。请确定甲公司该批 A 商品可变现净值的计量基础。

由于甲公司没有就该批 A 商品签订销售合同,所以,计算该批 A 商品的可变现净值应以一般销售价格 550 000 元(550×1 000)作为计量基础。

(4) 用于出售的材料等,应以市场价格作为其可变现净值的计量基础。

【例 4-36】 2×19 年 12 月 1 日,甲公司根据市场需求的变化,决定停止生产 B 产品。为了减少不必要的损失,决定将原材料中专门用于生产 B 产品的外购原材料——D 型电子元件全部出售。2×19 年 12 月 31 日,其账面价值为 80 000 元,数量为 100 组。另据市场调查,D 型电子元件的市场销售价格每组 780 元,同时可能发生销售税金 3 000 元。

由于企业已决定不再生产 B 产品,因此,该批 D 型电子元件的可变现净值不能以 B 型产品的销售价格作为其计量基础,而应按其出售的市场价格作为计量基础,即该批 D 型电子元件的可变现净值为 75 000 元(780×100-3 000)。

(三) 材料存货的期末计量

企业材料存货的主要用途是用于生产产品而持有的,在采用成本与可变现净值孰低原则对期末的材料存货进行计量时,应当与其所生产的产成品的期末价值减损情况联系起来,分别对以下不同情况,进行相关的处理:

(1) 对用于生产而持有的材料(包括原材料、在产品、委托加工物资)等,如果用其生产的产成品可变现净值预计高于成本(指产成品生产成本),则该材料应当按照成本计量。

【例4-37】 2×19年12月31日,丙公司的库存原材料A材料的账面价值(成本)为600 000元,市场购买价格为580 000元,假设不发生其他购买费用;用A材料生产的产成品C型机器的可变现净值高于成本。请确定2×19年12月31日A材料的价值。

根据上述资料可知,2×19年12月31日,A材料的账面价值(成本)高于其市场价格,但是由于其生产的产成品——C型机器的可变现净值高于成本,也就是用该原材料生产的最终产品此时并没有发生价值减损,所以,在这种情况下,即使A材料账面价值(成本)已高于市场价格,也不应计提存货跌价准备,仍应按600 000元列示在2×19年12月31日资产负债表的存货项目之中。

(2) 同样是用于生产而持有的材料,如果材料价格的下降表明产成品的可变现净值低于成本,则该材料应当按可变现净值计量。

【例4-38】 2×19年12月31日,丙公司的库存原材料B材料的账面价值为120 000元,市场购买价格为110 000元,假设不发生其他购买费用。由于B材料价格下降,市场上用B材料生产的D型机器也发生相应下降,由此造成丙公司D型机器的售价总额由260 000元降为221 000元,但生产成本仍然为208 800元,将B材料加工成D型机器尚需投入110 000元,估计销售费用及税金13 260元。请确定2×19年12月31日B材料的价值。

(1) 计算该材料所生产的产成品的可变现净值:

D型机器的可变现净值＝D型机器估计售价－估计销售费用及税金＝221 000－13 260＝207 740(元)

(2) 将用该原材料所生产的产成品的可变现净值与其成本进行比较:

D型机器的可变现净值207 740元小于其成本208 800元,即材料价格下降表明D型机器的可变现净值低于成本,因此,材料应按可变现净值计量。

(3) 计算该原材料的可变现净值,并确定其期末价值:

$$\text{B材料的可变现净值} = \text{D型机器的售价总额} - \text{将材料加工成型的D机器尚需投入的成本} - \text{估计销售费用及税金}$$
$$= 221\,000 - 110\,000 - 13\,260 = 97\,740(元)$$

B材料的可变现净值97 740元小于其成本120 000元,因此,材料的期末价格应为其可变现净值97 740元,即B材料应按97 740元列示在2×19年12月31日的资产负债表的存货项目之中。

对用于出售的材料,只需要将材料的成本与根据材料本身的估计售价确定的可变现净值相比,即可确定其计量基础。

二、成本与可变现净值孰低法的账务处理

(一) 存货跌价准备的提取方法

企业应当在期末对存货进行全面清查,如由于存货毁损、全部或部分陈旧过时或销售价格低于成本等原因,使存货成本高于可变现净值的,应按可变现净值低于存货成本部分,计提存货跌价准备。

当存在以下一项或若干项情况时,应当将存货账面价值全部转入当期损益:①霉烂变质

的存货;②过期且无转让价值的存货;③生产中已不再需要,并且已无使用价值和转让价值的存货;④其他足以证明已无使用价值和转让价值的存货。

当存在下列情况之一时,应当计提存货跌价准备:①市价持续下跌,并且在可预见的未来无回升的希望;②企业使用该项原材料生产的产品成本大于产品的销售价格;③企业因产品更新换代,原有库存原材料已不适应新产品的生产需要,而该原材料的市场价格又低于其账面成本;④因企业所提供的商品或劳务过时,或消费者偏好改变使市场的需求发生变化,导致市场价格逐渐下跌;⑤其他足以证明该项存货实质上已经发生减值的情形。

存货跌价准备应按单个存货项目的成本与可变现净值计量,如果某些存货具有类似用途并与在同一地区生产和销售的产品系列相关,且实际上难以将其与该产品系列的其他项目区别开来进行估价的存货,可以合并计量成本与可变现净值;对于数量繁多、单价较低的存货,可以按存货类别计量成本与可变现净值。

(二) 存货跌价准备的账务处理

采用成本与可变现净值孰低原则确定了期末存货的价值以后,应视具体情况进行相关的账务处理。如果期末存货的成本低于可变现净值时,不需要作账务处理,资产负债表中的存货仍按账面价值列示;如果期末可变现净值低于成本时,则必须确认当期的期末存货跌价损失,进行相应的账务处理。其具体处理程序如下:

(1) 设置"存货跌价准备"科目,作为存货的备抵科目。该科目属于资产类科目,贷方登记存货可变现净值低于成本的差额,借方登记已计提跌价准备的存货的价值以后又得以恢复的金额和其他原因冲减已计提跌价准备的金额;期末贷方余额反映企业已提取的存货跌价准备。

(2) 每一会计期末,首先比较成本与可变现净值,算出应计提的准备,然后与"存货跌价准备"科目的余额进行比较:如果应提数大于已提数,应予以补提;反之,应冲销部分已提数。当提取和补提存货跌价损失准备时,借记"资产减值损失"科目,贷记"存货跌价准备"科目;冲减或转销存货跌价损失则相反。但是,当已计提跌价准备的存货价值以后又得以恢复,其冲减的跌价准备金额应以"存货跌价准备"科目的余额冲减至零为限。

(3) 期末,存货项目应以净额(即各存货科目余额减去"存货跌价准备"科目余额)在资产负债表中列示。

【例 4-39】 某企业采用成本与可变现净值孰低法进行存货的计价核算。假设 2×16 年年末,存货的账面成本为 100 000 元,预计可变现净值为 90 000 元,应提存货跌价准备 10 000 元,企业编制如下会计分录:

借:资产减值损失   10 000
  贷:存货跌价准备   10 000

假设 2×17 年年末,该存货的预计可变现净值为 85 000 元,应补提存货跌价准备 5 000 元,应编制会计分录如下:

借:资产减值损失   5 000
  贷:存货跌价准备   5 000

假设 2×18 年年末,该存货的可变现净值有所恢复,预计可变现净值 91 000 元,则应冲

减存货跌价准备 6 000 元,应编制会计分录如下:

借:存货跌价准备　　　　　　　　　　　　　　　　　　　　　　　　6 000
　　贷:管理费用　　　　　　　　　　　　　　　　　　　　　　　　　　6 000

假设 2×19 年年末,该存货预计可变现净值为 101 000 元,则应冲减计提的存货跌价准备 9 000 元(以"存货跌价准备"科目的余额为限),即:

借:存货跌价准备　　　　　　　　　　　　　　　　　　　　　　　　9 000
　　贷:资产减值损失　　　　　　　　　　　　　　　　　　　　　　　　9 000

(三) 计提存货跌价准备应注意的问题

(1) 期末对存货进行计量时,如果同一类存货,其中一部分是有合同价格规定的,另一部分则不存在合同价格,在这种情况下,企业应区分有合同价格约定的和没有合同价格约定的两个部分,分别确定其期末可变现净值,并与其相对应的成本进行比较,从而分别确定是否需要计提存货跌价准备,由此计提的存货跌价准备不得相互抵销。

因存货价值回升而转回的存货跌价准备,按上述同一原则确定当期应转回的金额。

(2) 企业计提了存货跌价准备,如果其中有部分存货已经销售,则企业在结转销售成本的同时,应结转对其已计提的存货跌价准备。

本 章 小 结

存货是指企业在日常活动中持有以备出售的产成品或商品、处在生产过程中的在产品、在生产过程或提供劳务过程中耗用的材料和物料等。存货确定以产权归属而非存放地认定。只要在盘存日期内所有权属于企业,都应作为企业的存货。

存货一般按实际成本计价,但存货品种繁多的企业可采用计划成本或其他方法计价进行日常核算。

存货发出的计价方法有先进先出法、月末一次加权平均法、移动加权平均法、个别计价法和计划成本法。

企业可以根据实际需要选用各种计价方法,但一经确定不得随意变更,以保持会计数据的一致性和可比性。

存货期末应当按照成本与可变现净值孰低法计量。成本与可变现净值孰低法是指期末存货按照成本与可变现净值两者之中较低者计价的方法。成本是指存货的历史成本,可变现净值是指企业在正常经营过程中,以存货的估计售价减去至完工估计将要发生的成本、估计的销售费用以及相关税金后的金额,即存货可收回的价值。

原材料按实际成本核算一般应设置"在途物资"和"原材料"科目。

原材料按计划成本核算,应设置"材料采购""原材料"和"材料成本差异"科目。

委托加工物资核算的基本科目为"委托加工物资"科目。

包装物核算的基本科目为"周转材料——包装物"科目。包装物收入的账务处理比照原材料的账务处理。包装物发出包括生产领用包装物、随产品出售不单独计价的包装物、随产品出售单独计价的包装物、出租包装物、出借包装物等。包装物的摊销方法有一次摊销法和五五摊销法等。

低值易耗品核算的基本科目为"周转材料——低值易耗品"科目。外购、自制和委托外单位加工完成验收入库的低值易耗品采用类似原材料入库的处理方法在"周转材料——低值易耗品"科目处理。低值易耗品的摊销方法包括一次摊销法和五五摊销法等。

企业必须定期或不定期地对存货进行清查,以确定存货的实存数,使账实相符,保证会计资料的可靠,促使企业加强存货管理。企业存货的数量盘存方法主要有永续盘存制和实地盘存制两种。存货清查核算的基本科目是"待处理财产损溢"科目。当存货发生盈亏时,一方面在报批之前,应贷记或借记"待处理财产损溢"科目,借记或贷记"原材料"等科目,将存货调整账实相符;另一方面在报经批准后,再对待处理财产损溢分别不同的情况进行处理。

复习思考题

1. 存货的历史成本是怎样构成的?
2. 存货发出的计价方法有哪些?各种方法的优缺点如何?
3. 什么是成本与可变现净值孰低法?
4. 什么是实地盘存制和永续盘存制?

练 习 题

习 题 一

资料 某企业为增值税一般纳税人,材料按实际成本计价核算。该企业2×19年6月份发生下列经济业务:

(1) 1日,将上月末已收料尚未付款的暂估入账材料用红字冲回,金额为60 000元。

(2) 4日,上月已付款的在途A材料已验收入库,实际成本为58 000元。

(3) 7日,向甲企业购入A材料,买价100 000元,增值税额13 000元,该企业已代垫运杂费,运输增值税专用发票显示,运输费1 500元,增值税额135元。企业签发并承兑一张票面金额为114 635元、期限为6个月的商业承兑汇票结算材料款项,材料已验收入库。

(4) 11日,向丙企业采购B材料,材料买价为30 000元,增值税额3 900元,款项33 900元用银行汇票存款支付,材料已验收入库。

(5) 15日,向丁企业采购A材料1 000千克,买价120 000元,增值税额15 600元,该企业已代垫运杂费2 110元,(其中1 000元为运费,进项税90元)。所有款项共137 710元已通过托收承付结算方式支付,材料尚未收到。

(6) 20日,向丁企业采购的A材料运达,验收入库950千克,短缺50千克,原因待查。

(7) 25日,A材料短缺50千克的原因已查明,是运输部门的责任所致,运输部门已同意赔偿损失,但款项尚未收到。

(8) 30日,向甲企业购买A材料,材料已验收入库,结算单据等仍未到达,按暂估价80 000元入账。

(9) 根据发料凭证汇总表，本月基本生产车间领用原材料 300 000 元，车间一般性消耗领用 80 000 元，厂部管理部门领用 70 000 元。

要求 对以上经济业务编制会计分录。

习 题 二

资料 某公司为增值税一般纳税人。7 月 1 日结存 A 材料 1 000 千克，单位成本 50 元，总成本 50 000 元。7 月份 A 材料的收发业务如下：

(1) 5 日，从外地购入 A 材料 5 000 千克，价款 235 600 元，增值税额 30 628 元，运输费 2 000 元，增值税额 180 元。材料已验收入库。

(2) 8 日，生产领用 A 材料 2 800 千克。

(3) 12 日，在本市购入 A 材料 3 000 元，价款 145 500 元，增值税额 18 915 元，材料已验收入库。

(4) 15 日，生产领用 A 材料 3 600 千克。

(5) 20 日，从外地某公司购入 A、B 两种材料，其中 A 材料 2 500 千克，单价 45.70 元，价款 114 250 元，B 材料 2 500 千克，单价 100 元，价款 250 000 元，两种材料的增值税额共 47 352.50 元。另外，两种材料的运输费共 5 000 元，增值税额 450 元。两种材料已验收入库，运输费按材料的重量分配。

(6) 24 日，生产领用 A 材料 4 000 千克。

要求

(1) 计算各批购入 A 材料的实际总成本和单位成本。

(2) 分别按先进先出法、月末一次加权平均法和移动加权平均法计算 7 月份 A 材料发出的实际成本和月末结存成本（注：计算单位成本时保留 4 位小数）。

习 题 三

资料 某工业企业属于增值税一般纳税人，2×19 年 2 月初"原材料"科目借方余额 17 500 元，"材料成本差异"科目借方余额 500 元，该企业 2 月份发生以下经济业务（该企业材料入库及结转材料成本差异采用逐笔结转方式）：

(1) 4 日，购入原材料一批，增值税专用发票上记载的买价为 30 000 元，支付增值税额 3 900 元。企业开出面额为 33 900 元的商业承兑汇票，付款期为 6 个月，材料尚未到达。

(2) 10 日，上述材料到达，并已验收入库，计划成本为 32 000 元。

(3) 13 日，购入原材料一批，增值税专用发票上记载的买价为 75 000 元，增值税额 9 750 元，材料已验收入库，货款尚未付出。另外用银行存款支付装卸费、保险费 500 元，增值税额 30 元，原材料的计划成本为 76 000 元。

(4) 21 日，购入原材料一批，增值税专用发票上记载的买价为 24 000 元，增值税额 3 120 元，发生运费 1 000 元，增值税额 90 元，材料尚未到达，货款已经开出转账支票支付。

(5) 25 日，上述原材料验收入库，计划成本为 24 500 元。

(6) 28 日，本月领用原材料，计划成本共计 45 000 元，其中生产领用 30 000 元，车间管理领用 10 000 元，行政管理部门领用 5 000 元。

要求 根据上述业务编制会计分录，计算材料成本差异率，编制领用材料、分摊材料成本差异的会计分录。

习 题 四

资料 A公司将生产应税消费品甲产品所用原材料委托B企业加工。A、B企业均为增值税一般纳税人,增值税税率均为13%。

(1) 11月10日,A企业发出材料,计划成本为50 000元,材料成本差异率为2%。

(2) 11月20日,用银行存款支付加工费为12 000元(增值税额为1 560元),消费税税率为10%。

(3) 11月25日,用银行存款支付往返运费1 000元,增值税额为90元。

(4) 11月26日,委托加工物资收回,验收入库,计划成本为65 000元。

要求

(1) 编制委托加工物资收回后直接出售的相关会计分录。

(2) 编制委托加工物资收回后继续用于生产应税消费品的相关会计分录。

习 题 五

资料 某企业包装物核算采用实际成本核算,并采用一次摊销法摊销。有关资料如下:

(1) 2×19年4月初,销售商品同时领用库存未用包装物100件,每件实际单位成本90元,共计9 000元,租期1个月,每件含增值税租金为22.60元,增值税税率为13%,租金于出租时一次收取,押金为每件95元。租金和押金收到存入银行。

(2) 2×19年5月,租赁期满,收回包装物80件已入库,并退回押金,其余20件未收回,没收押金。

要求 编制包装物出租的有关会计分录。

习 题 六

资料 某企业对存货进行清查,清查结果及批准处理情况如下:

(1) 发现盘盈A低值易耗品5件,实际单位成本为300元。

(2) 发现盘亏B原材料400千克,单位计划成本为100元,材料成本差异率为2%,其购进时的增值税额为5 304元。

(3) 发现毁损C产成品80件,每件实际成本为350元,其应负担的增值税额2 103元。

上述原因已查明,A低值易耗品盘盈是收发计量差错造成;B原材料短缺是管理制度不健全造成;C产成品毁损是意外事故造成,其残料回收作价500元,可获保险公司赔偿18 450元。经厂长会议批准后,对上述清查结果作出账务处理。

要求 根据资料编制相关会计分录。

习 题 七

资料 某公司期末存货采用成本与可变现净值孰低法计价。2×18年9月26日,该公司与M公司签订销售合同:由该公司于2×19年3月6日向M公司销售笔记本电脑10 000台,每台6 000元。2×18年12月31日,该公司库存笔记本电脑13 000台,单位成本5 800元。2×18年12月31日,市场销售价格为每台5 000元,预计销售税费均为每台500元。

要求 编制计提存货跌价准备会计分录,并列示计算过程。

习 题 八

资料 某股份有限公司对存货的期末计价采用成本与可变现净值孰低法。某项存货有关资料如下(假设在此之前未计提过存货跌价准备):

(1) 2×16年12月31日,账面成本为200 000元,可变现净值为190 000元。
(2) 2×17年6月30日,账面成本为180 000元,可变现净值为168 000元。
(3) 2×18年12月31日,账面成本为190 000元,可变现净值为186 000元。
(4) 2×19年6月30日,账面成本为300 000元,可变现净值为310 000元。

要求 根据上述资料,编制存货期末计提跌价准备业务的会计分录。

第五章

金融资产

学习目的与要求 学生通过本章学习,掌握金额资产包含的内容、交易性金融资产、债权投资和其他权益工具投资的账务处理。

本章关键词 金融资产;交易性金融资产;债权投资;其他权益工具投资

第一节 以摊余成本计量的金融资产

金融资产主要包括现金、应收账款、应收票据、贷款、债权投资和股权投资等。

企业应当按照管理金融资产的业务模式和金融资产的合同现金流量特征,将取得的金融资产划分为下列三类:①以摊余成本计量的金融资产;②以公允价值计量且其变动计入其他综合收益的金融资产;③以公允价值计量且其变动计入当期损益的金融资产。上述分类一经确定,不得随意变更。

一、以摊余成本计量的金融资产概述

金融资产同时符合下列条件的,应当分类为以摊余成本计量的金融资产:

(1) 企业管理该金融资产的业务模式以收取合同现金流量为目标。

(2) 该金融资产的合同条款规定,在特定日期产生的现金流量,仅为对本金和以未偿付本金金额为基础的利息的支付。

金融资产的摊余成本,应当以该金融资产的初始确认金额经下列调整后的结果确定:

(1) 扣除已偿还的本金。

(2) 加上或减去采用实际利率法将该初始确认金额与到期日金额之间的差额进行摊销形成的累计摊销额。

(3) 扣除累计计提的损失准备(仅适用于金融资产)。

实际利率法是指计算金融资产的摊余成本以及将利息收入分摊计入各会计期间的方法。

实际利率是指将金融资产在预计存续期的估计未来现金流量,折现为该金融资产账面余额所使用的利率。在确定实际利率时,应当在考虑金融资产所有合同条款(如提前还款、展期、看涨期权或其他类似期权等)的基础上估计预期现金流量,但不应当考虑预期信用损失。

以摊余成本计量的金融资产主要包括债权投资和应收账款等。本节主要介绍债权投资。

二、债权投资的会计处理

(一) 科目设置

为了核算债权投资,企业应设置"债权投资"科目,核算企业以摊余成本计量的债权投资的账面余额。

本科目可按债权投资的类别和品种,分别"成本""利息调整""应计利息"等进行明细核算。

(二) 主要账务处理

(1) 企业取得的债权投资,应按该投资的面值,借记"债权投资——成本"科目,按支付的价款中包含的已到付息期但尚未领取的利息,借记"应收利息"科目,按实际支付的金额,贷记"其他货币资金"等科目,按其差额,借记或贷记"债权投资——利息调整"科目。相关交易费用应计入初始确认成本。

(2) 资产负债表日,债权投资为分期付息、一次还本债券投资的,应按票面利率计算确定的应收未收利息,借记"应收利息"科目,按债权投资摊余成本和实际利率计算确定的利息收入,贷记"利息收入"科目,按其差额,借记或贷记"债权投资——利息调整"科目。

债权投资为一次还本付息债券投资的,应于资产负债表日按票面利率计算确定的应收未收利息,借记"债权投资——应计利息"科目,按债权投资摊余成本和实际利率计算确定的利息收入,贷记"利息收入"科目,按其差额,借记或贷记"债权投资——利息调整"科目。

(3) 出售债权投资,应按实际收到的金额,借记"其他货币资金"等科目,按其账面余额,贷记"债权投资——成本、应计利息"科目,贷记或借记"债权投资——利息调整"科目,按其差额,贷记或借记"利息收入"科目。已计提减值准备的,还应同时结转减值准备。

【例 5-1】 2×18 年 1 月 1 日,B 公司购入乙公司当日发行的 5 年期债券,面值 20 000 元,购入价 20 837 元,票面利率 7%,实际利率 6%,该债券为每年付息、到期还本债券。不考虑其他相关因素。采用实际利率法进行溢价摊销,如表 5-1 所示。

表 5-1 溢价摊销表 单位:元

年份	应收利息(a=面值×票面利率)	实际利息(b=d×实际利率)	利息调整(c=a−b)	摊余成本(d=d−c)
2×18 年年初				20 837
2×18 年年末	1 400	1 250	150	20 687
2×19 年年末	1 400	1 241	159	20 528
2×20 年年末	1 400	1 232	168	20 360
2×21 年年末	1 400	1 222	178	20 182
2×22 年年末	1 400	1 218	182	20 000

[最后一年的利息调整 = 20 182 − 20 000 = 182(元),实际利息 = 1 400 − 182 = 1 218(元),因为有小数点尾差]

根据上述资料,B 公司编制会计分录如下:

(1) 2×18年1月1日,购入债券时:

借:债权投资——成本 20 000
　　　　　——利息调整 837
　　贷:其他货币资金——存出投资款 20 837

(2) 2×18年12月31日,确认实际利息收入时:

借:应收利息 1 400
　　贷:债权投资——利息调整 150
　　　　利息收入 1 250

收到利息时:

借:其他货币资金——存出投资款 1 400
　　贷:应收利息 1 400

(3) 2×19年12月31日,确认实际利息收入时:

借:应收利息 1 400
　　贷:债权投资——利息调整 159
　　　　利息收入 1 241

收到利息时:

借:其他货币资金——存出投资款 1 400
　　贷:应收利息 1 400

(4) 2×20年12月31日,确认实际利息收入时:

借:应收利息 1 400
　　贷:债权投资——利息调整 168
　　　　利息收入 1 232

收到利息时:

借:其他货币资金——存出投资款 1 400
　　贷:应收利息 1 400

(5) 2×21年12月31日,确认实际利息收入时:

借:应收利息 1 400
　　贷:债权投资——利息调整 178
　　　　利息收入 1 222

收到利息时:

借:其他货币资金——存出投资款 1 400
　　贷:应收利息 1 400

(6) 2×22年12月31日,确认实际利息收入时:

借:应收利息 1 400
　　贷:债权投资——利息调整 182
　　　　利息收入 1 218

(7) 收到本金和利息时：

借：其他货币资金——存出投资款　　　　　　　　　　　　　　　　21 400
　　贷：应收利息　　　　　　　　　　　　　　　　　　　　　　　　1 400
　　　　债权投资——成本　　　　　　　　　　　　　　　　　　　 20 000

【例 5-2】 承[例 5-1]，假设实际利率为 8%，债券为到期一次还本付息债券，购入价格为 19 200 元，其他条件不变。按实际利率法进行折价摊销，如表 5-2 所示。

表 5-2　　　　　　　　　　　折价摊销表　　　　　　　　　　　单位：元

年份	应收利息(a=面值×票面利率)	实际利息(b=d×实际利率)	利息调整(c=b−a)	摊余成本(d=d+c)
2×18 年年初				19 200
2×18 年年末	1 400	1 536	136	19 336
2×19 年年末	1 400	1 547	147	19 483
2×20 年年末	1 400	1 559	159	19 642
2×21 年年末	1 400	1 571	171	19 813
2×22 年年末	1 400	1 587	187	20 000

根据上述资料，B 公司编制会计分录如下：

(1) 2×18 年 1 月 1 日，购入债券时：

借：债权投资——成本　　　　　　　　　　　　　　　　　　　　　20 000
　　贷：债权投资——利息调整　　　　　　　　　　　　　　　　　　　800
　　　　其他货币资金——存出投资款　　　　　　　　　　　　　　 19 200

(2) 2×18 年 12 月 31 日：

借：债权投资——应计利息　　　　　　　　　　　　　　　　　　　1 400
　　　　　　——利息调整　　　　　　　　　　　　　　　　　　　　 136
　　贷：利息收入　　　　　　　　　　　　　　　　　　　　　　　　1 536

(3) 2×19 年 12 月 31 日：

借：债权投资——应计利息　　　　　　　　　　　　　　　　　　　1 400
　　　　　　——利息调整　　　　　　　　　　　　　　　　　　　　 147
　　贷：利息收入　　　　　　　　　　　　　　　　　　　　　　　　1 547

(4) 2×20 年 12 月 31 日：

借：债权投资——应计利息　　　　　　　　　　　　　　　　　　　1 400
　　　　　　——利息调整　　　　　　　　　　　　　　　　　　　　 159
　　贷：利息收入　　　　　　　　　　　　　　　　　　　　　　　　1 559

(5) 2×21 年 12 月 31 日：

借：债权投资——应计利息　　　　　　　　　　　　　　　　　　　1 400
　　　　　　——利息调整　　　　　　　　　　　　　　　　　　　　 171
　　贷：利息收入　　　　　　　　　　　　　　　　　　　　　　　　1 571

(6) 2×22年12月31日：

借：债权投资——应计利息　　　　　　　　　　　　　　　　1 400
　　　　　　——利息调整　　　　　　　　　　　　　　　　　187
　　贷：利息收入　　　　　　　　　　　　　　　　　　　　1 587

(7) 收到本金和利息时：

借：其他货币资金——存出投资款　　　　　　　　　　　　27 000
　　贷：债权投资——成本　　　　　　　　　　　　　　　20 000
　　　　　　——应计利息　　　　　　　　　　　　　　　 7 000

第二节　以公允价值计量且其变动计入其他综合收益的金融资产

一、以公允价值计量且其变动计入其他综合收益的金融资产概述

金融资产同时符合下列条件的，应当分类为以公允价值计量且其变动计入其他综合收益的金融资产：

（1）企业管理该金融资产的业务模式，既以收取合同现金流量为目标，又以出售该金融资产为目标。

（2）该金融资产的合同条款规定，在特定日期产生的现金流量，仅为对本金和以未偿付本金金额为基础的利息的支付。

二、以公允价值计量且其变动计入其他综合收益的金融资产的会计处理

（一）科目设置

（1）"其他债权投资"科目。该科目核算分类为以公允价值计量且其变动计入其他综合收益的金融资产的公允价值，分别"成本""利息调整""应计利息""公允价值变动"等进行明细核算。

（2）"其他权益工具投资"科目。该科目核算企业指定为以公允价值计量且其变动计入其他综合收益的非交易性权益工具投资的公允价值，分别"成本""公允价值变动"等进行明细核算。

（二）主要账务处理

1. 其他债权投资的主要账务处理

（1）企业取得其他债权投资，应按其面值与交易费用之和，借记"其他债权投资——成本"科目，按支付的价款中包含的已到期但尚未领取的利息，借记"应收利息"科目，按实际支付的金额，贷记"其他货币资金"等科目。按其差额，借记或贷记"其他债权投资——利息调整"科目。

（2）资产负债表日，其他债权投资为分期付息、一次还本债券投资的，应按票面利率

计算确定的应收未收利息,借记"应收利息"科目,按其摊余成本和实际利率计算确定的利息收入,贷记"利息收入"科目,按其差额,借记或贷记"其他债权投资——利息调整"科目。

其他债权投资为一次还本付息债券投资的,应于资产负债表日按票面利率计算确定的应收未收利息,借记"其他债权投资——应计利息"科目,按其摊余成本和实际利率计算确定的利息收入,贷记"利息收入"科目,按其差额,借记或贷记"其他债权投资——利息调整"科目。

(3) 资产负债表日,其他债权投资的公允价值高于其账面余额的差额,借记"其他债权投资——公允价值变动"科目,贷记"其他综合收益"科目;公允价值低于其账面余额的差额作相反的会计分录。

确定该金融资产发生减值的,应按减记的金额,借记"信用减值损失"科目,按从其他综合收益中转出的累计损失金额,贷记"其他综合收益"科目。

(4) 出售其他债权投资,应按实际收到的金额,借记"其他货币资金"等科目,按其账面余额,贷记"其他债权投资——成本、应计利息"科目,借记或贷记"其他债权投资——公允价值变动""其他债权投资——利息调整"科目,按应从其他综合收益中转出的公允价值累计变动额,借记或贷记"其他综合收益"科目,按其差额,借记或贷记"投资收益"科目。已计提减值损失的,同时结转已计提的减值损失。

2. 其他权益工具投资的主要账务处理

(1) 企业取得其他权益工具投资,应按其公允价值与交易费用之和,借记"其他权益工具投资——成本"科目,按支付的价款中包含的已宣告但尚未发放的现金股利,借记"应收股利"科目,按实际支付的金额,贷记"其他货币资金"等科目。

(2) 资产负债表日,其他权益工具投资的公允价值高于其账面余额的差额,借记"其他权益工具投资——公允价值变动"科目,贷记"其他综合收益"科目;公允价值低于其账面余额的差额作相反的会计分录。

(3) 出售其他权益工具投资,应按实际收到的金额,借记"其他货币资金"等科目,按其账面余额,贷记"其他权益工具投资——成本"科目,借记或贷记"其他权益工具投资——公允价值变动"科目,按应从所有者权益中转出的公允价值累计变动额,借记或贷记"其他综合收益"科目,按其差额,调整留存收益。

【例 5-3】 A 公司于 2×18 年 9 月 12 日从二级市场上购入甲公司股票 20 万股,每股市价 20 元,共计 400 万元(含手续费 1 万元)。初始确认时,该股票被划分为其他权益工具投资。A 公司至 2×18 年 12 月 31 日仍持有该股票,当时的市价为每股 23 元。

2×19 年 3 月 4 日,A 公司将该股票出售,售价为每股 22 元。假定不考虑其他因素。A 公司编制会计分录如下:

(1) 2×18 年 9 月 12 日,购入股票时:

借:其他权益工具投资——成本　　　　　　　　　　　　　　4 000 000
　　贷:其他货币资金——存出投资款　　　　　　　　　　　　4 000 000

(2) 2×18 年 12 月 31 日,确认股票价格变动时:

借:其他权益工具投资——公允价值变动 600 000
　　贷:其他综合收益 600 000

(3) 2×19年3月4日,出售股票时:

借:其他货币资金——存出投资款 4 400 000
　　其他综合收益 600 000
　　贷:其他权益工具投资——成本 4 000 000
　　　　　　　　　　　　——公允价值变动 600 000
　　　　盈余公积 40 000
　　　　利润分配——未分配利润 360 000

其他债权投资与其他权益工具投资的会计处理有相同之处,也有不同之处。相同之处在于公允价值的后续变动均计入其他综合收益。不同之处在于,其他权益工具投资不需要计提减值准备,除了获得的股利收入(作为投资成本部分收回的股利收入除外)计入当期损益外,其他相关的利得和损失均应当计入其他综合收益,且后续不得转入损益;当终止确认时,之前计入其他综合收益的累计利得或损失应当从其他综合收益中转出,计入留存收益,而其他债权投资在终止确认时产生的利得或损失则均计入当期损益。

第三节　以公允价值计量且其变动计入当期损益的金融资产

一、以公允价值计量且其变动计入当期损益的金融资产概述

以公允价值计量且其变动计入当期损益的金融资产,包括交易性金融资产和直接指定为以公允价值计量且其变动计入当期损益的金融资产。

(一)交易性金融资产

金融资产满足下列条件之一的,应当划分为交易性金融资产:

(1)取得该金融资产的目的,主要是为了近期内出售。

(2)属于进行集中管理的可辨认金融工具组合的一部分,且有客观证据表明企业近期采用短期获利方式对该组合进行管理。

(3)属于衍生工具。但是,被指定且为有效套期工具的衍生工具、属于财务担保合同的衍生工具、与在活跃市场中没有报价且其公允价值不能可靠计量的权益工具投资挂钩并须通过交付该权益工具结算的衍生工具除外。

(二)直接指定为以公允价值计量且其变动计入当期损益的金融资产

在初始确认时,如果能够消除或显著减少会计错配,企业可以将金融资产指定为以公允价值计量且其变动计入当期损益的金融资产。该指定一经作出,不得撤销。

二、以公允价值计量且其变动计入当期损益的金融资产的会计处理

(一)科目设置

(1)"交易性金融资产"科目,用来核算企业为交易目的所持有的债券投资、股票投资、

基金投资等交易性金融资产的公允价值。企业持有的直接指定为以公允价值计量且其变动计入当期损益的金融资产,也在本科目核算。该科目可按交易性金融资产的类别和品种,分别"成本""公允价值变动"等进行明细核算。

(2)"公允价值变动损益"科目,用来核算企业交易性金融资产、交易性金融负债,以及采用公允价值模式计量的相关业务公允价值变动形成的应计入当期损益的利得或损失。该科目可按交易性金融资产、交易性金融负债和投资性房地产等进行明细核算。

(3)"投资收益"科目,用来核算企业确认的投资收益或投资损失。该科目可按投资项目进行明细核算。

(二)主要账务处理

(1)企业取得交易性金融资产,按其公允价值,借记"交易性金融资产——成本"科目,按发生的交易费用,借记"投资收益"目,按已到付息期但尚未领取的利息或已宣告但尚未发放的现金股利,借记"应收利息"或"应收股利"科目,按实际支付的金额,贷记"其他货币资金"等科目。

(2)交易性金融资产持有期间被投资单位宣告发放的现金股利,或在资产负债表日按分期付息、一次还本债券投资的票面利率计算的利息,借记"应收股利"或"应收利息"科目,贷记"投资收益"科目。

(3)资产负债表日,交易性金融资产的公允价值高于其账面余额的差额,借记"交易性金融资产——公允价值变动",贷记"公允价值变动损益"科目;公允价值低于其账面余额的差额作相反的会计分录。

(4)出售交易性金融资产,应按实际收到的金额,借记"其他货币资金"等科目,按该金融资产的账面余额,贷记"交易性金融资产"科目,按其差额,贷记或借记"投资收益"科目。同时,将原计入该金融资产的公允价值变动转出,借记或贷记"公允价值变动损益"科目,贷记或借记"投资收益"科目。

【例5-4】 2×18年4月1日,A公司从证券市场购入甲公司的普通股股票1 000股,计30 200元,其中含有A公司已宣告发放但尚未支取的现金股利1 000元和交易费用200元。A公司将其划分为交易性金融资产。A公司编制会计分录如下:

借:交易性金融资产——成本   29 000
    应收股利   1 000
    投资收益   200
  贷:其他货币资金——存出投资款   30 200

【例5-5】 2×18年5月2日,A公司收到甲公司发放的现金股利1 000元。A公司编制会计分录如下:

借:其他货币资金——存出投资款   1 000
  贷:应收股利   1 000

【例5-6】 2×18年6月30日,甲公司股票的公允价值为25 000元,A公司确认公允价值变动损益。A公司编制会计分录如下:

借：公允价值变动损益 4 000
　　贷：交易性金融资产——公允价值变动 4 000

【例5-7】 2×18年12月31日，甲公司的股票公允价值为31 000元，A公司确认公允价值变动损益。A公司编制会计分录如下：

借：交易性金融资产——公允价值变动 6 000
　　贷：公允价值变动损益 6 000

【例5-8】 2×19年3月1日，甲公司宣告发放上年现金股利，每股2元。A公司编制会计分录如下：

借：应收股利 2 000
　　贷：投资收益 2 000

3月25日，实际收到上述现金股利时：

借：其他货币资金——存出投资款 2 000
　　贷：应收股利 2 000

【例5-9】 2×19年4月3日，A公司将上述甲公司股票全部出售，售价为30 000元。假定不考虑其他因素，A公司编制会计分录如下：

借：其他货币资金——存出投资款 30 000
　　投资收益 1 000
　　贷：交易性金融资产——成本 29 000
　　　　　　　　　　——公允价值变动 2 000

本　章　小　结

金融资产主要包括库存现金、应收账款、应收票据、贷款、垫款、其他应收款、应收利息、债权投资、股权投资等等。企业应当按照管理金融资产的业务模式和金融资产的合同现金流量特征，将取得的金融资产划分为下列三类：①以摊余成本计量的金融资产；②以公允价值计量且其变动计入其他综合收益的金融资产；③以公允价值计量且其变动计入当期损益的金融资产。上述分类一经确定，不得随意变更。

以摊余成本计量的金融资产主要指债权投资，企业应设置"债权投资"科目进行核算，并按实际利率法进行摊余成本与利息收入的计算和调整。

以公允价值计量且其变动计入其他综合收益的金融资产，主要包括其他权益工具投资和其他债权投资。企业应设置"其他债权投资""其他权益工具投资"和"其他综合收益"等科目进行核算。

以公允价值计量且其变动计入当期损益的金融资产包括交易性金融资产和指定为以公允价值计量且其变动计入当期损益的金融资产。企业应设置"交易性金融资产"和"公允价值变动损益"等科目进行核算。

复习思考题

1. 什么是金融资产？金融资产可分为哪几类？
2. 金融资产满足哪些条件，才可以确认为交易性金融资产？
3. 什么是摊余成本？如何确定？
4. 什么是其他权益工具投资？在会计核算上与交易性金融资产、其他债权投资有哪些异同？

练习题

习题一

资料 乙公司发生如下相关经济业务：

（1）2×18年1月1日，乙公司购入A公司当日发行的3年期债券，面值100 000元，购入价102 775元，票面利率5%，实际利率4%，该债券为每年计息一次、到期还本付息债券。不考虑其他相关因素。乙公司将其划分为以摊余成本计量的金融资产。

（2）题（1）中，如果实际利率为6%，购入价格为97 365元，该债券为每年付息、到期还本债券，其他条件不变。

要求 根据上述资料编制会计分录。

习题二

资料 丙公司发生如下相关经济业务：

（1）2×18年4月15日，从二级市场上购入A公司股票10 000股，每股市价10元，共计100 000元，其中含有已宣告发放，但尚未支取的现金股利2 000元和手续费4 000元。初始确认时，该股票被指定为其他权益工具投资。

（2）2×18年5月10日，收到A公司发放的现金股利2 000元。

（3）2×18年12月31日，丙公司仍持有该股票，当时的市价为每股8元。

（4）2×19年4月8日，丙公司将该股票出售，售价为每股12元。假定不考虑其他因素。

要求 根据上述资料编制会计分录。

习题三

资料 甲公司发生如下相关经济业务：

（1）2×18年3月12日，从证券市场上购入B公司的股票，面值300 000元，购入价470 000元，其中含有交易费用20 000元。甲公司作为交易性金融资产核算。

（2）2×18年4月1日，从证券市场上购入C公司的债券，实际支付241 000元，其中含有已到付息期，但尚未支取的利息5 000元和交易费用6 000元。甲公司作为交易性金融资产核算。

（3）2×18年4月25日，甲公司收到上述C公司债券的利息5 000元。

（4）2×18年12月31日，上述B公司的股票公允价值为430 000元，C公司的债券公允价值为 24 000 元。

(5) 2×19 年 2 月 15 日，甲公司将持有的 B 公司股票出售，售价为 420 000 元。假定不考虑相关税费。

要求 根据上述资料编制会计分录。

第六章

长期股权投资

学习目的与要求 学生通过本章的学习,掌握长期股权投资的初始投资成本的确认、成本法和权益法的适用范围和具体账务处理;熟悉长期股权投资的范围和企业合并的种类;了解长期股权投资处置和减值的核算。

本章关键词 长期股权投资;企业合并;成本法;权益法

第一节 长期股权投资的范围及初始计量

一、长期股权投资的范围

在市场经济条件下,企业生产经营日趋多元化,除传统的对原材料投入、加工、销售获取利润外,通常采用投资、收购、兼并、重组等方式拓宽生产经营渠道、提高获利能力,其中,投资是经常发生的。投资是企业为了获得收益或实现资本增值,向被投资单位投放资金的经济行为。

企业对外进行的投资,可以有不同的分类。从性质上划分,可以分为债权性投资与权益性投资等;从持有期间划分,可以分为短期投资与长期投资。长期股权投资是指企业持有的长期权益性投资。

长期股权投资在范围上主要包括三个方面:一是对子公司投资,即企业能够对被投资单位实施控制的权益性投资;二是对合营企业投资,即企业与其他合营方共同对被投资单位实施控制的权益性投资;三是对联营企业投资,即企业对被投资单位具有重大影响的权益性投资。

控制是指有权决定一个企业的财务和经营政策,并能据以从该企业的经营活动中获取利益。投资企业能够对被投资单位实施控制的,被投资单位为其子公司,投资企业应当将子公司纳入合并财务报表的合并范围。

共同控制是指按照合同约定对某项经济活动所共有的控制,仅在与该项经济活动相关的重要财务和经营决策需要分享控制权的投资方一致同意时存在。投资企业与其他方对被投资单位实施共同控制的,被投资单位为其合营企业。

重大影响是指对一个企业的财务和经营政策有参与决策的权力,但并不能够控制或者与其他方一起共同控制这些政策的制定。投资企业能够对被投资单位施加重大影响的,被投资单位为其联营企业。

二、长期股权投资的初始计量

长期股权投资在取得时,应按初始投资成本计量。对子公司投资形成的长期股权投资的初始投资成本,应分别企业合并和非企业合并两种情况确定。

(一)企业合并概述

企业合并是指将两个或者两个以上单独的企业合并形成一个报告主体的交易或事项。企业合并分为同一控制下的企业合并和非同一控制下的企业合并。

1. 同一控制下的企业合并

参与合并的企业在合并前后均受同一方或相同的多方最终控制且该控制并非暂时性的,为同一控制下的企业合并。

同一控制下的企业合并,在合并日取得对其他参与合并企业控制权的一方为合并方,参与合并的其他企业为被合并方。合并日是指合并方实际取得对被合并方控制权的日期。

2. 非同一控制下的企业合并

参与合并的各方在合并前后不受同一方或相同的多方最终控制的,为非同一控制下的企业合并。

非同一控制下的企业合并,在购买日取得对其他参与合并企业控制权的一方为购买方,参与合并的其他企业为被购买方。购买日是指购买方实际取得对被购买方控制权的日期。

(二)同一控制下的企业合并形成的长期股权投资的初始计量

合并方以支付现金、转让非现金资产或承担债务方式作为合并对价的,应当在合并日按照取得被合并方所有者权益账面价值的份额作为长期股权投资的初始投资成本。长期股权投资初始投资成本与支付的现金、转让的非现金资产以及所承担债务账面价值之间的差额,应当调整资本公积(资本溢价或股本溢价);资本公积(资本溢价或股本溢价)不足冲减的,依次冲减盈余公积和未分配利润。

合并方以发行权益性证券作为合并对价的,应当在合并日按照取得被合并方所有者权益账面价值的份额作为长期股权投资的初始投资成本。按照发行股份的面值总额作为股本,长期股权投资初始投资成本与所发行股份面值总额之间的差额,应当调整资本公积(股本溢价);资本公积(股本溢价)不足冲减的,依次冲减盈余公积和未分配利润。

同一控制下企业合并形成的长期股权投资,应在合并日按取得被合并方所有者权益账面价值的份额,借记"长期股权投资"科目,按享有被投资单位已宣告但尚未发放的现金股利或利润,借记"应收股利"科目,按支付的合并对价的账面价值,贷记有关资产或借记有关负债科目,按其差额,贷记"资本公积——资本溢价或股本溢价"科目;为借方差额的,借记"资本公积——资本溢价或股本溢价"科目,资本公积(资本溢价或股本溢价)不足冲减的,借记"盈余公积""利润分配——未分配利润"科目。

【例6-1】 2×19年3月1日,甲公司购入同一集团内的A公司80%的股权,实际支付价款2 000 000元,实现同一控制下的企业合并。合并日A公司股东权益总额为3 000 000元。甲公司应编制会计分录如下:

借：长期股权投资——A公司　　　　　　　　　　　　　　　　　2 400 000
　　贷：银行存款　　　　　　　　　　　　　　　　　　　　　　　2 000 000
　　　　资本公积——股本溢价　　　　　　　　　　　　　　　　　　400 000

【例6-2】 2×19年4月12日,乙公司取得同一集团内的B公司100%的股权,为进行该项合并,乙公司发行了7 000 000股普通股(每股面值1元)作为对价。合并日B公司的股东权益总额为10 000 000元。乙公司应编制会计分录如下：

借：长期股权投资——B公司　　　　　　　　　　　　　　　　　10 000 000
　　贷：股本　　　　　　　　　　　　　　　　　　　　　　　　　7 000 000
　　　　资本公积——股本溢价　　　　　　　　　　　　　　　　　3 000 000

（三）非同一控制下的企业合并形成的长期股权投资的初始计量

非同一控制下的企业合并中,购买方为了取得对被购买方的控制权而放弃的资产、发生或承担的负债、发行的权益性证券等均应按其在购买日的公允价值计量,公允价值与其账面价值的差额,计入当期损益。具体而言：

（1）一次交换交易实现的企业合并,合并成本为购买方在购买日为取得对被购买方的控制权而付出的资产、发生或承担的负债以及发行的权益性证券的公允价值。

（2）通过多次交换交易分步实现的企业合并,合并成本为每一单项交易成本之和。

（3）购买方为进行企业合并发生的审计、法律服务、评估咨询等中介费用以及其他相关管理费用应于发生时计入当期损益。

（4）购买方作为合并对价发行的权益性工具或债务性工具的交易费用,应当计入权益性工具或债务性工具的初始确认金额。

非同一控制下企业合并形成的长期股权投资,应在购买日按企业合并成本(不含应自被投资单位收取的现金股利或利润),借记"长期股权投资"科目,按享有被投资单位已宣告但尚未发放的现金股利或利润,借记"应收股利"科目,按支付合并对价的账面价值,贷记有关资产或借记有关负债科目,按其差额,贷记或借记"资产处置损益"等科目。非同一控制下企业合并涉及以库存商品等作为合并对价的,应按库存商品的公允价值,贷记"主营业务收入"科目,并同时结转相关的成本。涉及增值税的,还应进行相应的处理。

【例6-3】 2×19年3月25日,C公司取得了D公司70%的股权。合并中,C公司支付的有关资产,在购买日的账面价值与公允价值,如表6-1所示。合并中,C公司支付了聘请律师费等费用5万元。假设合并前C公司和D公司不存在任何关联方关系。不考虑相关税费。

表6-1　　　　　　　　　C公司支付资产账面价值与公允价值对比表　　　　　　　单位:元

项目	账面价值	公允价值
库存商品	340 000	500 000
专利技术	560 000 (成本600 000元,累计摊销40 000元)	780 000
银行存款	700 000	700 000
合计	1 600 000	1 980 000

C公司应编制会计分录如下：

借：长期股权投资——D公司	1 980 000	
累计摊销	40 000	
管理费用	50 000	
贷：主营业务收入		500 000
无形资产		600 000
银行存款		750 000
资产处置损益		220 000
借：主营业务成本	340 000	
贷：库存商品		340 000

（四）以企业合并以外的方式取得的长期股权投资的初始计量

（1）以支付现金取得的长期股权投资，应当按照实际支付的购买价款作为初始投资成本。初始投资成本包括与取得长期股权投资直接相关的费用、税金及其他必要支出，但不包括应自被投资单位收取的已宣告但尚未发放的现金股利或利润。

【例6-4】 2×19年4月22日，C公司买入A公司25%的股份，实际支付价款6 000 000元。在购买过程中，支付手续费等相关费用100 000元。假定C公司取得该项投资时，A公司已宣告但尚未发放现金股利，C公司按其持股比例计算确定可分得200 000元。C公司应编制会计分录如下：

借：长期股权投资——A公司	5 900 000	
应收股利——A公司	200 000	
贷：银行存款		6 100 000

（2）以发行权益性证券取得的长期股权投资，应当按照发行权益性证券的公允价值作为初始投资成本，但不包括应自被投资单位收取的已宣告但尚未发放的现金股利或利润。为发行权益性证券支付的手续费、佣金等与发行直接相关的费用，不构成长期股权投资的初始投资成本。这部分费用应自所发行证券的溢价发行收入中扣除，溢价收入不足冲减的，应依次冲减盈余公积和未分配利润。

【例6-5】 2×19年3月20日，甲公司通过增发20 000 000股（每股面值1元）普通股为对价，从非关联方处取得对B公司20%的股权，所增发股份的公允价值为35 000 000元。为增发该部分普通股，甲公司支付了1 000 000元的佣金和手续费。甲公司应编制会计分录如下：

借：长期股权投资——B公司	35 000 000	
贷：股本		20 000 000
资本公积——股本溢价		15 000 000
借：资本公积——股本溢价	1 000 000	
贷：银行存款		1 000 000

（3）投资者投入的长期股权投资，应当按照投资合同或协议约定的价值作为初始投资成本，但合同或协议约定价值不公允的除外。

(4) 通过非货币性资产交换取得的长期股权投资,其初始投资成本应当按照《企业会计准则第 7 号——非货币性资产交换》确定。

(5) 通过债务重组取得的长期股权投资,其初始投资成本应当按照《企业会计准则第 12 号——债务重组》确定。

第二节 长期股权投资的后续计量

长期股权投资应当分别不同情况采用成本法或权益法进行后续计量。

一、长期股权投资核算的成本法

(一) 成本法的概念及其适用范围

成本法是指长期股权投资按成本计价的方法。长期股权投资成本法的核算适用于投资企业能够对被投资单位实施控制的长期股权投资。

投资企业对子公司的长期股权投资,应当采用成本法核算,编制合并财务报表时按照权益法进行调整。

(二) 成本法核算

在成本法下,被投资单位宣告分派的现金股利或利润,投资方根据应享有的部分确认为当期投资收益。

【例 6-6】 2×19 年 1 月 1 日,A 公司购入 D 公司有表决权的股票 70%,实际投资成本为 25 000 000 元,相关手续当日完成,并能够对 D 公司实施控制。D 公司于 2×19 年 4 月 5 日宣告分派上年度的现金股利 1 000 000 元,A 公司可获得现金股利 700 000 元,并于 5 月 30 日收到上述现金股利。A 公司应编制会计分录如下:

(1) 2×19 年 1 月 1 日,购入股票时:

借:长期股权投资——D 公司　　　　　　　　　　　　　　　　　25 000 000
　　贷:银行存款　　　　　　　　　　　　　　　　　　　　　　　25 000 000

(2) 2×19 年 4 月 5 日,D 公司宣告分派现金股利时:

借:应收股利——D 公司　　　　　　　　　　　　　　　　　　　700 000
　　贷:投资收益　　　　　　　　　　　　　　　　　　　　　　　700 000

(3) 2×19 年 5 月 30 日,收到分派的现金股利时:

借:银行存款　　　　　　　　　　　　　　　　　　　　　　　　700 000
　　贷:应收股利——D 公司　　　　　　　　　　　　　　　　　　700 000

二、长期股权投资核算的权益法

(一) 权益法的概念及其适用范围

权益法是指投资最初以投资成本计价,以后根据投资企业享有被投资单位所有者权益份额的变动对投资的账面价值进行调整的方法。

投资企业对被投资单位具有共同控制或重大影响的长期股权投资,应当采用权益法核算。

(二) 权益法核算

(1) 长期股权投资的初始投资成本大于投资时应享有被投资单位可辨认净资产公允价值份额的,不调整长期股权投资的初始投资成本;长期股权投资的初始投资成本小于投资时应享有被投资单位可辨认净资产公允价值份额的,其差额应当计入当期损益,同时调整长期股权投资的成本。

具体账务处理如下:长期股权投资的初始投资成本大于投资时应享有被投资单位可辨认净资产公允价值份额的,不调整已确认的初始投资成本。长期股权投资的初始投资成本小于投资时应享有被投资单位可辨认净资产公允价值份额的,应按其差额,借记"长期股权投资——投资成本"科目,贷记"营业外收入"科目。

【例 6-7】 2×19 年 1 月 2 日,B 公司购入 C 公司 30% 的股权而对 C 公司具有重大影响,实际支付价款 500 万元。取得投资时,C 公司所有者权益的账面价值为 1 500 万元,公允价值为 1 200 万元。B 公司应编制会计分录如下:

借:长期股权投资——C公司(投资成本) 　　　　　　　　　　　　　5 000 000
　　贷:银行存款 　　　　　　　　　　　　　　　　　　　　　　　　5 000 000

长期股权投资的初始投资成本 500 万元大于取得投资时应享有被投资单位净资产公允价值的份额 360 万元(1 200×30%),不对其账面价值进行调整。

【例 6-8】 承[例 6-7],假设取得投资时 C 公司所有者权益的公允价值为 2 000 万元,其他条件不变。则 B 公司应编制会计分录如下:

借:长期股权投资——C公司(投资成本) 　　　　　　　　　　　　　5 000 000
　　贷:银行存款 　　　　　　　　　　　　　　　　　　　　　　　　5 000 000
借:长期股权投资——C公司(投资成本) 　　　　　　　　　　　　　1 000 000
　　贷:营业外收入 　　　　　　　　　　　　　　　　　　　　　　　1 000 000

或者:

借:长期股权投资——C公司(投资成本) 　　　　　　　　　　　　　6 000 000
　　贷:银行存款 　　　　　　　　　　　　　　　　　　　　　　　　5 000 000
　　　　营业外收入 　　　　　　　　　　　　　　　　　　　　　　　1 000 000

(2) 投资企业取得长期股权投资后,应当按照应享有或应分担的被投资单位实现的净损益的份额,确认投资损益并调整长期股权投资的账面价值。投资企业按照被投资单位宣告分派的利润或现金股利计算应分得的部分,相应减少长期股权投资的账面价值。

投资企业确认被投资单位发生的净亏损,应当以长期股权投资的账面价值以及其他实质上构成对被投资单位净投资的长期权益减记至零为限,投资企业负有承担额外损失义务的除外。

其他实质上构成对被投资单位净投资的长期权益,通常是指长期性的应收项目,如企业对被投资单位的长期债权,该债权没有明确的清收计划且在可预见的未来期间不准备收回的,实质上构成对被投资单位的净投资。

被投资单位以后实现净利润的,投资企业在其收益分享额弥补未确认的亏损分担额后,恢复确认收益分享额。

具体账务处理如下:投资企业根据被投资单位实现的净利润或经调整的净利润计算应享有的份额,借记"长期股权投资(损益调整)"科目,贷记"投资收益"科目。被投资单位发生净亏损作相反的会计分录,但以"长期股权投资"科目的账面价值减记至零为限;还需承担的投资损失,应将其他实质上构成对被投资单位净投资的"长期应收款"等科目的账面价值减记至零为限;除按照以上步骤已确认的损失外,按照投资合同或协议约定将承担的损失,确认为预计负债。发生亏损的被投资单位以后实现净利润的,应按与上述相反的顺序进行处理。

被投资单位以后宣告发放现金股利或利润时,企业计算应分得的部分,借记"应收股利"科目,贷记"长期股权投资(损益调整)"科目。收到被投资单位宣告发放的股票股利,不进行账务处理,但应在备查簿中登记。

【例6-9】 2×17年1月1日,甲公司以500 000元向C公司进行长期投资。甲公司的投资占C公司有表决权资本的40%,具有重大影响。取得投资时C公司所有者权益账面价值和公允价值均为800 000元。2×17年C公司全年实现净利润480 000元;2×18年4月宣告分派现金股利225 000元;2×18年C公司全年净亏损1 650 000元;2×19年C公司全年实现净利润200 000元。假定甲公司不存在其他实质上构成对C公司净投资的长期权益,也不负有承担额外损失的义务,不考虑相关税费,甲公司应编制会计分录如下:

① 投资时:

借:长期股权投资——C公司(投资成本)　　　　　　　　　　　500 000
　　贷:银行存款　　　　　　　　　　　　　　　　　　　　　　500 000

② 2×17年年末,确认投资损益时:

$$480\ 000 \times 40\% = 192\ 000(元)$$

借:长期股权投资——C公司(损益调整)　　　　　　　　　　　192 000
　　贷:投资收益　　　　　　　　　　　　　　　　　　　　　　192 000

2×17年年末"长期股权投资——C公司"科目的账面余额=500 000+192 000=692 000(元)

③ 2×18年4月,宣告分派现金股利时:

$$225\ 000 \times 40\% = 90\ 000(元)$$

借:应收股利——C公司　　　　　　　　　　　　　　　　　　90 000
　　贷:长期股权投资——C公司(损益调整)　　　　　　　　　　90 000

宣告分派现金股利后"长期股权投资——C公司"科目的账面余额=692 000-90 000=602 000(元)

④ 2×18年年末,确认亏损时:

$$应确认的亏损 = 1\ 650\ 000 \times 40\% = 660\ 000(元)$$

可减少"长期股权投资——C公司"科目账面价值的金额为 602 000 元。

借：投资收益　　　　　　　　　　　　　　　　　　　　　　602 000
　　贷：长期股权投资——C公司（损益调整）　　　　　　　　　　　602 000

通常情况下，长期股权投资的账面价值减记至零为限。备查簿中应记录未减记长期股权投资的金额为 58 000 元（660 000－602 000）。

2×18 年年末"长期股权投资——C公司"科目的账面余额为零。

⑤ 2×19 年年末：

可恢复"长期股权投资——C公司"科目账面价值＝200 000×40％－58 000＝22 000（元）

借：长期股权投资——C公司（损益调整）　　　　　　　　　　22 000
　　贷：投资收益　　　　　　　　　　　　　　　　　　　　　　　22 000

需要注意的是，投资企业在确认应享有被投资单位净损益的份额时，应当以取得投资时被投资单位各项可辨认资产等的公允价值为基础，对被投资单位的净利润进行调整后确认。

（3）投资企业对于被投资单位其他综合收益的变动，应当调整长期股权投资的账面价值并调整其他综合收益。

在持股比例不变的情况下，对于被投资单位其他综合收益的变动，投资企业按持股比例计算应享有的份额，借记或贷记"长期股权投资（其他综合收益）"科目，贷记或借记"其他综合收益"科目。

【例 6-10】　甲公司持有 C 公司 40％的股权，当期 C 公司其他综合收益增加 2 000 000元。则甲公司应编制会计分录如下：

借：长期股权投资——C公司（其他综合收益）　　　　　　　　800 000
　　贷：其他综合收益　　　　　　　　　　　　　　　　　　　　　800 000

（4）被投资单位除净损益、其他综合收益以及利润分配以外的所有者权益的其他变动，包括被投资单位接受其他股东的资本性投入、其他股东对被投资单位增资导致投资方持股比例变动等，投资企业应按所持股权比例计算应享有的份额，调整长期股权投资的账面价值，同时计入资本公积（其他资本公积），并在备查簿中予以登记。投资企业在后续处置股权投资但对剩余股权仍采用权益法核算时，应按处置比例将这部分资本公积转入当期投资收益；对剩余股权终止权益法核算时，将这部分资本公积全部转入当期投资收益。

三、长期股权投资的处置

处置长期股权投资，一般情况下，其账面价值与实际取得价款的差额，应确认为处置损益。

投资企业全部处置权益法核算的长期股权投资时，原权益法核算的相关其他综合收益应当在终止采用权益法核算时采用与被投资单位直接处置相关资产或负债相同的基础进行会计处理，因被投资单位除净损益、其他综合收益和利润分配以外的其他所有者权益变动而确认的所有者权益,应当在终止采用权益法核算时全部转入当期投资收益。

部分处置某项长期股权投资时,剩余股权仍采用权益法核算的,原权益法核算的其他综合收益应当采用与被投资单位直接处置相关资产或负债相同的基础处理并按比例结转,因被投资单位除净损益、其他综合收益和利润分配以外的其他所有者权益变动而确认的所有者权益,应当按比例结转入当期投资收益。

处置长期股权投资时,应按实际收到的金额,借记"银行存款"科目,按其账面余额,贷记"长期股权投资"科目,按尚未领取的现金股利或利润,贷记"应收股利"科目,按其差额,贷记或借记"投资收益"科目。已计提减值准备的,还应同时结转减值准备。

采用权益法核算长期股权投资的处置,除上述规定外,还应结转原计入其他综合收益、资本公积的相关金额,借记或贷记"其他综合收益""资本公积——其他资本公积"科目,贷记或借记"投资收益"科目。

四、长期股权投资的减值

长期股权投资的减值,是指长期股权投资的可收回金额低于其账面价值。企业在资产负债表日应当判断长期股权投资是否存在可能发生减值的迹象。如果长期股权投资存在减值迹象的,应当进行减值测试,估计长期股权投资的可收回金额。可收回金额低于账面价值的,应当按照可收回金额低于账面价值的金额,计提减值准备。长期股权投资可收回金额的估计,应当根据其公允价值减去处置费用后的净额与长期股权投资预计未来现金流量的现值两者之间的较高者确定。

企业在对长期股权投资进行了减值测试并计算了长期股权投资的可收回金额后,如果长期股权投资的可收回金额低于其账面价值的,应当将长期股权投资的账面价值减记至可收回金额,减记的金额确认为资产减值损失,计入当期损益,同时计提相应的长期股权投资减值准备。

长期股权投资减值损失一经确认,在以后会计期间不得转回。

本 章 小 结

长期股权投资是指企业持有的长期权益性投资。长期股权投资在范围上主要包括三个方面:一是对子公司投资,即企业能够对被投资单位实施控制的权益性投资;二是对合营企业投资,即企业与其他合营方共同对被投资单位实施控制的权益性投资;三是对联营企业投资,即企业对被投资单位具有重大影响的权益性投资。

长期股权投资在取得时,应按初始投资成本计量。长期股权投资的初始投资成本,应分别企业合并和非企业合并两种情况确定。

长期股权投资应当分别不同情况采用成本法或权益法进行后续计量。

成本法是指长期股权投资按成本计价的方法。长期股权投资成本法的核算范围适用于投资企业能够对被投资单位实施控制的长期股权投资。

在成本法下,被投资单位宣告分派的现金股利或利润,确认为当期投资收益。

权益法是指投资最初以投资成本计价,以后根据投资企业享有被投资单位所有者权益份额的变动对投资的账面价值进行调整的方法。投资企业对被投资单位具有共同控制或重大影响的长期股权投资,应当采用权益法核算。

在权益法下,长期股权投资的初始投资成本大于投资时应享有被投资单位可辨认净资产公允价值份额的,不调整长期股权投资的初始投资成本;长期股权投资的初始投资成本小于投资时应享有被投资单位可辨认净资产公允价值份额的,其差额应当计入当期损益,同时调整长期股权投资的成本。

投资企业取得长期股权投资后,应当按照应享有或应分担的被投资单位实现的净损益的份额,确认投资损益并调整长期股权投资的账面价值。投资企业按照被投资单位宣告分派的利润或现金股利计算应分得的部分,相应减少长期股权投资的账面价值。

投资企业对于被投资单位其他综合收益的变动,应当调整长期股权投资的账面价值并调整其他综合收益。

投资企业对于被投资单位除净损益、其他综合收益及利润分配以外的所有者权益的其他变动,应当调整长期股权投资的账面价值并计入所有者权益。

企业在资产负债表日应当判断长期股权投资是否存在可能发生减值的迹象。如果长期股权投资存在减值迹象的,应当进行减值测试,估计长期股权投资的可收回金额。如果长期股权投资的可收回金额低于其账面价值的,应当将长期股权投资的账面价值减记至可收回金额,减记的金额确认为资产减值损失,计入当期损益,同时计提相应的长期股权投资减值准备。长期股权投资减值损失一经确认,在以后会计期间不得转回。

复习思考题

1. 长期股权投资的核算范围包括哪些?
2. 长期股权投资的初始投资成本应如何确定?
3. 什么是成本法和权益法? 其核算范围分别是哪些? 如何进行核算?

练 习 题

资料 A公司发生如下相关经济业务:

(1) 2×19年5月1日,购入同一集团内的B公司100%的股权,实际支付价款1 200万元(其中含有B公司已宣告发放但尚未支取的现金股利200万元),实现同一控制下的企业合并。合并日B公司股东权益总额为980万元。A公司当日的资本公积(股本溢价)总额为50万元。

(2) 2×19年6月18日,取得同一集团内C公司60%的股权,为进行该项合并,A公司发行了200万股普通股(每股面值1元)作为对价。合并日C公司的股东权益总额为400万元。

(3) 2×19年6月25日,取得了D公司100%的股权。合并中,A公司支付的有关资产,在购买日的账面价值与公允价值如表6-2所示。合并中,A公司支付了咨询费等费用10万元。假设合并前A公司和D公司不存在任何关联关系。假设不考虑相关税费。

表 6-2　　　　　A 公司支付资产账面价值和公允价值对比表　　　　　单位：万元

项目	账面价值	公允价值
银行存款	60	60
商标权	68（其中，原价 78 万元，累计摊销 10 万元）	90
原材料	100	120
合计	228	270

(4) 2×18 年 1 月 1 日，购入 E 公司有表决权的股票 55%，对 E 公司具有控制权，实际投资成本为 124 万元。E 公司于 2×18 年 3 月 25 日宣告分派上年度的现金股利 200 万元。E 公司 2×18 年度实现净利 500 万元；2×19 年 4 月 10 日宣告分派现金股利 300 万元。

(5) 2×18 年 1 月 1 日，向 F 公司投资，实际支付 400 万元，享有 30% 的股份，具有重大影响。当日 F 公司所有者权益账面价值为 1 200 万元，公允价值为 1 500 万元；2×18 年 F 公司全年实现净利润 400 万元；2×19 年 4 月 23 日，F 公司宣告发放现金股利 150 万元，该股利于 5 月 21 日收到，存入银行；2×19 年 6 月 30 日，F 公司其他综合收益增加 20 万元；2×19 年 F 公司全年净亏损 100 万元。假设 F 公司每年的净利或亏损均为按投资时被投资单位公允价值调整后的金额。

要求　根据上述资料编制相关会计分录。

第七章

固定资产

学习目的与要求 学生通过本章的学习,掌握固定资产的概念和确认条件;掌握固定资产的计量和不同途径取得固定资产的价值构成以及账务处理;掌握固定资产折旧的计提范围及计提方法;熟悉固定资产出售、报废、亏损、盘盈和盘亏的账务处理;了解固定资产出租、后续支出的有关问题。

本章关键词 固定资产;折旧;固定资产清理

第一节 固定资产概述

一、固定资产的概念

固定资产是指同时具有下列特征的有形资产:
(1) 为生产商品、提供劳务、出租或经营管理而持有的。
(2) 使用寿命超过一个会计年度。

上述两个特征表明,会计上将某一有形资产作为固定资产,其持有目的是企业为了生产商品、提供劳务、出租或经营管理,其中,"出租"不包括作为投资性房地产核算的以经营租赁方式租出的建筑物;同时,其必须具有一定耐用性,使用寿命要超过一个会计年度。固定资产的使用寿命,是指企业使用固定资产的预计期间,或者该固定资产所能生产或提供劳务的数量。

由于企业的经营内容、经营规模等各不相同,固定资产的价值并无绝对标准,各企业应根据上述规定的固定资产的标准,结合本企业的具体情况加以确定。

二、固定资产的确认

(一) 固定资产的确认条件

一项资产如要作为固定资产加以确认,首先需要符合固定资产的定义,其次要符合固定资产的确认条件,即与该固定资产有关的经济利益很可能流入企业,同时,该固定资产的成本能够可靠地计量。

1. 与该固定资产有关的经济利益很可能流入企业

企业在确认固定资产时,需要判断与该项固定资产有关的经济利益是否很可能流入企业。实务中,主要通过判断与该固定资产所有权相关的风险和报酬是否转移到了企业来确定。

通常情况下，取得固定资产的所有权是判断与固定资产所有权相关的风险和报酬转移到企业的一个重要标志。凡是所有权已属于企业，无论企业是否收到或拥有该固定资产，均可作为企业的固定资产；反之，如果没有取得所有权，即使存放在企业，也不能作为企业的固定资产。但是，所有权是否转移，不是判断的唯一标准。在有些情况下，某项固定资产的所有权虽然不属于企业，但是，企业能够控制与该项固定资产有关的经济利益流入企业，在这种情况下，企业应将该项固定资产予以确认。例如，融资租入的固定资产，企业虽然不拥有该固定资产的所有权，但企业能够控制与该固定资产有关的经济利益流入企业，与该固定资产所有权相关的风险和报酬实质上已转移到了企业，因此，符合固定资产确认的第一个条件。

2. 该固定资产的成本能够可靠地计量

成本能够可靠地计量是资产确认的一项基本条件，要确认固定资产，企业取得该固定资产所发生的支出必须能够可靠地计量。企业在确定固定资产成本时，有时需要根据所获得的最新资料进行合理的估计。如果企业能够合理地估计出固定资产的成本，则视为固定资产的成本能够可靠地计量。例如，对于已达到预定可使用状态的固定资产，在尚未办理竣工决算前，企业需要根据工程决算、工程造价或者工程实际发生的成本等资料，按暂估价值确定固定资产的成本，待办理了竣工决算手续后再作调整。

（二）固定资产确认条件的具体运用

对于企业的环保设备和安全设备等资产，虽然不能为企业带来经济利益，却有助于企业从相关资产获得经济利益，也应当确认为固定资产。例如，为净化环境或者满足国家排污标准的需要购置的环保设备，这些设备的使用虽然不会为企业带来直接的经济利益，但却有助于企业提高对废水、废气、废渣的处理能力，有利于净化环境，企业为此将减少未来由于环境污染而支付的环境治理费或者罚款，因此，企业应将这些设备确认为固定资产。

固定资产的各组成部分，由于具有不同使用寿命或者以不同方式为企业提供经济利益，因此，适用不同折旧率或折旧方法的，表明这些组成部分实际上是以独立的方式为企业提供经济利益，因此，企业应当将各组成部分确认为单项固定资产。例如，飞机的引擎，如果其与飞机机身具有不同的使用寿命，适用不同折旧率或折旧方法，则企业应当将其确认为一项固定资产。

工业企业所持有的工具、用具、备品备件、维修设备等资产，施工企业持有的模板、挡板、架料等周转材料，以及地质勘探企业所持有的管材等资产，尽管该类资产具有固定资产的某些特征，如使用期限超过1年，也能够带来经济利益，但由于数量多、单价低，考虑到成本效益原则，在实务中通常确认为存货。但符合固定资产确认条件的，如企业（民用航空运输）的高价周转件等，应当确认为固定资产。

三、固定资产的计量

固定资产的计量包括初始计量和后续计量。固定资产的初始计量是指固定资产取得时入账价值的确定；固定资产的后续计量是指对固定资产的使用寿命、预计净残值、各期折旧额以及减值的确定。

固定资产应当按照成本进行初始计量，已入账的固定资产成本又称为固定资产原值。

由于企业取得固定资产的途径和方法不同,其成本的确定也有所差异。

1. 外购固定资产

其成本包括买价、进口关税等相关税费,以及为使固定资产达到预定可使用状态前所发生的可直接归属于该资产的其他支出,如场地整理费、运输费、装卸费、安装费和专业人员服务费等。

购买固定资产的价款超过正常信用条件延期支付,实质上具有融资性质的,固定资产的成本以购买价款的现值为基础确定。实际支付的价款与购买价款的现值之间的差额,应当在信用期间内采用实际利率法进行摊销,摊销金额除满足借款费用资本化条件部分应当计入固定资产成本外,均应当在信用期间内确认为财务费用,计入当期损益。

如果以一笔款项购入多项没有单独标价的固定资产,按各项固定资产公允价值的比例对总成本进行分配,分别确定各项固定资产的入账价值。

2. 自行建造的固定资产

按建造该项资产达到预定可使用状态前所发生的必要支出,作为入账价值。

3. 融资租入的固定资产

其入账价值按《企业会计准则第 21 号——租赁》的规定确定。

4. 非货币性资产交换中取得的固定资产

其入账价值按《企业会计准则第 7 号——非货币性资产交换》的规定确定。

5. 投资者投入的固定资产

按投资合同或协议各方确认的价值,作为入账价值。投资合同或协议确认的价值不公允的除外。

6. 债务重组中取得的固定资产

其入账价值按《企业会计准则第 12 号——债务重组》的规定确定。

7. 接受捐赠的固定资产

按以下规定确定其入账价值:

(1) 捐赠方提供了有关凭据的,按凭据上标明的金额加上应当支付的相关税费,作为入账价值。

(2) 捐赠方没有提供有关凭据的,按以下顺序确定其入账价值:①同类或类似固定资产存在活跃市场的,按同类或类似固定资产的市场价格估计的金额,加上应当支付的相关税费,作为入账价值;②同类或类似固定资产不存在活跃市场的,按接受捐赠的固定资产的预计未来现金流量现值,作为入账价值。

(3) 如接受捐赠的系旧的固定资产,按依据上述方法确定的新固定资产价值,减去按该项资产的新旧程度估计的价值损耗后的余额,作为入账价值。

8. 盘盈的固定资产

按以下规定确定其入账价值:

(1) 同类或类似固定资产存在活跃市场的,按同类或类似固定资产的市场价格,减去按该项资产的新旧程度估计的价值损耗后的余额,作为入账价值。

(2) 同类或类似固定资产不存在活跃市场的,按该项固定资产的预计未来现金流量现值,作为入账价值。

四、固定资产的分类

企业的固定资产种类繁多,规格不一,为加强管理,便于组织会计核算,企业有必要对固定资产进行合理的分类。根据不同的管理需要和核算要求以及不同的分类标准,可以对固定资产进行不同的分类,常见的固定资产分类方法有以下几种。

(一) 按固定资产经济用途分类

(1) 生产经营用固定资产是指直接服务于企业生产经营过程的各种固定资产。

(2) 非生产经营用固定资产是指不直接服务于生产经营过程的各种固定资产。

(二) 按固定资产使用情况分类

(1) 使用中固定资产是指正在使用中的生产经营和非生产经营用固定资产。由于季节性经营或大修理等原因,暂时停止使用的固定资产仍属于使用中的固定资产;企业出租(指经营性租赁)给其他单位使用的固定资产和内部替换使用的固定资产也属于使用中固定资产。

(2) 未使用固定资产是指已完工或已购建的尚未交付使用的新增固定资产以及因进行改扩建等原因暂停使用的固定资产。

(3) 不需用固定资产是指本企业多余或不适用,需要调配处理的固定资产。

(三) 综合分类

按固定资产的经济用途和使用情况等综合分类,可把企业的固定资产分为七大类:①生产经营用固定资产;②非生产经营用固定资产;③租出固定资产;④未使用固定资产;⑤不需用固定资产;⑥融资租入固定资产;⑦土地。

第二节 固定资产取得的核算

为了核算企业持有的固定资产原价,企业应设置"固定资产"科目。该科目借方登记固定资产原价的增加额,贷方登记固定资产原价的减少额,期末借方余额反映企业固定资产的账面原价。

为了反映固定资产的具体情况,企业应通过设置"固定资产登记簿"和"固定资产卡片"等,对固定资产按类别或项目进行明细核算。企业融资租入的固定资产,应在"固定资产"科目下设置"融资租入固定资产"明细科目进行核算。

企业固定资产取得的方式,主要有外购、自行建造、投资者投入、非货币性资产交换换入、债务重组取得、企业合并取得、融资租入取得等。不同来源方式取得的固定资产,其账务处理方法也不尽相同。

一、外购的固定资产

(一) 购入不需安装的固定资产

这种情况是指企业购入的固定资产不需要安装就可以直接交付使用。这类固定资产只需将购入时实际支付的买价、运输费、装卸费、保险费及所缴纳的应计入成本的税费等,作为固定资产原值入账,借记"固定资产"科目,按照实际支出的款项,贷记"银行存款"等科目。若企业为增值税一般纳税人,则企业购进固定资产的进项税额不纳入固定资产成本核算,可以在销项税额中抵扣,根据增值税专用发票上注明的可以抵扣的增值税额,借记"应交税费——应交增值税(进项税额)"科目,贷记"银行存款"等科目。

【例7-1】 2×19年2月19日,甲公司购入一台不需安装就可投入使用的设备,取得的增值税专用发票上注明的设备价款为500 000元,增值税额为65 000元,支付装卸费取得的增值税专用发票上注明装卸费为5 000元,增值税额为300元,所有款项以银行存款转账支付。假定不考虑其他相关税费。甲公司编制会计分录如下:

借:固定资产　　　　　　　　　　　　　　　　　　　　505 000
　　应交税费——应交增值税(进项税额)　　　　　　　 65 300
　　贷:银行存款　　　　　　　　　　　　　　　　　　570 300

(二)购入需要安装的固定资产

这种情况是指购入的固定资产需要经过安装以后才能交付使用。企业购入固定资产支付的买价、包装费、运输费以及发生的安装费等均应通过"在建工程"科目转入"固定资产"科目。企业购入固定资产时,按实际支付的款项,借记"在建工程"等科目,贷记"银行存款"等科目;发生的安装费等,借记"在建工程"科目,贷记"银行存款"等科目,安装完成达到预定可使用状态时,按其实际成本作为固定资产的原始价值转账,借记"固定资产"科目,贷记"在建工程"科目。

【例7-2】 2×19年5月13日,乙公司购入一台需要安装的机器设备,取得的增值税专用发票上注明的设备价款为130 000元,增值税额为16 900元;运费增值税专用发票注明的运输费为5 000元,增值税额为450元;款项均已通过银行支付。安装设备时,领用原材料一批,价值12 100元;支付安装工人的工资为5 600元。假定不考虑其他相关税费。

(1)支付设备价款、增值税、运输费合计为152 350元,应编制会计分录如下:

借:在建工程　　　　　　　　　　　　　　　　　　　　135 000
　　应交税费——应交增值税(进项税额)　　　　　　　 17 350
　　贷:银行存款　　　　　　　　　　　　　　　　　　152 350

(2)领用本公司原材料、发生安装工人工资等费用合计为17 700元,应编制会计分录如下:

借:在建工程　　　　　　　　　　　　　　　　　　　　 17 700
　　贷:原材料　　　　　　　　　　　　　　　　　　　 12 100
　　　　应付职工薪酬　　　　　　　　　　　　　　　　 5 600

(3)设备安装完毕达到预定可使用状态,应编制会计分录如下:

借:固定资产　　　　　　　　　　　　　　　　　　　　152 700
　　贷:在建工程　　　　　　　　　　　　　　　　　　152 700

(三)外购固定资产的特殊考虑

企业基于产品价格等因素的考虑,可能以一笔款项购入多项没有单独标价的固定资产。

如果这些资产均符合固定资产的定义,并满足固定资产的确认条件,则应将各项资产单独确认为固定资产,并按各项固定资产公允价值的比例对总成本进行分配,分别确定各项固定资产的入账价值。如果以一笔款项购入的多项资产中还包括固定资产以外的其他资产,也应按类似的方法予以处理。

【例7-3】 甲公司为一家制造企业。2×19年7月5日,为降低采购成本,向乙公司一次购进了3套不同型号且具有不同生产能力的设备A、B和C。甲公司为该批设备共支付货款9 360 000元,增值税额1 216 800元,装卸费50 400元,增值税额3 024元;全部以银行存款支付;假定设备A、B和C均满足固定资产的定义及其确认条件,公允价值分别为3 511 200元、4 313 760元和2 207 040元;不考虑其他相关税费。

(1) 确认应计入固定资产成本的金额,包括买价、装卸费等,即:

$$9\ 360\ 000 + 50\ 400 = 9\ 410\ 400(元)$$

(2) 确定设备A、B和C的价值分配比例。

A设备应分配的固定资产价值分配比例 = 3 511 200 ÷ (3 511 200 + 4 313 760 + 2 207 040) × 100% = 35%
B设备应分配的固定资产价值分配比例 = 4 313 760 ÷ (3 511 200 + 4 313 760 + 2 207 040) × 100% = 43%
C设备应分配的固定资产价值分配比例 = 2 207 040 ÷ (3 511 200 + 4 313 760 + 2 207 040) × 100% = 22%

(3) 确定应分配的固定资产价值比例为:

$$A设备入账价值 = 9\ 410\ 400 × 35\% = 3\ 293\ 640(元)$$
$$B设备入账价值 = 9\ 410\ 400 × 43\% = 4\ 046\ 472(元)$$
$$C设备入账价值 = 9\ 410\ 400 × 22\% = 2\ 070\ 288(元)$$

(4) 编制会计分录如下:

借:固定资产——A设备	3 293 640	
——B设备	4 046 472	
——C设备	2 070 288	
应交税费——应交增值税(进项税额)	1 219 824	
贷:银行存款		10 630 224

二、自行建造的固定资产

自行建造固定资产是指企业为了新建、改建、扩建固定资产或者对固定资产进行技术改造、设备更新而由企业自行建造的固定资产。自行建造的固定资产,其成本由建造该项资产达到预定可使用状态前所发生的必要支出构成,包括工程用物资成本、人工成本、应予以资本化的固定资产借款费用、交纳的相关税费以及应分摊的其他间接费用等。企业为建造固定资产,通过出让方式取得土地使用权而支付的土地出让金不计入在建工程成本,应确认为无形资产(土地使用权)。

企业自行建造固定资产包括自营建造和出包建造两种方式。

(一) 自营方式建造固定资产

自营方式建造固定资产是指企业自行组织工程物资采购、自行组织施工人员从事工程施工完成固定资产建造,其成本应当按照实际发生的材料、人工、机械施工费等计量。

企业为建造固定资产准备的各种物资,包括工程用材料、尚未安装的设备以及为生产准备的工器具等,通过"工程物资"科目进行核算。工程物资应当按照实际支付的买价、运输费、保险费等相关税费作为实际成本,并按照各种物资的种类作为明细核算。工程完工后,剩余的工程物资转为本企业存货的,按其实际成本或计划成本进行结转。盘盈、盘亏、报废、毁损的工程物资,减去残料价值以及保险公司、过失人等赔款后的差额,计入当期损益。

建造固定资产领用工程物资、原材料或库存商品,应按其实际成本转入所建工程成本。自营方式建造固定资产应负担的职工薪酬、辅助生产部门为之提供的水、电、修理、运输等劳务,以及其他必要支出等也应计入所建工程项目的成本。

所建造的固定资产已达到预定可使用状态,但尚未办理竣工决算的,应当自达到预定可使用状态之日起,根据工程预算、造价或者工程实际成本等,按暂估价值转入固定资产成本,并按有关计提固定资产折旧的规定,计提固定资产折旧。待办理竣工决算手续后再调整原来的暂估价值,但不需要调整原已计提的折旧额。

【例 7-4】 2×19 年 1 月,丙公司准备自行建造一栋厂房,为此购入工程物资一批,价款为 300 000 元,增值税额为 39 000 元,款项以银行存款支付。1~6 月,工程先后领用工程物资 280 000 元;剩余工程物资在工程完工后全部转为该公司的存货;领用生产用原材料一批,价值为 48 000 元;辅助生产车间为工程提供有关劳务支出为 52 500 元;计提工程人员薪酬为 98 700 元;6 月底,工程达到预定可使用状态并交付使用。假定不考虑其他相关税费。丙公司编制会计分录如下:

(1) 购入为工程准备的物资时:

借:工程物资 300 000
　　应交税费——应交增值税(进项税额) 39 000
　　贷:银行存款 339 000

(2) 工程领用物资时:

借:在建工程——厂房 280 000
　　贷:工程物资 280 000

(3) 工程领用原材料时:

借:在建工程——厂房 48 000
　　贷:原材料 48 000

(4) 辅助生产车间为工程提供劳务支出时:

借:在建工程——厂房 52 500
　　贷:生产成本——辅助生产成本 52 500

(5) 计提工程人员工资时:

借:在建工程——厂房 98 700
　　贷:应付职工薪酬 98 700

(6) 6 月底,工程达到预定可使用状态并交付使用时:

借：固定资产——厂房　　　　　　　　　　　　　　　　　　　　　　　479 200
　　贷：在建工程——厂房　　　　　　　　　　　　　　　　　　　　　　　479 200

(7) 剩余工程物资转作存货时：

借：原材料　　　　　　　　　　　　　　　　　　　　　　　　　　　　20 000
　　贷：工程物资　　　　　　　　　　　　　　　　　　　　　　　　　　20 000

(二) 出包方式建造固定资产

出包方式建造固定资产，企业要与建造承包商签订建造合同。企业的新建、改建、扩建等建造项目，通常均采用出包方式。

企业通过出包方式建造的固定资产，应按照支付的工程价款等计量，其工程的具体支出在承包单位核算，此时，"在建工程"科目实际成为企业与承包单位的结算科目，企业将与承包单位结算的工程价款作为工程成本，通过"在建工程"科目核算。企业按合同规定支付工程价款时，借记"在建工程"科目，贷记"银行存款"科目。工程达到预定可使用状态交付使用时，借记"固定资产"科目，贷记"在建工程"科目。

【例 7-5】 2×19 年 1 月 12 日，甲公司与乙公司签订合同，将一幢新建厂房工程出包给乙公司承建。双方约定，建造厂房的价款为 750 000 元。同日，甲公司向乙公司预付工程备料款 500 000 元，以银行存款转账支付；2×19 年 7 月 20 日，工程达到预定可使用状态后，乙公司开具的增值税专用发票上注明的价款为 750 000 元，增值税额为 67 500 元，甲公司补付剩余工程款，以银行存款转账支付。甲公司编制会计分录如下：

(1) 2×19 年 1 月 12 日，甲公司预付工程备料款 500 000 元时：

借：预付账款　　　　　　　　　　　　　　　　　　　　　　　　　　500 000
　　贷：银行存款　　　　　　　　　　　　　　　　　　　　　　　　　500 000

(2) 2×19 年 7 月 20 日，甲公司结算工程款并补付剩余工程款 250 000 元及增值税额 67 500 元时：

借：在建工程　　　　　　　　　　　　　　　　　　　　　　　　　　750 000
　　应交税费——应交增值税（进项税额）　　　　　　　　　　　　　　67 500
　　贷：预付账款　　　　　　　　　　　　　　　　　　　　　　　　　500 000
　　　　银行存款　　　　　　　　　　　　　　　　　　　　　　　　　317 500

(3) 工程达到预定可使用状态，结转固定资产时：

借：固定资产　　　　　　　　　　　　　　　　　　　　　　　　　　750 000
　　贷：在建工程　　　　　　　　　　　　　　　　　　　　　　　　　750 000

三、投资者投入的固定资产

投资者投入的固定资产，应在办理了固定资产移交手续之后，按投资合同或协议约定的价值作为入账价值。

【例 7-6】 2×19 年 6 月 15 日，甲股份有限公司接受乙公司以一台设备进行投资。投资合同约定的价值为 3 500 000 元（公允），占甲股份有限公司注册资本的 18%，接受投资后甲股份有限公司的注册资本为 20 000 000 元。甲股份有限公司、乙公司均为增值税一般纳税人,适用增值税税率 13%,假定不考虑增值税以外的其他相关税费。甲股份有限公司编制会计分录如下:

借:固定资产	3 500 000
应交税费——应交增值税(进项税额)	455 000
贷:股本——乙公司	3 600 000
资本公积——股本溢价	355 000

四、接受捐赠的固定资产

企业接受捐赠的固定资产,按照确定的价值,借记"固定资产"科目和"应交税费——应交增值税(进项税额)"科目,贷记"营业外收入——捐赠利得"等科目。

【例 7-7】 2×19 年 6 月 8 日,甲公司接受乙公司捐赠的一台八成新机器设备,乙公司没有提供购买这台设备的有关发票等凭证,根据同类资产市场价确定该设备原价为 104 160 元。甲公司为使设备达到预定可使用状态发生安装费 3 000 元,以银行存款支付。假定不考虑相关税费。甲公司编制会计分录如下:

借:固定资产	107 160
贷:营业外收入——捐赠利得	104 160
银行存款	3 000

第三节　固定资产折旧的核算

一、固定资产折旧概述

(一)固定资产折旧的性质

企业的固定资产可以长期参加生产经营而仍保持其原有的实物形态,但其价值将随着固定资产的使用而逐渐转移到生产的产品成本中,或构成了企业的费用。固定资产折旧是指固定资产由于损耗而减少的价值。固定资产的损耗分为有形损耗和无形损耗两种。固定资产的有形损耗是指固定资产在使用过程中由于使用和自然力的影响而引起的使用价值和价值上的损耗;固定资产的无形损耗是指由于科学技术进步、劳动生产率的提高而使原有固定资产再使用已不经济或其生产出的产品已失去竞争力而引起的价值损失。

从本质上讲,折旧也是一种费用,只不过这一费用没有在计提期间付出实实在在的货币资金,属于非付现费用。不提折旧或不正确地计提折旧,都将对企业计算产品成本(或营业成本)、计算损益产生错误影响,所以,正确地计提折旧很有必要。

(二)影响固定资产折旧的基本因素

影响固定资产折旧的基本因素主要有以下几方面。

1. 固定资产原价

计算固定资产折旧的基数一般为取得固定资产的原始成本,即固定资产的账面原值。企业在具体计提折旧时,一般应以月初应计折旧的固定资产账面原价为依据,当月增加的固定资产,当月不提折旧;当月减少的固定资产,当月照提折旧,从下月起停止计提折旧。

2. 固定资产的净残值

固定资产的净残值是指预计的固定资产报废时可以收回的残余价值扣除预计清理费用后的数额。由于在计算折旧时,对固定资产的残余价值和清理费用只能人为估计,就不可避免地存在主观性,为了避免人为调整净残值的数额从而调整折旧额,所得税暂行条例及其实施细则规定,固定资产的净残值比例在其原价的5%以内,由企业自行确定;由于情况特殊,需要调整净残值比例的,应报主管财税机关备案。

3. 固定资产减值准备

固定资产减值准备是指固定资产已计提的减值准备累计金额。

4. 固定资产的使用寿命

固定资产的使用寿命是指企业使用固定资产的预计期间,或者该固定资产所能生产产品或提供劳务的数量。企业确定固定资产使用寿命时,应当考虑下列因素:该项资产预计生产能力或实物数量;该项资产预计有形损耗,如设备使用中发生磨损、房屋建筑物受到自然侵蚀等;该项资产预计无形损耗,如因新技术的出现而使现有的资产技术水平相对陈旧、市场需求变化使产品过时等;法律或者类似规定对该项资产使用的限制。

企业应当根据固定资产的性质和消耗方式,合理确定固定资产的预计使用寿命和预计净残值,并根据科技发展、环境及其他因素,选择合理的固定资产折旧方法,按照管理权限,经股东大会或董事会,或经理(厂长)会议或类似机构批准,作为计提折旧的依据。

(三) 固定资产折旧的计提范围

按照规定,除以下情况外,企业应对所有固定资产计提折旧:

(1) 已提足折旧仍继续使用的固定资产。

(2) 按规定单独估价作为固定资产入账的土地。

具体来讲,应计提折旧的固定资产包括:

(1) 房屋和建筑物。

(2) 机器设备、仪器仪表、运输工具。

(3) 以经营租赁方式租出的固定资产。

(4) 以融资租赁方式租入的固定资产。

对于上述第(1)第(2)类固定资产,无论是否使用,都会发生有形损耗或无形损耗,故都应计提折旧。对于上述第(3)类固定资产,因所有权仍属于出租方,其原始价值仍在出租方计提折旧的固定资产账面中反映,故应属计提折旧的范围。对于上述第(4)类固定资产,虽然从其法律形式上看,承租方未取得该项资产的所有权,但从交易的实质内容看,租赁资产上的一切风险和报酬都已转移给承租方,根据实质重于形式的原则,该类资产作为承租方的资产计价入账,故应属计提折旧的范围。

在确定固定资产折旧范围时,还应注意:

(1) 固定资产提足折旧后,不管能否继续使用,均不再计提折旧,提前报废的固定资产,也不再补提折旧。提足折旧是指已经提足该项固定资产的应计折旧额。应计折旧额是指应当计提折旧的固定资产原价减去预计净残值后的金额,已计提减值准备的固定资产,还应当扣除已计提的固定资产减值准备累计金额。

(2) 处于更新改造过程中停止使用的固定资产,应将其账面价值转入在建工程,不再计提折旧。更新改造项目达到预定可使用状态转为固定资产后,再按照重新确定的使用寿命、预计净残值和折旧方法继续计提折旧。

(3) 已达到预定可使用状态但尚未办理竣工决算的固定资产,应当按照估计价值确定其成本,并计提折旧;待办理竣工决算后,再按实际成本调整原来的暂估价值,但不需要调整原已计提的折旧额。

企业至少应当于每年年度终了,对固定资产的使用寿命、预计净残值和折旧方法进行复核。使用寿命预计数与原先估计数有差异的,应当调整预计净残值。与固定资产有关的经济利益预期实现方式有重大改变的,应当改变固定资产折旧方法。固定资产使用寿命、预计净残值和折旧方法的改变应当作为会计估计变更进行会计处理。

二、固定资产折旧的方法

企业可选用的折旧方法包括年限平均法、工作量法、双倍余额递减法和年数总和法等。由于固定资产折旧方法的选用直接影响到企业成本、费用的计算,所以折旧的计提也会影响到当期的收入和纳税。企业应根据具体情况确定所使用的方法,且一经选用不得随意变动。

(一) 年限平均法

年限平均法又称直线法,是指将固定资产的折旧均衡地分摊到各期的一种方法。采用这种方法计算的每期折旧额均是相等的。其计算公式如下:

年折旧额 =(固定资产原值 − 预计净残值)÷ 固定资产预计使用年限

或

= [固定资产原值 ×(1 − 预计净残值率)]÷ 固定资产预计使用年限

月折旧额 = 固定资产年折旧额 ÷ 12

【例 7-8】 某机械厂购入数控车床一台,入账价值 200 000 元,预计使用 10 年,预计净残值 8 000 元。按年限平均法计提折旧,则该资产年折旧额、月折旧额计算如下:

年折旧额 =(200 000 − 8 000)÷ 10 = 19 200(元)

月折旧额 = 19 200 ÷ 12 = 1 600(元)

在实际工作中,为了反映固定资产折旧水平和便于固定资产折旧额的计算,通常还需要计算固定资产的折旧率。固定资产的折旧率可分为个别折旧率、分类折旧率和综合折旧率三种。以个别折旧率为例,计算公式为:

某项固定资产年折旧率 =(1 − 预计净残值率)÷ 预计使用寿命(年)× 100%

某项固定资产月折旧率 = 该项固定资产年折旧率 ÷ 12

某项固定资产月折旧额 = 该项固定资产原值 × 月折旧率

【例 7-9】 某企业有设备一台,原值 100 000 元,预计净残值率为 4%,预计使用 10 年,计算该项固定资产的年折旧率、年折旧额、月折旧率和月折旧额如下：

该项固定资产的年折旧率 = (1 - 4%) ÷ 10 × 100% = 9.6%
该项固定资产的年折旧额 = 100 000 × 9.6% = 9 600(元)
该项固定资产的月折旧率 = 9.6% ÷ 12 = 0.8%
该项固定资产的月折旧额 = 100 000 × 0.8% = 800(元)

由于年限平均法易于理解和简便易行，因此，得到广泛的应用。但它也有不足之处，即它主要考虑固定资产的寿命周期，而不重视使用情况，如若一台机器每天使用1小时与每天使用8小时，均按同样的标准计提折旧，显然不太合理。

（二）工作量法

工作量法是指根据实际工作量计提折旧额的一种方法。这种方法弥补了年限平均法只重使用时间，不考虑使用强度的缺点。其计算公式如下：

每一工作量折旧额 = [固定资产原价 × (1 - 预计净残值率)] ÷ 预计总工作量
某项固定资产月折旧额 = 该项固定资产当月工作量 × 每一工作量折旧额

【例7-10】某企业的一辆运货卡车的原价为78 000元，预计总行使里程为650 000千米，预计净残值率为5%，本月行使5 200千米。该辆汽车的月折旧额计算如下：

单位里程折旧额 = [78 000 × (1 - 5%)] ÷ 650 000 = 0.114(元/千米)
本月折旧额 = 5 200 × 0.114 = 592.8(元)

在工作量法下，固定资产单位工作量计提的折旧额是相等的，但在各个使用期限内计提的折旧额会因固定资产实际工作量不同而有所差异。该法主要适用于各个会计期间使用程度不均衡的固定资产。

（三）加速折旧法

加速折旧法也称快速折旧法或递减折旧法，是指在固定资产有效使用年限的前期多提折旧，后期则少提折旧，从而相对加快折旧的速度，以使固定资产成本在有效使用年限中加快得到补偿。加速折旧的计提方法有多种，常用的有以下两种。

1. 双倍余额递减法

双倍余额递减法是指在不考虑固定资产预计净残值的情况下，根据每期期初固定资产账面余额和双倍的直线法折旧率计算固定资产折旧的一种方法。其计算公式如下：

年折旧率 = 2 ÷ 预计的折旧年限 × 100%
年折旧额 = 年初固定资产账面净值 × 年折旧率

由于双倍余额递减法不考虑固定资产的净残值因素，因此，在应用这种方法时必须注意不能使固定资产的账面折余价值降低到它的预计净残值以下，因此，在固定资产的使用后期，如果发现使用双倍余额递减法计算的折旧额小于采用直线法计算的折旧额时，就应该改用直线法计提折旧。为了操作方便，实行双倍余额递减法计提折旧的固定资产，应当在其固定资产折旧年限到期以前2年内，将固定资产净值扣除预计净残值后的余额平均摊销。

【例7-11】某企业一项设备的原价为15 000元，预计使用年限为5年，预计净残值为300元。按双倍余额递减法计算折旧，每年的折旧额计算如表7-1所示。

表 7-1　　　　　　　　　　　　　　折旧计算表　　　　　　　　　　　　　　单位:元

年次	年初账面净值	折旧率	折旧额	累计折旧额	年末账面净值
1	15 000	40%	6 000	6 000	9 000
2	9 000	40%	3 600	9 600	5 400
3	5 400	40%	2 160	11 760	3 240
4	3 240	—	1 470	13 230	1 770
5	1 770	—	1 470	14 700	300

其中:年折旧率=2/5×100%=40%

到第四、第五年改用直线法:

折旧额=(3 240-300)÷2=1 470(元)

2. 年数总和法

年数总和法又称合计年限法,是指以固定资产的原值减去预计净残值后的净额为基数,以一个逐年递减的分数为折旧率,计算各年固定资产折旧额的一种方法。这种方法的特点是,计提折旧的基数是固定不变的,折旧率依据固定资产的使用年限来确定,且各年折旧率呈递减趋势,所以计算出的年折旧额也呈递减趋势。

计算时,折旧率的分子代表固定资产尚可使用的年数,分母代表使用年数的逐年数字总和。其计算公式如下:

$$年折旧率 = \frac{预计的使用年限 - 已使用年限}{年数总和} \times 100\%$$

年数总和 = 预计的折旧年限×(预计的折旧年限+1)÷2

月折旧率 = 年折旧率÷12

年折旧额 = (固定资产原值-预计净残值)×年折旧率

月折旧额 = (固定资产原值-预计净残值)×月折旧率

【例 7-12】 某企业购入设备一台,原值 72 000 元,预计净残值率为 5%,预计使用 5年,采用年数总和法计算固定资产折旧。

该项资产各年计提折旧的基数为 68 400 元[72 000×(1-5%)],年折旧率的分母计算为 15{[1+2+3+4+5]或[5×(1+5)÷2]},每年的折旧额计算,如表 7-2 所示。

表 7-2　　　　　　　　　　　　　　折旧计算表　　　　　　　　　　　　　　单位:元

年次	原值-净残值	折旧率	折旧额	累计折旧额	期末账面净值
1	68 400	5/15	22 800	22 800	49 200
2	68 400	4/15	18 240	41 040	30 960
3	68 400	3/15	13 680	54 720	17 280
4	68 400	2/15	9 120	63 840	8 160
5	68 400	1/15	4 560	68 400	3 600

三、固定资产折旧的账务处理

企业计提的固定资产折旧,应根据固定资产的使用地点和用途,计入有关成本费用。对于生产车间固定资产计提的折旧,借记"制造费用"科目;行政管理部门固定资产计提的折旧,借记"管理费用"科目;经营租赁租出固定资产计提的折旧,借记"其他业务成本"科目;销售部门固定资产计提的折旧,借记"销售费用"科目;同时,贷记"累计折旧"科目。

各月固定资产折旧额,可通过编制折旧计算表计算。在上月计提折旧的基础上,调整上月增减固定资产应计折旧额对本月折旧额的影响而确定本月折旧额。其计算公式如下:

$$\text{本月应提折旧额} = \text{上月计提折旧额} + \text{上月增加固定资产应计折旧额} - \text{上月减少固定资产应计折旧额}$$

固定资产折旧计算表可以由会计部门编制,也可以由各使用部门编制,最后由会计部门按固定资产服务的部门和单位进行汇总编制固定资产折旧计算汇总表,据以编制记账凭证。

【例 7-13】 某企业会计部门根据各使用部门编报的 2×19 年 3 月份固定资产折旧计算表,汇总编制的本公司折旧计算汇总表,如表 7-3 所示。

表 7-3 固定资产折旧计算汇总表 单位:元

使用部门		上月计提折旧额	上月增加固定资产应计折旧额	上月减少固定资产应计折旧额	本月应计提折旧额
生产车间	生产用	248 400	6 000	2 400	252 000
	管理用	27 600	4 800		32 400
	合计	276 000	10 800	2 400	284 400
行政管理部门		54 000		3 600	50 400
出 租		6 000			6 000
总 计		336 000	10 800	6 000	340 800

根据表 7-3,应编制会计分录如下:

借:制造费用	284 400
管理费用	50 400
其他业务成本	6 000
贷:累计折旧	340 800

第四节　固定资产后续支出的核算

企业的固定资产投入使用后,为了适应新技术发展的需要,或者为了维护或提高固定资产的使用效能,往往需要对现有固定资产进行维护、改建、扩建或者改良。固定资产后续支出是指固定资产在使用过程中发生的更新改造支出、修理费用等。

一、资本化的后续支出

企业将固定资产进行更新改造,如符合资本化的条件,应将该固定资产的原价、已计提的累计折旧和减值准备转销,将固定资产的账面价值转入在建工程。固定资产发生的可资本化的后续支出,通过"在建工程"科目核算。在更新改造过程中,原固定资产如有被替换的部分,应同时将被替换部分的账面价值从该固定资产原账面价值中扣除。在固定资产发生的后续支出完工并达到预定可使用状态时,应在后续支出资本化的固定资产账面价值不超过其可回收金额的范围内,从"在建工程"科目转入"固定资产"科目。

【例7-14】 2×14年12月24日,甲公司购入一项大型生产用设备,购买价款为5 000万元,其中一重要部件的价格为800万元,公司未将其作为一项单独固定资产进行核算。公司对该设备采用年限平均法计提折旧,预计使用寿命为20年。2×18年12月31日,甲公司决定对该设备的重要部件进行更换,以提高生产效率。新重要部件购买价1 000万元,另需支付安装费用10万元。2×19年年初,设备安装完毕,达到预定可使用状态。假定更新改造支出符合资本化条件,不考虑预计净残值和相关税费的影响,替换下的老部件报废且无残值收入。甲公司编制会计分录如下:

(1) 2×18年年末,大型生产设备的累计折旧金额10 000 000元(50 000 000÷20×4),将该固定资产转入在建工程:

借:在建工程　　　　　　　　　　　　　　　　　　　　　　40 000 000
　　累计折旧　　　　　　　　　　　　　　　　　　　　　　10 000 000
　　贷:固定资产　　　　　　　　　　　　　　　　　　　　　　50 000 000

(2) 安装新部件:

借:在建工程　　　　　　　　　　　　　　　　　　　　　　10 100 000
　　贷:工程物资　　　　　　　　　　　　　　　　　　　　　　10 000 000
　　　　银行存款　　　　　　　　　　　　　　　　　　　　　　 100 000

(3) 2×19年年初,原重要部件账面价值6 400 000元(8 000 000−8 000 000÷20×4),终止确认原重要部件的账面价值:

借:营业外支出——非流动资产处置损失　　　　　　　　　　6 400 000
　　贷:在建工程　　　　　　　　　　　　　　　　　　　　　　 6 400 000

(4) 新部件安装完毕,投入使用,固定资产的入账价值43 700 000元(40 000 000+10 100 000−6 400 000):

借:固定资产　　　　　　　　　　　　　　　　　　　　　　43 700 000
　　贷:在建工程　　　　　　　　　　　　　　　　　　　　　　43 700 000

二、费用化的后续支出

一般情况下,固定资产投入使用之后,由于固定资产磨损、各组成部分耐用程度不同,可能导致固定资产的局部损坏。为了维护固定资产的正常运转和使用,充分发挥其使用效能,企业将对固定资产进行必要的维护。发生固定资产维护支出只是确保固定资产的正常工作状况,通常不满足固定资产的确认条件。因此,应在发生时一次性直接计入当期费用,不再通过预提或者待摊的方式进行核算。

【例7-15】 2×19年3月14日,甲公司对现有的一台生产用机器设备进行修理,修理过程中领用原材料一批,价值为144 000元,应支付维修人员薪酬为51 984元。甲公司应编制会计分录如下:

```
借:管理费用                                  195 984
    贷:原材料                                144 000
        应付职工薪酬                          51 984
```

在具体实务中,对于固定资产发生的下列各项后续支出,通常的处理方法如下:

(1) 固定资产的日常修理费用,应当直接计入当期费用。其中,企业生产车间(部门)和行政管理部门发生的日常修理费用,应记入"管理费用"科目;企业专设销售机构发生的日常修理费用,应记入"销售费用"科目。

(2) 固定资产改良支出,应当计入固定资产账面价值,其增计后的金额不应超过该固定资产的可收回金额。

(3) 如果不能区分是固定资产修理还是固定资产改良,或固定资产修理和固定资产改良结合在一起,则企业应当判断,与固定资产有关的后续支出,是否满足固定资产的确认条件。如是,则后续支出应当计入固定资产账面价值,其增计后的金额不应超过该固定资产的可收回金额;否则,后续支出应当确认为当期费用。

(4) 固定资产装修费用,如果满足固定资产的确认条件,则后续支出应当计入固定资产账面价值,其增计后的金额不应超过该项固定资产的可收回金额,并在"固定资产"科目下单设"固定资产装修"明细科目核算,在两次装修期间与固定资产尚可使用年限两者中较短的期间内,采用合理的方法单独计提折旧。如果在下次装修时,该项固定资产相关的"固定资产装修"明细科目仍有账面价值,应将该项账面价值一次全部计入当期营业外支出。

(5) 融资租赁方式租入的固定资产发生的固定资产后续支出,比较上述原则处理。发生的固定资产装修费用,符合上述原则可以资本化的,应在两次装修期间、剩余租赁期与固定资产尚可使用年限三者中较短的期间内,采用合理的方法单独计提折旧。

(6) 经营租赁方式租入的固定资产发生的改良支出,应通过"长期待摊费用"科目核算,并在剩余租赁期与租赁资产尚可使用两者中较短的期间内,采用合理的方法进行摊销。

第五节 固定资产处置的核算

企业在生产经营过程中,会因磨损、技术进步或自然灾害等原因对固定资产进行报废处理,或因不适用、不需用或其他原因将固定资产对外出售或转出。此时,会计处理应按规定程序办理有关手续,结转固定资产账面价值,确认处置利得或损失。

固定资产的处置包括固定资产的出售、报废、毁损、对外投资、非货币性资产交换和债务重组等转出的固定资产。

企业因出售、报废、毁损等原因减少的固定资产,需通过"固定资产清理"科目核算。"固定资产清理"科目是计价对比科目,用来核算企业因出售、报废和毁损等原因转入清理的固定资产净值以及在清理过程中所发生的清理费用和清理收入。其借方反映转入清理的固定资产的账面价值、发生的清理费用等,贷方反映清理固定资产的变价收入和应由保险公司或过失人承担的损失等。进行固定资产清理,要按规定程序办理报废、转让手续,如实反映和严格监督固定资产的清理过程,做好固定资产的清理核算工作。固定资产清理的会计核算分以下几个步骤进行:

第一步,固定资产转入清理的处理。企业出售、报废、毁损的固定资产转入清理时,应按清理固定资产的账面价值,借记"固定资产清理"科目;按已提的折旧,借记"累计折旧"科目;按已计提的减值准备,借记"固定资产减值准备"科目;按固定资产的原价,贷记"固定资产"科目。

第二步,发生的清理费用的处理。固定资产清理过程中发生的清理费用(如支付清理人员的工资等),也应记入"固定资产清理"科目,按实际发生的清理费用,借记"固定资产清理"科目,贷记"银行存款"等科目。

第三步,出售收入和残料等的处理。企业收回出售固定资产的价款、报废固定资产的残料价值和变价收入等,应冲减清理支出,按实际收到的出售价款及残料变价收入等,借记"银行存款""原材料"等科目,贷记"固定资产清理"等科目。

第四步,保险赔偿的处理。企业计算或收到的应由保险公司或过失人赔偿的报废、毁损固定资产的损失,应冲减清理支出,借记"银行存款"或"其他应收款"科目,贷记"固定资产清理"科目。

第五步,清理净损益的处理。固定资产清理完成后产生的清理净损益,依据固定资产处置方式的不同,分别适用不同的处理方法:因已丧失使用功能或因自然灾害发生毁损等原因而报废清理产生的利得或损失应计入营业外收支。属于生产经营期间正常报废清理产生的处置净损失,借记"营业外支出——处置非流动资产损失"科目,贷记"固定资产清理"科目;属于生产经营期间由于自然灾害等非正常原因造成的,借记"营业外支出——非常损失"科目,贷记"固定资产清理"科目;如为净收益,借记"固定资产清理"科目,贷记"营业外收入"科目。

因出售、转让等原因产生的固定资产处置利得或损失应计入固定资产处置损益。产生处置净损失的,借记"资产处置损益——处置非流动资产损失"科目,贷记"固定资产清理"科目;如为净收益,借记"固定资产清理"科目,贷记"资产处置损益——处置非流动资产利得"科目。

【例7-16】 某企业将一幢房屋出售,该房屋原价为140 000元,已提折旧56 000元,实际售价为112 000元,增值税额为10 080元,价税款已通过银行收回。企业应编制会计分录如下:

(1)将出售的固定资产转入清理时:

借:固定资产清理　　　　　　　　　　　　　　　　　　　　　84 000
　　累计折旧　　　　　　　　　　　　　　　　　　　　　　　56 000
　贷:固定资产　　　　　　　　　　　　　　　　　　　　　　　　　140 000

(2) 收回出售固定资产价税款时：

借：银行存款 122 080
　　贷：固定资产清理 112 000
　　　　应交税费——应交增值税（销项税额） 10 080

(3) 结转出售固定资产发生的净收益时：

借：固定资产清理 28 000
　　贷：资产处置损益——处置非流动资产利得 28 000

【例7-17】 因生产调整，甲公司将一台设备出售。该设备原价为224 040元，累计已计提折旧120 496元。在出售过程中，取得的增值税专用发票显示其清理费用1 000元，增值税额60元，以银行存款支付。开具的增值税专用发票注明设备价款108 000元，增值税额14 040元，款项已通过银行收回。甲公司应编制会计分录如下：

(1) 固定资产转入清理时：

借：固定资产清理 103 544
　　累计折旧 120 496
　　贷：固定资产 224 040

(2) 支付清理费用时：

借：固定资产清理 1 000
　　应交税费——应交增值税（进项税额） 60
　　贷：银行存款 1 060

(3) 收到出售设备款项时：

借：银行存款 122 040
　　贷：固定资产清理 108 000
　　　　应交税费——应交增值税（销项税额） 14 040

(4) 结转固定资产净损益时：

借：固定资产清理 3 456
　　贷：资产处置损益——处置非流动资产利得 3 456

【例7-18】 某企业的一台设备，因使用期满经批准报废。该设备原价189 000元，累计已提折旧177 550元，已计提减值准备为2 000元。在清理过程中，取得的增值税专用发票显示，清理费用5 000元，增值税额300元，已用银行存款支付。残料变价收入5 900元，增值税额767元，已存入银行。企业应编制会计分录如下：

(1) 固定资产转入清理时：

借：固定资产清理 9 450
　　累计折旧 177 550
　　固定资产减值准备 2 000
　　贷：固定资产 189 000

（2）发生清理费用时：

借：固定资产清理　　　　　　　　　　　　　　　　　　　　　　　5 000
　　应交税费——应交增值税（进项税额）　　　　　　　　　　　　　300
　　贷：银行存款　　　　　　　　　　　　　　　　　　　　　　　　　　5 300

（3）收到残料变价收入时：

借：银行存款　　　　　　　　　　　　　　　　　　　　　　　　　　6 667
　　贷：固定资产清理　　　　　　　　　　　　　　　　　　　　　　　　5 900
　　　　应交税费——应交增值税（销项税额）　　　　　　　　　　　　　　767

（4）结转固定资产净损益时：

借：营业外支出——处置非流动资产损失　　　　　　　　　　　　　8 550
　　贷：固定资产清理　　　　　　　　　　　　　　　　　　　　　　　　8 550

第六节　固定资产清查

为了确保固定资产的安全与完整，做到账实相符，企业应对固定资产进行定期和不定期的清查，确定企业各项固定资产的实际数量和状况，并与账面记录相核对，查明固定资产账实是否一致。在固定资产清查过程中，如果发现有盘盈、盘亏的固定资产，应查明原因，填制固定资产盘盈、盘亏报告表并写出书面报告，报经企业上级主管部门批准后才能增减营业外收支。

一、固定资产盘盈

通常，管理规范的企业盘盈固定资产较为少见，也是不正常的，且固定资产盘盈会影响财务报表使用者对企业以前年度财务状况、经营成果和现金流量的判断。因此，固定资产盘盈应作为前期差错处理，通过"以前年度损益调整"科目核算。对于盘盈的固定资产，先以重置价值为基础，借记"固定资产"科目，贷记"以前年度损益调整"科目；期末将"以前年度损益调整"科目金额转入"利润分配"等科目。

【例7-19】　某企业期末进行财产清查，发现账外管理用设备一台，重置价值为96 000元，假定企业按净利润的10%计提盈余公积，不考虑相关税费及其他因素的影响。企业应编制会计分录如下：

（1）盘盈设备时：

借：固定资产　　　　　　　　　　　　　　　　　　　　　　　　　96 000
　　贷：以前年度损益调整　　　　　　　　　　　　　　　　　　　　　96 000

（2）结转为留存收益时：

借：以前年度损益调整　　　　　　　　　　　　　　　　　　　　　96 000
　　贷：盈余公积——法定盈余公积　　　　　　　　　　　　　　　　　9 600
　　　　利润分配——未分配利润　　　　　　　　　　　　　　　　　　86 400

二、盘亏固定资产

对于盘亏的固定资产，企业应及时办理固定资产注销手续。在按规定程序批准之前，应将固定资产卡片从原来的归类中抽出，单独保管。并且要按盘亏固定资产的账面价值，借记"待处理财产损溢——待处理固定资产损溢"科目；按已提折旧数额，借记"累计折旧"科目；按已计提减值准备数额，借记"固定资产减值准备"科目；按固定资产原价，贷记"固定资产"科目。

按照规定程序，经上级主管部门批准后，应按盘亏固定资产的原价扣除累计折旧、减值准备和过失人及保险公司赔款后的差额，借记"营业外支出"科目；同时，按过失人及保险公司应赔偿额，借记"其他应收款"科目；按盘亏固定资产的账面价值，贷记"待处理财产损溢——待处理固定资产损溢"科目。

【例7-20】 某企业在财产清查中，发现盘亏设备一台，其原价为75 000元，累计折旧6 000元。企业应编制会计分录如下：

（1）盘亏设备时：

借：待处理财产损溢——待处理固定资产损溢	69 000
累计折旧	6 000
贷：固定资产	75 000

（2）盘亏固定资产按规定程序批准后转账时：

借：营业外支出——固定资产盘亏	69 000
贷：待处理财产损溢——待处理固定资产损溢	69 000

第七节　固定资产减值

一、固定资产减值的迹象

固定资产在其使用过程中，由于各种原因，可能会导致其可收回金额低于账面价值，这种情况称为固定资产价值减值。

企业在资产负债表日应当判断固定资产是否存在可能发生减值的迹象。如果固定资产存在减值迹象的，应当进行减值测试，估计固定资产的可收回金额。可收回金额低于账面价值的，应当按照可收回金额低于账面价值的金额，计提固定资产减值准备。

固定资产可能发生减值的迹象主要可从企业外部信息来源和企业内部信息来源两方面加以判断。

从企业外部信息来源来看，以下情况均属于固定资产可能发生减值的迹象，企业需要据此估计固定资产的可收回金额，决定是否需要确认减值损失：

（1）如果出现了资产的市价在当期大幅度下跌，其跌幅明显高于因时间的推移或者正常使用而预计的下跌。

(2) 如果企业经营所处的经济、技术或者法律等环境以及资产所处的市场在当期或者将在近期发生重大变化,从而对企业产生不利影响。

(3) 如果市场利率或者其他市场投资报酬率在当期已经提高,从而影响企业计算资产预计未来现金流量现值的折现率,导致资产可收回金额大幅度降低等。

从企业内部信息来源来看,以下情况属于固定资产可能发生减值的迹象,企业需要据此估计固定资产的可收回金额,决定是否需要确认减值损失:

(1) 如果企业有证据表明资产已经陈旧过时或者其实体已经损坏。

(2) 如果资产已经或者将被闲置、终止使用或者计划提前处置。

(3) 如果企业内部报告的证据表明资产的经济绩效已经低于或者将低于预期。

固定资产可收回金额的估计,应当根据其公允价值减去处置费用后的净额与固定资产预计未来现金流量的现值两者之间较高者确定。

二、计提固定资产减值准备的核算

企业应设置"固定资产减值准备"科目备抵调整固定资产净值,其贷方登记计提的固定资产减值准备,借方登记减少固定资产时转销的固定资产已提减值准备,期末贷方余额表示企业已提取的固定资产减值准备。该科目应按单项固定资产设置明细账进行明细分类核算。

企业发生固定资产减值时,应按可收回金额低于其账面价值的差额,借记"资产减值损失"科目,贷记"固定资产减值准备"科目。固定资产减值损失一经确认,在以后会计期间不得转回。

企业应当合理计提固定资产减值准备,但不得设置秘密准备。如有确凿证据表明企业不恰当地运用了谨慎性原则设置秘密准备的,应当作为重大会计差错予以更正,并在会计报表附注中说明事项的性质、调整金额,以及对企业财务状况、经营成果的影响。

此外,企业对在建工程,也应当定期或者至少每年年度终了进行全面检查。如果有证据表明在建工程已经发生了减值,应当计提减值准备。企业发生在建工程减值时,借记"资产减值损失"科目,贷记"在建工程减值准备"科目。在建工程资产减值损失一经确认,在以后会计期间不得转回。

本 章 小 结

固定资产是指同时具有下列特征的有形资产:①为生产商品、提供劳务、出租或经营管理而持有的;②使用寿命超过一个会计年度。

不同来源的固定资产的价值构成是不同的。固定资产取得时需要通过"固定资产"和"在建工程"等科目核算。固定资产折旧的影响因素包括固定资产原价、预计净残值、预计使用寿命和固定资产减值准备等。固定资产要在规定的计提范围内计提折旧,固定资产折旧的计提方法有年限平均法、工作量法、双倍余额递减法和年数总和法,其中采用后两种方法符合谨慎性要求。固定资产后续支出包括资本化的后续支出和不可资本化的后续支出。固定资产在处置时需要通过"固定资产清理"科目进行核算。固定资产期末可收回金额低于账面价值的,应当按照可收回金额低于账面价值的金额,计提固定资产减值准备。

复习思考题

1. 什么是固定资产?固定资产的确认条件是什么?
2. 不同来源的固定资产入账价值如何确定?
3. 什么是固定资产折旧?固定资产折旧的范围和计算方法有哪些?
4. 不同形式的固定资产后续支出,应当如何进行会计处理?
5. 固定资产处置如何处理?

练 习 题

习 题 一

资料 某企业发生如下经济业务:

(1) 企业购入不需安装设备一台,取得的增值税专用发票注明,买价 30 000 元,增值税额 3 900 元;运费增值税专用发票注明运费 300 元,增值税额 27 元。全部款项以银行存款支付,设备已投入使用。

(2) 企业购入需安装设备一台,取得的增值税专用发票注明:买价 60 000 元,增值税额 7 800 元;运费增值税专用发票注明 1 000 元,增值税额 90 元,全部以银行存款支付。设备投入安装,共发生安装费 20 000 元,增值税额 1 200 元,开出转账支票支付。安装完毕,交付使用。

(3) 企业自营建造厂房一幢,购入工程用材料 500 000 元,增值税额 65 000 元,以银行存款支付。自营工程领用上述全部工程物资。建造过程中领用外购生产用原材料 100 000 元;领用库存商品一批,成本 34 000 元;发生工程人员薪酬 80 000 元。工程全部完工,交付使用。

(4) 企业与乙公司签订合同,出包一项厂房工程给乙公司承建。双方约定,工程的总造价为 550 000 元。企业向乙公司预付工程价款 320 000 元。3 个月后,工程达到预定可使用状态后,企业根据乙公司的有关工程结算单据,以银行存款补付剩余工程款 230 000 及增值税额 49 500 元。

(5) 企业接受投资人投入设备一台,账面原价 300 000 元,已提折旧 80 000 元,投资合同约定的价值为 250 000 元。取得的增值税专用发票注明设备价款 250 000 元,增值税额 32 500 元。

(6) 企业接受捐赠一台设备,同类资产的市场价格为 400 000 元,估计八成新。另以银行存款支付安装费 3 000 元及增值税额 180 元。

要求 根据上述经济业务编制相应会计分录。

习 题 二

资料 某企业的固定资产情况如下:

(1) 企业的一台机器,原价为 100 000 元,预计净残值率为 5%,预计使用 5 年。

(2) 企业的一辆运输卡车,原价为 500 000 元,预计残值为 20 000 元,预计清理费用为 3 000 元,预计总行驶里程为 2 000 000 千米,8 月共行驶 5 000 千米。

要求

(1) 根据"资料(1)",分别采用年限平均法、双倍余额递减法和年数总和法计算年折旧额、年折旧率。

(2) 根据"资料(2)",采用工作量法计算 8 月份该辆卡车应计提的折旧。

习 题 三

资料 某企业关于固定资产后续支出情况如下:

(1) 2×15 年 12 月,购入的一台管理用设备入账价值 800 万元,其中一重要部件为 300 万元。企业未将该重要部件作为一项单独的固定资产进行核算。公司对该设备采用年限平均法计提折旧,预计使用寿命为 10 年。2×19 年年末,为适应公司机构改革和规模扩大的需要,企业决定更换性能更为先进的该重要部件。新重要部件 400 万元,另需支付安装费用 50 000 元。假定设备的年折旧率为 3%,不考虑预计净残值和相关税费的影响。

(2) 2×19 年 11 月 9 日,企业对一台生产用设备进行修理,以维护其正常使用。修理过程中领用原材料一批,价值为 12 000 元,取得的增值税专用发票显示修理费 2 980 元,增值税额 178.80 元,以银行存款支付。

要求

(1) 编制将设备转入在建工程的会计分录。

(2) 编制安装新重要部件的会计分录。

(3) 编制终止确认原重要部件账面价值的会计分录。

(4) 编制新管理设备安装完毕,投入使用的会计分录。

(5) 编制资料(2)相应会计分录。

习 题 四

资料 某企业关于固定资产处置情况如下:

(1) 企业报废一台机器,原价 50 000 元,已提折旧为 49 500 元,回收残料 2 000 元,已入库,取得的增值税专用发票表明,清理费用 1 200 元,增值税额 72 元,以银行存款支付,已全部清理完毕。

(2) 企业出售一幢厂房,原价 400 000 元,预计净残值为 24 000 元,预计使用 10 年,现已使用 5 年,采用年限平均法计提折旧。售价 250 000 元,增值税额 22 500 元,款项已收存银行,发生清理费用 3 000 元,增值税额为 180 元,现已清理完毕。

(3) 企业一幢厂房发生毁损,原价 260 000 元,已提折旧 80 000 元,以银行存款支付清理费用 4 000 元及增值税额 240 元,应向保险公司索赔 100 000 元,已清理完毕。

(4) 企业将一台不需用设备出售。该设备原价为 80 000 元,累计已计提折旧 9 000 元。开具的增值税专用发票注明价款 68 000 元,增值税额 8 840 元,款项已通过银行收回。

(5) 企业在财产清查中发现账外机器一台,同类资产的市场价格为 10 000 元,估计六成新,同时盘亏设备一台,账面原价 20 000 元,已提折旧 5 000 元,已提固定资产减值准备 3 000 元。上述盘亏报经批准,予以转销。

要求 根据上述经济业务编制相应会计分录。

习 题 五

资料 华生股份有限公司(以下简称华生公司)属于增值税一般纳税人,适用的增值税税率为13%。华生公司2×19年至2×21年与固定资产有关的业务资料如下:

(1) 2019年12月21日,华生公司购入一台需要安装的生产用设备,取得的增值税专用发票上注明的设备价款为1 000万元,增值税额为130万元;发生保险费为2.5万元,增值税额为0.15万元,款项均以银行存款支付;没有发生其他相关税费,设备已投入安装。

(2) 2×19年12月22日,华生公司安装领用生产用原材料实际成本为10万元,发生安装工人工资7.5万元,没有发生其他相关税费。该原材料未计提存货跌价准备。

(3) 2×19年12月30日,该设备达到预定可使用状态,当日投入使用。该设备预计使用年限为10年,预计净残值为30万元,采用直线法计提折旧。

(4) 2×20年12月31日,华生公司在对该设备进行检查时发现其已经发生减值。该设备可收回金额为916万元。

(5) 2×20年1月1日,该设备的预计尚可使用年限为8年,预计净残值为20万元,采用直线法计提折旧。

(6) 2×21年6月30日,华生公司将设备出售,开出的增值税专用发票注明价款835万元,增值税额108.55万元。出售过程中以银行存款支付清理费用4万元及增值税额0.24万元。

要求

(1) 编制2×19年12月21日购入该设备的会计分录。

(2) 编制2×19年12月22日安装该设备的会计分录。

(3) 编制2×19年12月31日该设备达到预定可使用状态的会计分录。

(4) 计算2×20年度该设备计提的折旧额,并编制相应会计分录。

(5) 计算2×20年12月31日该设备应计提的固定资产减值准备金额,并编制相应会计分录。

(6) 计算2×21年度该设备出售前计提的折旧额,并编制相应会计分录。

(7) 编制2×21年6月30日该设备出售时的会计分录。

第八章

投资性房地产

学习目的和要求　学生通过本章的学习,掌握投资性房地产的特征与范围、投资性房地产的确认和初始计量;理解投资性房地产的后续计量,了解投资性房地产的转换和处置。

本章关键词　投资性房地产;成本模式;公允价值模式

第一节　投资性房地产概述

一、投资性房地产的定义及特征

（一）投资性房地产的定义

投资性房地产是指为赚取租金或资本增值,或两者兼有而持有的房地产,主要包括已出租的土地使用权、持有并准备增值后转让的土地使用权和已出租的建筑物。投资性房地产应当能够单独计量和出售。

（二）投资性房地产的特征

1. 投资性房地产是一种经营活动

投资性房地产的主要形式是出租建筑物、出租土地使用权,这实质上属于一种让渡资产使用权行为。房地产租金就是让渡资产使用权取得的使用费收入,是企业为完成其经营目标所从事的经营性活动以及与之相关的其他活动形成的经济利益总流入。投资性房地产的另一种形式是持有并准备增值后转让的土地使用权,尽管其增值收益通常与市场供求、经济发展等因素相关,但目的是为了增值后转让以赚取增值收益,也是企业为完成其经营目标所从事的经营性活动以及与之相关的其他活动形成的经济利益总流入。

2. 投资性房地产在用途、状态、目的等方面区别于作为生产经营场所的房地产和用于销售的房地产

企业持有的房地产除了用作自身管理、生产经营活动场所和对外销售之外,出现了将房地产用于赚取租金或增值收益的活动,甚至成为个别企业的主营业务。这就需要将投资性房地产单独作为一项资产核算和反映,与自用的厂房、办公楼等房地产和作为存货(已建完工商品房)的房地产加以区别,从而更加清晰地反映企业所持有房地产的构成情况和盈利能力。

二、投资性房地产的范围

投资性房地产主要包括已出租的土地使用权、持有并准备增值后转让的土地使用权和

已出租的建筑物。

(一) 已出租的土地使用权

已出租的土地使用权是指企业经营租赁方式出租的土地使用权,包括自行开发完成后用于出租的土地使用权。用于出租的土地使用权是指企业通过出让或转让方式取得的土地使用权。企业计划用于出租但尚未出租的土地使用权,不属于此类。

已出租的投资性房地产租赁期届满,因暂时空置但继续用于出租的,仍作为投资性房地产。

企业以经营方式租入建筑物或土地使用权再转租给其他单位或个人的,不属于投资性房地产,也不能确认为企业的资产。

母公司以经营租赁的方式向子公司租出房地产的,该项房地产应确认为母公司的投资性房地产。

(二) 持有并准备增值后转让的土地使用权

持有并准备增值后转让的土地使用权是指企业取得的、准备增值后转让的土地使用权。按照国家有关规定认定的闲置土地,不属于持有并准备增值后转让的土地使用权。

(三) 已出租的建筑物

已出租的建筑物是指企业拥有产权的、以经营租赁方式出租的建筑物,包括自行建造或开发活动完成后用于出租的建筑物。企业在判断和确认已出租的建筑物时,应当把握以下要点:

(1) 用于出租的建筑物是指企业拥有产权的建筑物。企业以经营租赁方式租入再转租的建筑物不属于投资性房地产。

(2) 已出租的建筑物是企业已经与其他方签订了租赁协议,约定以经营租赁方式出租的建筑物。一般应自租赁协议规定的租赁期开始日起,经营租出的建筑物才属于已出租的建筑物。通常情况下,对企业持有以备经营出租的空置建筑物,如董事会或类似机构作出书面决议,明确表明将其用于经营租出且持有意图短期内不再发生变化的,即使尚未签订租赁协议,也应视为投资性房地产。

(3) 企业将建筑物出租,按租赁协议向承租人提供的相关辅助服务在整个协议中不重大的,应当将该建筑物确认为投资性房地产。

三、不属于投资性房地产的范围

下列房地产不属于投资性房地产:

(1) 自用房地产,即为生产商品、提供劳务或者经营管理而持有的房地产。例如,企业拥有并自行经营的旅馆饭店,其经营目的主要是通过提供客房服务赚取服务收入,该旅馆饭店不确认为投资性房地产。企业出租给本企业职工居住的宿舍,即使按照市场价格收取租金,也不属于投资性房地产,这部分房产间接为企业自身的生产经营服务,具有自用房的性质。

(2) 作为存货的房地产,通常是指房地产开发企业在正常经营过程中销售的或为销售而正在开发的商品房和土地。这部分房地产属于房地产开发企业的存货,其生产、销售构成企业的主营业务活动,产生的现金流量也与企业的其他资产密切相关。因此,具有存货性质的房地产不属于投资性房地产。

在实务中,存在某项房地产部分用于赚取租金或资本增值,部分用于生产商品、提供劳务或经营管理的情形。如果其中能够单独计量和出售的、用于赚取租金或资本增值的部分,应当确认为投资性房地产;不能够单独计量和出售的、用于赚取租金或资本增值的部分,不确认为投资性房地产。

四、投资性房地产的确认

将某个项目确认为投资性房地产,首先应当符合投资性房地产的概念,其次要同时满足投资性房地产的两个确认条件:
(1) 与该投资性房地产相关的经济利益很可能流入企业。
(2) 该投资性房地产的成本能够可靠地计量。

第二节 投资性房地产的初始计量

一、投资性房地产核算的科目设置

1. "投资性房地产"科目

该科目用来核算采用成本模式计量的投资性房地产的成本或采用公允价值模式计量的投资性房地产的公允价值。其借方登记企业投资性房地产的取得成本、资产负债表日其公允价值高于账面余额的差额等;贷方登记资产负债表日其公允价值低于账面余额的差额、处置投资性房地产时结转的成本和公允价值变动等;期末借方余额表示企业实际拥有的投资性房地产的成本或公允价值。企业可以按照投资性房地产类别和项目进行明细核算。采用公允价值模式计量的投资性房地产,还应当分别设置"成本"和"公允价值变动"明细科目进行核算。

2. "投资性房地产累计折旧"和"投资性房地产累计摊销"科目

这两个科目用来核算采用成本模式计量的投资性房地产的累计折旧或累计摊销,比照"累计折旧""累计摊销"科目进行账务处理。

3. "投资性房地产减值准备"科目

该科目用来核算采用成本模式计量的投资性房地产发生的减值,比照"固定资产减值准备"等科目进行账务处理。

二、投资性房地产的确认和初始计量

投资性房地产应当按照成本进行初始计量。

(一) 外购的投资性房地产的确认和初始计量

对于企业外购的房地产,只有在购入房地产的同时开始对外出租(自租赁期开始日起,下同)或用于资本增值,才能称为外购的投资性房地产。外购投资性房地产的实际成本,包括购买价款、相关税费和可直接归属于该资产的其他支出。

企业购入房地产,自用一段时间之后再改为出租或用于资本增值的,应当先将外购的房地产确认为固定资产或无形资产,自租赁期开始日或用于资本增值之日开始,才能从固定资产或无形资产转换为投资性房地产。

企业外购投资性房地产时,应当按照取得时的实际成本进行初始计量。取得时的实际成本,包括购买价款、相关税费和可直接归属于该资产的其他支出。采用成本模式进行后续计量的,企业应当在购入投资性房地产时,借记"投资性房地产"(后续计量采用成本模式)或"投资性房地产——成本"(后续计量采用公允价值模式)、"应交税费——应交增值税(进项税额)"科目,贷记"银行存款"等科目。

(二)自行建造投资性房地产的确认和初始计量

企业自行建造的房地产,只有在自行建造活动完成(即达到预定可使用状态)的同时开始对外出租或用于资本增值,才能将自行建造的房地产确认为投资性房地产。自行建造投资性房地产的成本,由建造该项房地产达到预定可使用状态前发生的必要支出构成。

企业自行建造房地产达到预定可使用状态后一段时间才对外出租或用于资本增值的,应当先将自行建造的房地产确认为固定资产、无形资产或存货,自租赁期开始日或用于资本增值之日开始,从固定资产、无形资产或存货转换为投资性房地产。

自行建造投资性房地产,其成本由建造该项资产达到预定可使用状态前发生的必要支出构成,包括土地开发费、建筑成本、安装成本、应予资本化的借款费用、支付的其他费用和分摊的间接费用等。投资性房地产建造完成达到预定可使用状态时,应按照确定的成本,借记"投资性房地产"(采用成本模式进行后续计量)或"投资性房地产——成本"科目(采用公允价值模式进行后续计量),贷记"在建工程"或"开发产品"科目。

【例8-1】 某房地产开发企业决定将一栋在建楼房在建成后用于出租,2×19年4月20日该楼房完工,达到预定可使用状态,同日对外出租。该楼房建造成本为880万元,该企业投资性房地产采用成本模式计量。该公司应编制会计分录如下:

借:投资性房地产 8 800 000
　　贷:在建工程 8 800 000

(三)内部转换形成的投资性房地产的确认和初始计量

企业将作为存货的房地产转换为投资性房地产的,应当按照该项存货在转换日的账面余额或公允价值,借记"投资性房地产"(后续计量采用成本模式下)或"投资性房地产——成本"科目(后续计量采用公允价值模式),按照其账面余额,贷记"开发产品"科目,按照其差额,贷记"其他综合收益"科目(贷方差额情况下)或借记"公允价值变动损益"科目(借方差额情况下)。已计提存货跌价准备的,还应当同时结转存货跌价准备。

企业将自用的建筑物等转换为投资性房地产的,应当按照其在转换日的原价、累计折旧等,分别转入"投资性房地产""投资性房地产累计折旧""投资性房地产减值准备"等科目;或者按其在转换日的公允价值,借记"投资性房地产——成本"科目,按照已计提的累计折旧等,借记"累计折旧"等科目,按其账面余额,贷记"固定资产"等科目,按其差额,贷记"其他综合收益"科目(贷方差额情况下)或借记"公允价值变动损益"科目(借方差额情况下)。已计提存货跌价准备的,还应当同时结转存货跌价准备。

【例8-2】 甲房地产开发公司将一栋原作为商品房的楼房改为用于出租,该房屋账面余额850万元,公允价值900万元。该公司投资性房地产采用公允价值模式计量。甲房地产开发公司在转换日应编制会计分录如下:

借：投资性房地产——成本	9 000 000	
贷：开发产品		8 500 000
其他综合收益		500 000

【例 8-3】 承[例 8-2]，假设在转换日上述房屋的公允价值为 800 万元，其他条件不变。则该公司应编制会计分录如下：

借：投资性房地产——成本	8 000 000	
公允价值变动损益	500 000	
贷：开发产品		8 500 000

第三节　投资性房地产的后续计量

企业通常应当采用成本模式对投资性房地产进行后续计量，满足特定条件时也可以采用公允价值模式对投资性房地产进行后续计量。但是，同一企业只能采用一种模式对所有投资性房地产进行后续计量，不得同时采用两种计量模式。

一、采用成本模式进行后续计量的投资性房地产

在成本模式下，应当按照固定资产或无形资产的有关规定，对投资性房地产进行后续计量，计提折旧或摊销；对于投资性房地产，参照固定资产折旧政策，当月增加的投资性房产，当月不折旧，从次月开始折旧，当月减少的投资性房产，当月照折旧，从次月开始不折旧。对于投资性地产，参照无形资产摊销政策，当月增加的投资性地产，当月开始摊销，当月减少的投资性地产，当月不摊销。计提折旧或摊销时，借记"其他业务成本"等科目，贷记"投资性房地产累计折旧（摊销）"科目。取得的租金收入，借记"银行存款"等科目，贷记"其他业务收入"等科目。

如果投资性房地产存在减值迹象的，经减值测试后确定发生减值的，应当计提减值准备，借记"资产减值损失"科目，贷记"投资性房地产减值准备"科目。已经计提减值准备的投资性房地产，其减值损失在以后的会计期间不得转回。

【例 8-4】 2×19 年 6 月 30 日，甲公司将一栋办公楼出租给乙公司，已确认为投资性房地产，采用成本模式进行后续计量。办公楼的成本为 1 080 万元，按照直线法计提折旧，使用寿命 30 年，假设预计净残值为零。按照合同，乙公司每月支付甲公司租金 6 万元。增值税税率 9%，年末办公楼出现减值迹象，经测试，其可收回金额为 1 050 万元，账面价值为 1 062 万元，假设之前未计提过减值准备。甲公司应编制会计分录如下所述。

（1）2×19 年 7 月起每月计提折旧时：

借：其他业务成本	30 000	
贷：投资性房地产累计折旧		30 000

（2）2×19 年 7 月起每月收到租金时：

借：银行存款	65 400	
贷：其他业务收入		60 000
应交税费——应交增值税（销项税额）		5 400

(3) 年末减值时：

借：资产减值损失   120 000
  贷：投资性房地产减值准备   120 000

二、采用公允价值模式进行后续计量的投资性房地产

（一）应满足的条件

采用公允价值模式进行后续计量的投资性房地产，应当同时满足以下两个条件：

第一，投资性房地产所在地有活跃的房地产交易市场。

所在地，通常是指投资性房地产所在的城市。对于大中型城市，应当为投资性房地产所在的城区。

第二，企业能够从活跃的房地产交易市场上取得同类或类似房地产的市场价格及其他相关信息，从而对投资性房地产的公允价值作出合理的估计。

同类或类似的房地产，对建筑物而言，是指所处地理位置和地理环境相同、性质相同、结构类型相同或相近、新旧程度相同或相近、可使用状况相同或相近的建筑物；对土地使用权而言，是指同一位置区域、所处地理环境相同或相近、可使用状况相同或相近的土地。

投资性房地产的公允价值是指在公平交易中，熟悉情况的当事人之间自愿进行房地产交换的价格。确定投资性房地产的公允价值时，应当参照活跃市场上同类或类似房地产的现行市场价格（市场公开报价）；无法取得同类或类似房地产现行市场价格的，应当参照活跃市场上同类或类似房地产的最近交易价格，并考虑交易情况、交易日期、所在区域等因素，从而对投资性房地产的公允价值作出合理的估计；也可以基于预计未来获得的租金收益和相关现金流量予以计量。

企业只有存在确凿证据表明投资性房地产的公允价值能够持续可靠取得的，才可以采用公允价值模式对投资性房地产进行后续计量。

(1) 在极少数情况下，采用公允价值对投资性房地产进行后续计量的企业，有证据表明，当企业首次取得某项非在建投资性房地产（或某项现有房地产在改变用途后首次成为投资性房地产）时，该投资性房地产公允价值不能持续可靠取得的，应当对该投资性房地产采用成本模式计量直至处置，可假设无残值。

(2) 采用公允价值模式进行后续计量的企业，对于在建投资性房地产（包括企业首次取得的在建投资性房地产），如果其公允价值无法可靠确定，但预期该房地产完工后的公允价值能够持续取得的，应当以成本计量该在建投资性房地产，其公允价值能够可靠计量时或其完工后（两者孰早），再以公允价值计量。

（二）会计处理规定

投资性房地产采用公允价值模式进行后续计量的，不计提折旧或进行摊销，企业应当以资产负债表日的公允价值为基础，调整其账面余额。

资产负债表日，投资性房地产的公允价值高于其账面余额的差额，借记"投资性房地产——公允价值变动"科目，贷记"公允价值变动损益"科目；公允价值低于其账面余额的差额作相反的会计分录。

取得的租金收入,借记"银行存款"等科目,贷记"其他业务收入"等科目。

【例 8-5】 甲公司为从事房地产经营开发的企业。2×19 年 7 月 21 日,甲公司与乙公司签订租赁协议,约定将甲公司开发的一栋写字楼于开发完成的同时开始租赁给乙公司使用,租赁期为 10 年。当年 11 月 1 日,该写字楼开发完成并开始起租,写字楼的造价为 9 000 万元。2×19 年 12 月 31 日,该写字楼的公允价值为 9 200 万元。假设甲公司投资性房地产采用公允价值计量模式。甲公司应编制会计分录如下:

(1) 2×19 年 11 月 1 日,甲公司开发完成写字楼并出租:

借:投资性房地产——成本	90 000 000
贷:开发产品	90 000 000

(2) 2×19 年 12 月 31 日,按照公允价值为基础调整其账面价值,公允价值与原账面价值之间的差额计入当期损益:

借:投资性房地产——公允价值变动	2 000 000
贷:公允价值变动损益	2 000 000

三、投资性房地产后续计量模式的变更

为了保证会计信息的可比性,企业对投资性房地产的计量模式一经确定,不得随意变更。只有当存在确凿证据表明投资性房地产的公允价值能够持续可靠取得的,且能够满足采用公允价值模式条件的情况下,才允许企业对投资性房地产从成本模式计量变更为公允价值模式计量。以成本模式转为公允价值模式的,应当作为会计政策变更处理,将计量模式变更时公允价值与账面价值的差额,调整期初留存收益。企业变更投资性房地产计量模式,符合《企业会计准则第 3 号——投资性房地产》规定的,应当按照计量模式变更日投资性房地产的公允价值,借记"投资性房地产——成本"科目,按照已计提的折旧或摊销,借记"投资性房地产累计折旧(摊销)"科目,原已计提减值准备的,借记"投资性房地产减值准备"科目,按照原账面余额,贷记"投资性房地产"科目,按照公允价值与其账面价值之间的差额,贷记或借记"利润分配——未分配利润""盈余公积"等科目。

已采用公允价值模式计量的投资性房地产,不得从公允价值模式转为成本模式。

【例 8-6】 2×18 年,甲企业将一栋写字楼对外出租,采用成本计量模式进行后续计量。2×19 年 2 月 1 日,假设甲企业持有的投资性房地产满足采用公允价值模式计量的条件,甲企业决定采用公允价值模式对该写字楼进行后续计量。2×19 年 2 月 1 日,该写字楼的原价为 9 000 万元,已计提折旧 270 万元,公允价值为 9 500 万元。甲企业按净利润的 10% 计提盈余公积。甲企业应编制会计分录如下:

借:投资性房地产——成本	95 000 000
投资性房地产累计折旧	2 700 000
贷:投资性房地产——写字楼	90 000 000
利润分配——未分配利润	6 930 000
盈余公积	770 000

第四节 投资性房地产的处置

当投资性房地产被处置,或者永久退出使用且预计不能从其处置中取得经济利益时,应当终止确认该项投资性房地产。

企业出售、转让、报废投资性房地产或者发生投资性房地产毁损时,应当将处置收入扣除其账面价值和相关税费后的金额计入当期损益(将实际收到的处置收入计入其他业务收入,所处置投资性房地产的账面价值计入其他业务成本)。此外,企业因其他原因,如非倾向性资产交换等而减少投资性房地产,也属于投资性房地产的处置。

一、采用成本模式计量的投资性房地产的处置

处置采用成本模式计量的投资性房地产时,应当按实际收到的金额,借记"银行存款"等科目,贷记"其他业务收入"科目,按该项投资性房地产的账面价值,借记"其他业务成本"科目,按其账面余额,贷记"投资性房地产"科目,按照已计提的折旧或摊销,借记"投资性房地产累计折旧(摊销)"科目,原已计提减值准备的,借记"投资性房地产减值准备"科目。

【例8-7】 甲公司将其出租的一栋写字楼确认为投资性房地产,采用成本模式计量。租赁期届满后,甲公司将该栋写字楼出售给乙公司,合同价款为3亿元,增值税税率9%,乙公司已用银行存款付清。出售时,该栋写字楼的成本为28 000万元,已计提折旧3 000万元。甲公司编制会计分录如下:

(1)取得处置收入时:

借:银行存款	327 000 000
贷:其他业务收入	300 000 000
应交税费——应交增值税(销项税额)	27 000 000

(2)结转处置成本时:

借:其他业务成本	250 000 000
投资性房地产累计折旧	30 000 000
贷:投资性房地产——写字楼	280 000 000

二、采用公允价值模式计量的投资性房地产的处置

处置采用公允价值模式计量的投资性房地产时,应当按实际收到的金额,借记"银行存款"等科目,贷记"其他业务收入"科目,按该项投资性房地产的账面余额,借记"其他业务成本"科目,按其成本,贷记"投资性房地产——成本"科目,按其累计公允价值变动,贷记或借记"投资性房地产——公允价值变动"科目。同时,结转投资性房地产累计公允价值变动。若存在原转换日计入其他综合收益的金额,也一并结转。

【例8-8】 甲公司为一家房地产开发企业,2×18年3月10日,甲公司与乙企业签订了租赁协议,将其开发的一栋写字楼出租给乙企业使用,租赁期开始日为2×18年4月15日。

2×19年4月15日,该写字楼的账面余额为45 000万元,公允价值为47 000万元。2×18年12月31日,该项投资性房地产的公允价值为48 000万元。2×19年6月租赁期届满,甲公司收回该项投资性房地产,并以55 000万元出售,增值税税率9%,出售款项已收讫。甲公司对投资性房地产采用公允价值模式计量。甲公司应编制会计分录如下:

(1) 2×18年4月15日,存货转换为投资性房地产时:

借:投资性房地产——成本	470 000 000
贷:开发产品	450 000 000
其他综合收益	20 000 000

(2) 2×18年12月31日,公允价值发生变动时:

借:投资性房地产——公允价值变动	10 000 000
贷:公允价值变动损益	10 000 000

(3) 2×19年6月,出售投资性房地产时:

借:银行存款	599 500 000
贷:其他业务收入	550 000 000
应交税费——应交增值税(销项税额)	49 500 000
借:其他业务成本	480 000 000
贷:投资性房地产——成本	470 000 000
——公允价值变动	10 000 000
借:公允价值变动损益	10 000 000
其他综合收益	20 000 000
贷:其他业务成本	30 000 000

本 章 小 结

  投资性房地产是指为赚取租金或资本增值,或两者兼有而持有的房地产,主要包括已出租的土地使用权、持有并准备增值后转让的土地使用权和已出租的建筑物。自用房地产和作为存货的房地产不属于投资性房地产。

  企业应设置"投资性房地产""投资性房地产累计折旧""投资性房地产累计摊销"和"投资性房地产减值准备"等科目进行投资性房地产的核算。

  企业通常应当采用成本模式对投资性房地产进行后续计量,满足特定条件时也可以采用公允价值模式对投资性房地产进行后续计量。但是,同一企业只能采用一种模式对所有投资性房地产进行后续计量,不得同时采用两种计量模式。

  采用成本模式进行后续计量的投资性房地产需要比照固定资产和无形资产的核算要求,进行折旧的计提或进行摊销;采用公允价值模式进行后续计量的投资性房地产,不计提折旧或进行摊销。

  为了保证会计信息的可比性,企业对投资性房地产的计量模式一经确定,不得随意变更。存在确凿证据表明投资性房地产的公允价值能够持续可靠取得的,且能够满足采用公允价值模式条件的情况下,才允许企业对投资性房地产从成本模式计量变更为公允价值模式计量。

已采用公允价值模式计量的投资性房地产,不得从公允价值模式转为成本模式。

当投资性房地产被处置,或者永久退出使用且预计不能从其处置中取得经济利益时,应当终止确认该项投资性房地产。

复习思考题

1. 什么是投资性房地产?投资性房地产包括哪些内容?投资性房地产的特征有哪些?
2. 投资性房地产如何进行后续计量?
3. 投资性房地产处置时应如何核算?

练 习 题

习 题 一

资料 甲企业为了满足市场需求、扩大再生产,将生产车间从市中心搬迁到郊区。2×16年3月,管理层决定,将原厂区厂房用于出租。厂房的账面余额为3 000万元,已计提折旧900万元,剩余使用年限10年,按照直线法计提折旧,不考虑残值。该投资性房地产采用成本计量,每月租金2万元。2×19年3月,甲企业将厂房出售,取得转让收入4 000万元。增值税税率为9%。

要求 编制相关的会计分录。

习 题 二

资料 长江房地产公司(以下简称长江公司)于2×16年1月1日将开发的一幢商品房对外出租并采用公允价值模式计量,租期为3年,每年12月31日收取租金100万元,增值税税率为9%,出租时,该幢商品房的成本为2 000万元,公允价值为2 200万元,2×16年12月31日,该幢商品房的公允价值为2 150万元。2×17年12月31日,该幢商品房的公允价值为2 120万元。2×18年12月31日,该幢商品房的公允价值为2 050万元。2×19年1月5日,将该幢商品房对外出售,收到2 080万元存入银行。

要求 编制长江公司上述经济业务的会计分录(假定按年确认公允价值变动损益和确认租金收入)。

习 题 三

资料 甲公司2×07年至2×19年度发生的与一栋办公楼有关的业务资料如下:

(1) 2×13年1月1日,与乙公司签订合同,委托乙公司建造办公楼一栋,总造价为5 000万元。当日向乙公司预付20%的工程款。

(2) 2×13年7月1日,按照完工进度与乙公司结算上半年工程款2 250万元,扣除预付款后以存款支付余款。

(3) 2×13年12月31日,办公楼完工,交付使用。实际总造价为5 155万元,以存款补付工程款,预计使用50年,预计净残值为155万元,采用直线法计提折旧。

(4) 2×17年12月,甲公司因战略调整,决定将该办公楼改为出租。12月20日,与丙公司签订协议,将该办公楼出租给丙公司,租期2年,每年租金600万元,租期开始日为2×17年12月31日。甲公司对该办公楼采用公允价值模式进行后续计量,2×17年12月31日,该办公楼的公允价值为5 100万元。租金已收存银行。增值税税率9%。

(5) 2×18年12月31日,该办公楼的公允价值为5 000万元。

(6) 2×19年12月31日,租赁合同到期,甲公司将该办公楼以4 800万元出售,增值税税率为9%,款项收存银行。

要求 编制相关的会计分录。

第九章

无形资产及其他资产

学习目的与要求 学生通过本章的学习,掌握无形资产的定义、无形资产的计价;掌握无形资产的取得、摊销、处置和报废的核算以及研发支出的核算;熟悉无形资产减值的核算;了解其他资产的核算。

本章关键词 无形资产;研发支出;其他资产

第一节 无 形 资 产

一、无形资产的概念及确认条件

(一)无形资产的概念

无形资产是指企业拥有或者控制的没有实物形态的可辨认非货币性资产,主要包括专利权、非专利技术、商标权、著作权和特许权等。

资产满足下列条件之一的,符合无形资产定义中的可辨认标准:

(1)能够从企业中分离或者划分出来,并能够单独或者与相关合同、资产或负债一起,用于出售、转移、授予许可、租赁或者交换。

(2)源自合同性权利或其他法定权利,无论这些权利是否可以从企业或其他权利和义务中转移或者分离。

商誉的存在无法与企业自身分离,不具有可辨认性,不属于无形资产。

土地使用权通常作为无形资产核算,但属于投资性房地产或者作为固定资产核算的土地使用权,应当按投资性房地产或固定资产的核算原则进行会计处理。

(二)无形资产的确认条件

某个项目要确认为无形资产,应符合无形资产的定义,并同时满足下列条件。

1. 与该无形资产有关的经济利益很可能流入企业

作为无形资产确认的项目,必须具备其所产生的经济利益很可能流入企业这一条件。通常情况下,无形资产产生的未来经济利益可能包括在销售商品、提供劳务的收入当中,或者企业使用该项无形资产而减少或节约了成本,或者体现在获得的其他利益当中。例如,生产加工企业在生产工序中使用了某种知识产权,使其降低了未来生产成本。

在实务工作中,要确定无形资产产生的经济利益是否很可能流入企业,需要实施职业判断。在进行这种判断时,需要考虑相关的因素。比如,企业是否有足够的人力资源、高素质的管理队伍、相关的硬件设备、相关的原材料等来配合无形资产为企业创造经济利益。当然,最为重要的是应关注外界因素的影响。比如,是否存在相关的新技术、新产品冲击与无形资产相关的技术或利用其生产的产品的市场等。总之,在判断无形资产产生的经济利益是否很可能流入企业时,企业管理部门应对无形资产在预计使用年限内存在的各种因素作出稳健的估计。

2. 该无形资产的成本能够可靠地计量

成本能够可靠地计量是资产确认的一项基本条件。对于无形资产来说,这个条件显得十分重要。例如,企业自创商誉以及内部产生的品牌、报刊名等,因其成本无法可靠地计量,因此不能作为企业的无形资产加以确认。

二、无形资产的初始计量

无形资产应按其成本进行初始计量。对于不同来源取得的无形资产,其成本构成也不尽相同。

(一)外购的无形资产

外购无形资产的成本,包括购买价款、相关税费以及直接归属于使该项资产达到预定用途所发生的其他支出。其中,直接归属于使该项资产达到预定用途所发生的其他支出,是指使无形资产达到预定用途所发生的专业服务费用、测试无形资产是否能够正常发挥作用的费用等。

对于与其他资产一起购入的无形资产,其成本通常应按无形资产和其他资产的公允价值相对比例确定。采用公允价值相对比例来确定与其他资产一起购入的无形资产的成本,须以该无形资产的相对价值较大为前提。如果相对价值较小,则无须单独核算,可以计入其他资产的成本,视为其他资产的组成部分;反之,则需要单独核算。

(二)延期支付购买的无形资产

购买无形资产的价款超过正常信用条件延期支付,实质上具有融资性质的,无形资产的初始成本以购买价款的现值为基础确定。实际支付的价款与购买价款的现值之间的差额,除按照借款费用的有关规定应予资本化的以外,应当在信用期间内采用实际利率法进行摊销,计入当期损益。

(三)自行开发的无形资产

自行开发的无形资产,其成本包括自满足无形资产确认条件后至达到预定用途前所发生的支出总额,但是对于以前期间已经费用化的支出不再进行调整。

(四)投资者投入的无形资产

投资者投入无形资产的成本,应当按照投资合同或协议约定的价值确定,但合同或协议约定价值不公允的除外。

(五)接受捐赠的无形资产

企业接受捐赠的无形资产,其实际成本应分别以下情况确定:

(1)捐赠方提供了有关凭据的,按凭据上标明的金额加上应支付的相关税费确定。

(2)捐赠方没有提供有关凭据的,按如下顺序确定其实际成本:①同类或类似无形资产存在活跃市场的,按同类或类似无形资产的市场价格估计的金额,加上应支付的相关税费,作为实际成本;②同类或类似无形资产不存在活跃市场的,按该接受捐赠的无形资产的预计未来现金流量现值,作为实际成本。

(六) 其他方式取得的无形资产

其他方式取得无形资产,如通过债务重组取得无形资产、通过非货币性交易取得无形资产等,分别按照债务重组、非货币性交易会计处理原则进行核算。

三、无形资产的核算

(一) 无形资产的取得

1. 购入的无形资产

购入的无形资产,按实际支付的价款作为实际成本,借记"无形资产"科目;按增值税专用发票注明的增值税额,借记"应交税费——应交增值税(进项税额)"科目;按实际支付的款项贷记"银行存款"等科目。

【例 9-1】 2×19 年 6 月 4 日,甲公司购入一项专利技术,价款为 294 000 元,增值税额为 17 640 元,另支付相关费用 9 600 元,款项已通过银行存款支付。甲公司应编制会计分录如下:

借:无形资产——专利权　　　　　　　　　　　　　　　　　313 600
　　应交税费——应交增值税(进项税额)　　　　　　　　　　 17 640
　贷:银行存款　　　　　　　　　　　　　　　　　　　　　　331 240

需要说明的是,企业取得的土地使用权,通常应当按照取得时所支付的价款及相关税费确认为无形资产。土地使用权用于自行开发建造厂房等地上建筑物时,土地使用的账面价值不与地上建筑物合并计算其成本,而仍作为无形资产进行核算。但是,如果房地产开发企业取得的土地使用权用于建造对外出售的房屋建筑物的,其相关的土地使用权的价值应当计入所建造的房屋建筑物成本。

【例 9-2】 2×19 年 6 月 1 日,甲公司购入一块土地的使用权,以银行存款转账支付 90 000 000 元,增值税额 8 100 000 元,并在该土地上自行建造厂房等工程,发生材料支出 100 000 000 元,工资费用 50 000 000 元,其他相关费用 100 000 000 元等。该工程已经完工达到预定可使用状态。甲公司应编制会计分录如下:

(1) 支付转让价款时:

借:无形资产——土地使用权　　　　　　　　　　　　　　90 000 000
　　应交税费——应交增值税(进项税额)　　　　　　　　　 8 100 000
　贷:银行存款　　　　　　　　　　　　　　　　　　　　　98 100 000

(2) 在土地上自行建造厂房时:

借:在建工程　　　　　　　　　　　　　　　　　　　　　250 000 000
　贷:工程物资　　　　　　　　　　　　　　　　　　　　　100 000 000
　　　应付职工薪酬　　　　　　　　　　　　　　　　　　　50 000 000
　　　银行存款　　　　　　　　　　　　　　　　　　　　　100 000 000

(3) 厂房达到预定可使用状态时:

借：固定资产	250 000 000	
贷：在建工程		250 000 000

2. 投资者投入的无形资产

投资者投入的无形资产,应当按照投资合同或协议约定的价值作为实际成本。

【例9-3】 2×19年6月20日,甲公司接受乙公司以专利权进行投资。该专利权的账面价值为504 000元,投资合同约定的价值为528 000元,适用增值税税率6%。甲公司应编制会计分录如下:

借：无形资产——专利权	528 000	
应交税费——应交增值税(进项税额)	31 680	
贷：实收资本		559 680

3. 接受捐赠的无形资产

企业接受捐赠的无形资产,按照确定的价值,借记"无形资产"科目和"应交税费"科目,贷记"营业外收入——捐赠利得"科目。

值得注意的是,无形资产的唯一性决定了同类或类似无形资产的缺乏,以及相关市场不够活跃。因此,在捐赠方没有提供相关价值凭据的情况下,往往要借助于其未来现金流量值的计算来确定其入账价值。

【例9-4】 2×19年6月18日,甲公司接受捐赠的特许权,确定的实际成本为180 000元。不考虑其他相关税费。甲公司应编制会计分录如下:

借：无形资产	180 000	
贷：营业外收入——捐赠利得		180 000

(二) 无形资产的摊销

1. 估计无形资产的使用寿命

企业应当于取得无形资产时分析判断其使用寿命。无形资产的使用寿命如为有限的,应当估计该使用寿命的年限或者构成使用寿命的产量等类似计量单位数量;无法预见无形资产为企业带来经济利益期限的,应当视为使用寿命不确定的无形资产。

无形资产的使用寿命包括法定寿命和经济寿命两个方面。有些无形资产的使用寿命受法律、规章或合同的限制,称为法定寿命。经济寿命则是指无形资产可以为企业带来经济利益的年限。

在估计无形资产的使用寿命时,应当综合考虑各方面相关因素的影响:

(1) 源自合同性权利或其他法定权利取得的无形资产,其使用寿命通常不应超过合同性权利或其他法定权利的期限。

(2) 没有明确的合同或法律规定无形资产的使用寿命的,企业应当综合各方面因素判断。例如,企业经过努力,聘请相关专家进行认证、与同行业的情况进行比较以及参考企业的历史经验等,来确定无形资产为企业带来未来经济利益的期限。

(3) 经过上述努力仍确实无法合理确定无形资产为企业带来经济利益的期限的,才能将其作为使用寿命不确定的无形资产。

2. 使用寿命有限的无形资产

使用寿命有限的无形资产,应在其预计的使用寿命内采用系统合理的方法对应摊销金额进行摊销。应摊销金额是指无形资产的成本扣除残值后的金额。已计提减值准备的无形资产,还应扣除已计提的无形资产减值准备累计金额。使用寿命有限的无形资产,其残值一般为零,但下列情况除外:

(1) 有第三方承诺在无形资产使用寿命结束时愿意以一定的价格购买该无形资产。

(2) 可以根据活跃市场得到预计残值信息,并且从目前情况看,该市场在无形资产使用寿命结束时还可能存在。

无形资产的残值意味着,在其经济寿命结束之前,企业预计将会处置该无形资产,并且从该处置中获得利益。估计无形资产的残值应以资产处置时的可收回金额为基础。残值确定以后,在持有无形资产的期间内,至少应于每年年末进行复核,预计其残值与原估计金额不同的,应按照会计估计变更进行处理。如果无形资产的残值重新估计以后高于其账面价值的,则无形资产不再摊销,直至残值降至低于账面价值时再恢复摊销。

无形资产的摊销期自其可供使用(即其达到预定用途)时起至终止确认时止。

企业选择的无形资产摊销方法,应当能够反映与该项无形资产有关的经济利益的预期实现方式,并一致地运用于不同会计期间。无形资产的摊销方法有多种,包括直线法和产量法等。例如,受技术陈旧因素影响较大的专利权和专有技术等无形资产,可采用类似固定资产加速折旧的方法进行摊销;有特定产量限制的特许经营权或专利权,应采用产量法进行摊销。无法可靠确定其预期实现方式的,应当采用直线法进行摊销。

无形资产的摊销金额一般应当计入当期损益,但如果某项无形资产是专门用于生产某种产品或者其他资产,其所包含的经济利益是通过转入所生产的产品或其他资产中实现的,则无形资产的摊销金额应当计入相关资产的成本。例如,某项专门用于生产过程中的无形资产,其摊销金额应构成所生产产品成本的一部分,计入该产品的制造费用。

无形资产摊销时,应按计算的摊销额,借记"管理费用"或"制造费用"等科目,贷记"累计摊销"科目。

【例9-5】 甲公司从外单位购入专利权的成本为7 200 000元,估计使用寿命为8年,该项专利用于产品的生产;同时,购入非专利技术,实际成本为9 600 000元,估计使用寿命为10年。假定这两项无形资产的净残值为零。取得的增值税专用发票注明价款16 800 000元,增值税额1 008 000元,款项均已以银行存款支付。甲公司应编制会计分录如下:

(1) 取得无形资产时:

借:无形资产——专利权	7 200 000
——非专利技术	9 600 000
应交税费——应交增值税(进项税额)	1 008 000
贷:银行存款	17 808 000

(2) 按月摊销时:

借:制造费用——专利权摊销	75 000
管理费用——非专利技术摊销	80 000
贷:累计摊销	155 000

企业至少应当于每年年度终了,对使用寿命有限的无形资产的使用寿命及摊销方法进行复核,如果有证据表明无形资产的使用寿命及摊销方法与以前估计不同的,应当改变其摊销年限和摊销方法,并按照会计估计变更进行会计处理。

持有待售的无形资产不进行摊销,按照账面价值与公允价值减去处置费用后的净额孰低进行计量。

3. 使用寿命不确定的无形资产

根据可获得的相关信息判断,如果无法合理估计某项无形资产的使用寿命的,应将其作为使用寿命不确定的无形资产进行核算。对于使用寿命不确定的无形资产,在持有期间不需要进行摊销,但应当在每个会计期间进行减值测试。其减值测试的方法按照判断资产减值的原则进行处理,如经减值测试表明已发生减值,则需要计提相应的减值准备,其相关的账务处理为:借记"资产减值损失"科目,贷记"无形资产减值准备"科目。

(三) 无形资产处置和报废

1. 无形资产处置

企业所拥有的无形资产,可以依法处置。企业处置无形资产的方式有两种:一是转让其所有权,二是转让其使用权,两者的账务处理有所区别。

(1) 转让无形资产所有权。无形资产所有权的转让即为出售无形资产,企业应按实际取得的转让收入,借记"银行存款"等科目;按已计提的累计摊销,借记"累计摊销"科目;按该项无形资产已计提的减值准备,借记"无形资产减值准备"科目;按无形资产的账面余额,贷记"无形资产"科目;按应支付的相关税费,贷记"银行存款""应交税费"等科目;按其差额,贷记或借记"资产处置损益"科目。

【例9-6】 2×19年6月5日,乙公司将拥有的一项商标权出售,实际取得的转让价款为150 000元,应交增值税为9 000元。该商标权的账面余额为123 760元,已摊销金额为30 000元,已计提的减值准备为5 000元。乙公司应编制会计分录如下:

借:银行存款	159 000
累计摊销	30 000
无形资产减值准备	5 000
贷:无形资产——商标权	123 760
应交税费——应交增值税(销项税额)	9 000
资产处置损益	61 240

(2) 转让无形资产使用权。无形资产使用权的转让仅仅是将部分使用权让渡给其他单位或个人,出让方保留对该项无形资产的所有权,因而仍拥有对其使用、收益和处置的权利。受让方只能取得无形资产的使用权,在合同规定的范围内合理使用而无权转让。在转让无形资产使用权的情况下,由于转让企业仍拥有无形资产的所有权,因此,不应注销无形资产的账面摊余价值,转让取得的收入计入其他业务收入,摊销无形资产成本并发生与转让有关的各种费用支出,计入其他业务成本。

企业出租无形资产所得的租金收入,借记"银行存款"等科目,贷记"其他业务收入"等科目;摊销无形资产成本并发生与转让有关的各种费用支出,借记"其他业务成本"科目,贷记"累计摊销""银行存款"等科目。

【例9-7】 2×19年6月1日,丁公司将某项商标权出租给乙公司,每年收取租金收入10 000元(不含增值税),增值税税率为6%。该商标权的账面余额为144 000元,剩余摊销年限为5年,采用直线法摊销。假定不考虑增值税以外的其他税费并按年摊销。丁公司应编制会计分录如下:

(1) 每年收取租金时:

借:银行存款	10 600
贷:其他业务收入	10 000
应交税费——应交增值税(销项税额)	600

(2) 按年摊销无形资产成本时:

借:其他业务成本	28 800
贷:累计摊销	28 800

2. 无形资产报废

如果无形资产预期不能为企业带来经济利益,企业应将该无形资产报废,并将其账面价值予以转销。当无形资产存在下列一项或若干项情况时,应将该无形资产的账面价值转入当期损益:

(1) 该无形资产已被其他新技术等所替代,且已不能为企业带来经济利益。

(2) 该无形资产已不再受法律的保护,且不能为企业带来经济利益。

企业转销某项无形资产时,应按已计提的累计摊销,借记"累计摊销"科目;按该项无形资产已计提的减值准备,借记"无形资产减值准备"科目;按无形资产的账面余额,贷记"无形资产"科目;按其差额,借记"营业外支出——处置非流动资产损失"科目。

【例9-8】 2×19年12月31日,甲企业某项专利权的账面余额为9 000 000元,该专利权的摊销期限为10年,采用直线法进行摊销,已摊销6年。该专利权的残值为零,已累计计提减值准备2 400 000元。假定以该专利权生产的产品已没有市场,预期不能再为企业带来经济利益。甲企业应编制会计分录如下:

借:累计摊销	5 400 000
无形资产减值准备	2 400 000
营业外支出——处置非流动资产损失	1 200 000
贷:无形资产——专利权	9 000 000

四、研究与开发支出

(一) 研究与开发阶段的区分

对于企业自行进行的研究开发项目,应当区分研究阶段与开发阶段分别进行核算。

1. 研究阶段

研究是指为获取并理解新的科学或技术知识而进行的独创性的有计划调查。研究阶段是探索性的,是为进一步的开发活动进行资料及相关方面的准备,已进行的研究活动将来是否会转入开发,开发后是否会形成无形资产等均具有较大的不确定性。在这一阶段不会形成阶段性成果。因此,研究阶段的有关支出,在发生时应当费用化计入当期损益。

2. 开发阶段

开发是指在进行商业性生产或使用前,将研究成果或其他知识应用于某项计划或设计,以生产出新的或具有实质性改进的材料、装置、产品等。相对于研究阶段而言,开发阶段应当是已完成研究阶段的工作,在很大程度上具备了形成一项新产品或新技术的基本条件。此时,如果企业能够证明开发支出符合无形资产的定义及相关确认条件,则可将其确认为无形资产。

(二)开发阶段相关支出资本化的条件

在开发阶段,可将有关支出资本化计入无形资产的成本,但必须同时满足以下条件:

(1)完成该无形资产以使其能够使用或出售在技术上具有可行性。企业在判断无形资产的开发在技术上是否具有可行性,应当以目前分阶段的成果为基础,并提供相关证据和材料,证明企业进行开发所必需的技术条件等已经具备,不存在技术上的障碍或其他不确定性。

(2)具有完成该无形资产并使用或出售的意图。企业研发项目形成成果以后,是对外出售,还是供自己使用并从使用中获得经济利益,应当由企业管理层的意图而定。企业管理层应当能够说明其开发无形资产的目的,并具有完成该项无形资产开发并使其能够使用或出售的可能性。

(3)无形资产产生经济利益的方式,包括能够证明运用该无形资产生产的产品存在市场或无形资产自身存在市场,无形资产将在内部使用,应当证明其有用性。

(4)有足够的技术、财务和其他资源支持,以完成该无形资产的开发,并有能力使用或出售该无形资产。

(5)归属于该无形资产开发阶段的支出能够可靠地计量。

无法区分研究阶段和开发阶段的支出,应当在发生时作为管理费用,全部计入当期损益。

(三)内部开发无形资产成本的计量

内部研发形成的无形资产的成本,由可直接归属于该资产的创造、生产并使该资产能够以管理层预定的方式运作的所有必要支出组成。可直接归属成本包括,开发该无形资产时耗费的材料、劳务成本、注册费、在开发该无形资产过程中使用的其他专利权和特许权的摊销,以及按照借款费用的处理原则可以资本化的利息支出。在开发无形资产过程中发生的,除上述可直接归属于无形资产开发活动之外的其他销售费用、管理费用等间接费用,无形资产达到预定用途前发生的可辨认的无效和初始运作损失,为运行该无形资产发生的培训支出等不构成无形资产的开发成本。

值得说明的是,内部开发无形资产的成本仅包括在满足资本化条件的时点至无形资产达到预定用途前发生的支出总和,对于同一项无形资产在开发过程中达到资本化条件之前已经费用化计入当期损益的支出不再进行调整。

(四)内部研究开发费用的核算

企业自行开发无形资产发生的研发支出,无论是否满足资本化条件,均应先在"研发支出"科目中归集,期末,对于不符合资本化条件的研发支出,转入当期管理费用;符合资本化条件但尚未完成的开发费用,继续保留在"研发支出"科目中,待开发项目完成达到预定用途形成无形资产时,再将其发生的实际成本转入无形资产。

外购或以其他方式取得的、正在研发过程中应予资本化的项目,先记入"研发支出"科目,其后发生的成本比照上述原则进行处理。

【例9-9】 2×19年1月1日,甲公司的董事会批准研发某项新型技术,该公司董事会认为,研发项目具有可靠的技术和财务等资源的支持,并且一旦研发成功将降低该公司的生产成本。该公司在研究开发过程中发生材料费用720 000元、人工费用360 000元、使用其他无形资产的摊销费用60 000元以及其他费用240 000元,总计1 380 000元,其中,符合资本化条件的支出为600 000元。2×19年12月31日,该项新型技术已经达到预定用途。

甲公司应编制会计分录如下:

(1) 发生研发支出时:

借:研发支出——费用化支出　　　　　　　　　　　　　　　780 000
　　　　　　——资本化支出　　　　　　　　　　　　　　　　600 000
　　贷:原材料　　　　　　　　　　　　　　　　　　　　　　720 000
　　　　应付职工薪酬　　　　　　　　　　　　　　　　　　　360 000
　　　　银行存款　　　　　　　　　　　　　　　　　　　　　240 000
　　　　累计摊销　　　　　　　　　　　　　　　　　　　　　 60 000

(2) 2×19年12月31日,该项新型技术已经达到预定用途时:

借:管理费用　　　　　　　　　　　　　　　　　　　　　　780 000
　　无形资产　　　　　　　　　　　　　　　　　　　　　　600 000
　　贷:研发支出——费用化支出　　　　　　　　　　　　　　780 000
　　　　　　　——资本化支出　　　　　　　　　　　　　　　600 000

五、无形资产的期末计量

(一) 无形资产减值的迹象

企业在资产负债表日应当判断无形资产是否存在可能发生减值的迹象。如果无形资产存在减值迹象的,应当进行减值测试,估计无形资产的可收回金额。可收回金额低于账面价值的,应当按照可收回金额低于账面价值的金额,计提无形资产减值准备。但是,使用寿命不确定的无形资产,无论是否存在减值迹象,都应当至少于每年年度终了进行减值测试。

无形资产可能发生减值的迹象主要可从外部信息来源和内部信息来源两方面加以判断:

从企业外部信息来源来看,以下情况均属于无形资产可能发生减值的迹象,企业需要据此估计无形资产的可收回金额,决定是否需要确认减值损失。

(1) 如果出现了资产的市价在当期大幅度下跌,其跌幅明显高于因时间的推移或者正常使用而预计的下跌。

(2) 如果企业经营所处的经济、技术或者法律等环境以及资产所处的市场在当期或者将在近期发生重大变化,从而对企业产生不利影响。

(3) 如果市场利率或者其他市场投资报酬率在当期已经提高,从而影响企业计算资产预计未来现金流量现值的折现率,导致资产可收回金额大幅度降低等。

从企业内部信息来源来看,以下情况属于无形资产可能发生减值的迹象,企业需要据此估计无形资产的可收回金额,决定是否需要确认减值损失。

(1) 如果企业有证据表明资产已经陈旧过时或者其实体已经损坏。
(2) 如果资产已经或者将被闲置、终止使用或者计划提前处置。
(3) 如果企业内部报告的证据表明资产的经济绩效已经低于或者将低于预期。

无形资产可收回金额的估计,应当根据其公允价值减去处置费用后的净额与无形资产预计未来现金流量的现值两者之间较高者确定。

【例9-10】 2×19年12月31日,甲公司在对外购专利权的账面价值进行检查时,发现市场上已存在类似专利权技术所生产的产品,从而对甲公司产品的销售造成重大不利影响。当日,该专利权的公允价值为7 200万元,剩余摊销年限为5年。按2×19年12月31日技术市场的行情,如果甲公司将该专利权予以出售,则在扣除发生的律师费和其他相关税费后,可以获得6 000万元。但是,如果甲公司计划继续使用该专利权进行产品生产,则在未来5年内预计可以获得的未来现金流量的现值为5 400万元(假定使用年限结束时处置收益为零)。本例中,该专利权的可收回金额应是6 000万元。

(二) 计提无形资产减值准备的核算

如果无形资产可收回金额低于账面价值的,应当按照可收回金额低于账面价值的金额,计提无形资产减值准备,借记"资产减值损失"科目,贷记"无形资产减值准备"科目。

无形资产的价值受到许多因素的影响。比如,乙营养品生产商根据拥有的专利权技术生产营养品,随着人们对其价值进一步认可或竞争者的相关产品出现质量问题等,出现旺销现象。相应地,乙营养品生产商所拥有的专利技术将升值。由此说明,以前期间导致无形资产发生减值的迹象,可能已经全部消失或部分消失。但是,无形资产减值损失一经确认,在以后会计期间不得转回。

第二节 其他资产

其他资产是指除货币资金、交易性金融资产、应收及预付款项、存货、长期股权投资、债权投资、其他权益工具投资、固定资产和无形资产等以外的资产,如长期待摊费用等。

一、长期待摊费用

长期待摊费用是指企业已经发生,但应由本期和以后各期负担的分摊期限在1年以上(含1年)的各项费用,如以经营租赁方式租入的固定资产发生的改良支出等。企业应设置"长期待摊费用"科目对此类费用进行核算,对发生的长期待摊费用,借记"长期待摊费用"科目,贷记"原材料""银行存款"等科目;摊销长期待摊费用,借记"管理费用""制造费用"等科目,贷记"长期待摊费用"科目。

【例9-11】 2×19年3月1日,为了提高产品质量和科技含量,乙公司决定对从某制造厂以经营租赁方式租入的大型联动设备进行改造,发生以下相关支出:改造领用原材料9 000元,部分关键零部件更换支出50 200元,以银行存款支付;改造过程中发生相关员工薪酬12 800元。2×19年3月31日,大型联动设备改造完工,达到预定可使用状态并交付使用。该联动设备租赁期4年,假定不考虑其他因素。乙公司应编制会计分录如下:

(1) 改造领用原材料和发生零部件更换支出时:

借:长期待摊费用　　　　　　　　　　　　　　　　　　　　　　59 200
　　贷:原材料　　　　　　　　　　　　　　　　　　　　　　　　　 9 000
　　　　银行存款　　　　　　　　　　　　　　　　　　　　　　　　50 200

(2) 确认相关员工薪酬时:

借:长期待摊费用　　　　　　　　　　　　　　　　　　　　　　12 800
　　贷:应付职工薪酬　　　　　　　　　　　　　　　　　　　　　　12 800

(3) 从2×19年4月起,按月摊销改良支出时:

　　改良支出总额＝9 000＋50 200＋12 800＝72 000(元)
　　月摊销额＝72 000÷4÷12＝1 500(元)

借:制造费用　　　　　　　　　　　　　　　　　　　　　　　　 1 500
　　贷:长期待摊费用　　　　　　　　　　　　　　　　　　　　　　 1 500

此外,企业筹建期间所发生的费用,除购置和建造固定资产以外,包括员工薪酬、办公费、培训费、印刷费、注册登记费及不计入固定资产价值的借款费用等,也应先在长期待摊费用中归集,待企业开始生产经营的当月一次计入损益,借记"管理费用"科目,贷记"长期待摊费用"科目。

如果长期待摊费用的项目不能使以后会计期间受益,应当将尚未摊销的该项目的摊余价值全部转入当期损益。

二、其他长期资产

其他长期资产一般包括国家批准储备的特种物资、银行冻结存款、冻结物资、涉及诉讼中的财产以及商誉等。其他长期资产可以根据资产的性质及特征单独设置相关科目核算。

商誉是指企业由于种种原因,在用户中享有较高信誉、经营情况特别良好而形成的高于同行业一般水平的获利能力。由于自创商誉的不确定性,与形成自创商誉有关的各种支出在发生时,会计处理上均作为期间费用处理;企业只有在非同一控制下的企业合并中,由于购买方的合并成本大于确认的各项可辨认资产、负债公允价值净额的差额,才能确认为商誉。控股合并中产生的商誉体现在购买日编制的合并资产负债表中,吸收合并中产生的商誉则作为购买方账簿和个别报表中的资产列示。吸收合并中产生的商誉,企业应当设置"商誉"科目对其进行核算。商誉确认后,持有期间不再摊销,但应在每年年度终了进行减值测试。

本 章 小 结

无形资产是指企业拥有或者控制的没有实物形态的可辨认非货币性资产,主要包括专利权、非专利技术、商标权、著作权、特许权等。商誉的存在无法与企业自身分离,不具有可辨认性,不属于无形资产。无形资产的确认,首先,应符合无形资产的定义;其次,还需要满足无形资产的确认条件,即与该无形资产有关的经济利益很可能流入企业,该无形资产的成本能够可靠地计量。

无形资产应按其成本进行初始计量。对于不同来源取得的无形资产其成本构成也不尽相同。无形资产的摊销分为可以合理确定年限的在受益年限内摊销,不能合理确定年限的采用减值测试。无形资产的转让包括所有权转让和使用权转让,无形资产所有权转让时产生的损益计入当期资产处置损益中,无形资产使用权转让时取得的收入和发生的支出分别计入其他业务收入和其他业务成本。无形资产期末时可收回金额低于账面价值的,应当按照可收回金额低于账面价值的金额,计提无形资产减值准备。

企业自行开发无形资产发生的研发支出,无论是否满足资本化条件,均应先在"研发支出"科目中归集,期末,对于不符合资本化条件的研发支出,转入当期管理费用;符合资本化条件但尚未完成的开发费用,继续保留在"研发支出"科目中,待开发项目完成达到预定用途形成无形资产时,再将其发生的实际成本转入无形资产。

复习思考题

1. 什么是无形资产?无形资产有何特征?如何确认和计量?
2. 对于使用寿命不确定的无形资产,应如何对其进行后续计量?
3. 开发阶段发生的支出是否应全部资本化?为什么?

练 习 题

习 题 一

资料 某企业无形资产有关业务如下:

(1) 购入一项非专利技术,取得的增值税专用发票注明价款120 000元,增值税额7 200元,款项以银行存款支付。

(2) 接受投资者投入一项专利权,投资合同约定的价值为360 000元,适用增值税税率6%。

(3) 经董事会批准研发某项新型技术,在研究开发过程中发生材料费用60 000元、人工费用10 000元、其他费用3 000元,总计73 000元,其中,符合资本化条件的支出为48 000元。现该项新型技术已经达到预定用途。

(4) 月末,摊销上述无形资产,有效期均为10年。

(5) 出售一项专利,账面价值为150 000元,售价180 000元,增值税额10 800元,款项已收存银行。

(6) 出租一项商标权,每月租金60 000元,增值税额3 600元,款项已收存银行。该商标权每月摊销2 000元,另以银行存款支付技术指导费1 000元。

(7) 年末无形资产账面价值420 000元,可收回金额400 000元。

要求 根据上述经济业务编制相关的会计分录。

习 题 二

资料 某公司2×18年3月起自行研究开发一项专利。当年主要从事调查、评价,发生费用28 000元;根据研究结果,2×19年正式进行专利技术开发,当年发生费用240 000元,领用原材料12 000元;在申请专利权过程中,又发生注册费、律师费等相关费用18 000元。

要求

(1) 编制2×18年发生研发支出的会计分录。

(2) 编制2×18年转销费用化支出的会计分录。

(3) 编制2×19年发生研发支出的会计分录。

(4) 编制2×19年发生注册费、律师费等相关费用的会计分录。

(5) 编制2×19年形成无形资产的会计分录。

习 题 三

资料 2×16年1月1日,某企业外购一项无形资产,实际支付价款为3 000 000元,增值税额180 000元。企业估计该无形资产尚可使用年限为6年。2×17年12月31日,由于与该无形资产相关的经济因素发生不利变化,致使该无形资产发生价值减值,甲企业估计其可收回金额为1 200 000元。2×19年1月1日,将该无形资产对外出售,取得价款800 000元,增值税额64 000元,已收存银行。假定不考虑其他相关税费的影响。

要求

(1) 编制2×16年1月1日购入该无形资产的会计分录。

(2) 编制2×16年12月31日该无形资产摊销的会计分录。

(3) 编制2×17年12月31日该无形资产摊销的会计分录。

(4) 编制2×17年12月31日该无形资产计提减值准备的会计分录。

(5) 编制2×18年12月31日该无形资产摊销的会计分录。

(6) 编制2×19年1月1日出售该无形资产的会计分录。

习 题 四

资料 2×18年12月1日,为了改善办公环境,决定对以经营租赁方式租入的办公楼进行装修,发生以下相关支出:装修领用原材料12 900元;辅助生产车间为装修提供劳务支出98 000元;装修发生相关员工薪酬24 800元。年末,办公楼装修完工,达到预定可使用状态并交付使用。该办公楼租赁期5年,假定不考虑其他因素。

要求

(1) 编制装修领用原材料的会计分录。

(2) 编制辅助生产车间为装修提供劳务支出的会计分录。

(3) 编制装修确认相关员工薪酬的会计分录。

(4) 编制从2×19年起按月摊销装修支出的会计分录。

第十章

负　债

学习目的与要求　学生通过本章的学习,掌握应付票据、应付账款、合同负债、应付职工薪酬和应付债券的内容与核算;掌握一般纳税人应交增值税与应交消费税的核算;熟悉小规模纳税人应交增值税的核算;熟悉应交城市维护建设税的核算;熟悉短期借款、应付股利、应付利息、其他应付款以及长期借款的内容与核算;了解资源税、土地增值税、房产税、土地使用税、车船税、个人所得税的核算;了解长期应付款的内容与核算。

本章关键词　应付票据;应付账款;合同负债;应付职工薪酬;应交税费;应付债券

第一节　流动负债

一、短期借款

(一)短期借款的内容

短期借款是指企业向银行或其他金融机构等借入的期限在1年以下(含1年)的各种借款。企业借入的短期借款构成了一项负债。

短期借款一般是企业为维持正常的生产经营所需的资金而借入的或者为抵偿某项债务而借入的款项。与长期借款相比,短期借款具有借款期限较短[一般为1年以下(含1年)]、利息费用较低,以及借款手续相对简便等特点。

(二)短期借款的核算

为了核算企业的短期借款,应设置"短期借款"科目。该科目属于负债类科目,贷方登记借入短期借款的本金数额,借方登记归还短期借款的本金数额,期末余额在贷方,表示尚未归还的短期借款本金数额。需要注意的是,"短期借款"科目只核算本金,不核算利息,短期借款的利息通过"应付利息"科目核算。

1. 取得短期借款的处理

企业借入的各种短期借款,借记"银行存款"科目,贷记"短期借款"科目。

2. 短期借款利息的处理

每个资产负债表日,企业应计算确定短期借款的应付利息,按照应支付的利息金额,借记"财务费用"等科目,贷记"银行存款"科目。短期借款的利息如果按季支付,可以按月预提,预提时,借记"财务费用"等科目,贷记"应付利息"科目;实际支付时,借记"应付利息"科目,贷记"银行存款"科目。

3. 归还短期借款的处理

企业到期归还短期借款本金时,借记"短期借款"科目,贷记"银行存款"科目。

现将短期借款的核算举例说明如下。

【例 10-1】 大华公司因生产经营的临时需要,于 2×19 年 1 月 1 日从银行借入一笔为期 3 个月的临时借款 500 000 元,年利率 6%,借款利息按月计提,每季度末支付。则大华公司编制会计分录如下:

(1) 2×19 年 1 月 1 日,借入借款时:

借:银行存款 500 000
  贷:短期借款 500 000

(2) 2×19 年 1 月末,计提利息时:

$$月利息 = 500\,000 \times 6\% \div 12 = 2\,500(元)$$

借:财务费用 2 500
  贷:应付利息 2 500

(3) 2×19 年 2 月末,计提利息时:

借:财务费用 2 500
  贷:应付利息 2 500

(4) 2×19 年 3 月末,归还贷款本金和利息时:

借:财务费用 2 500
  贷:应付利息 2 500
借:应付利息 7 500
  贷:银行存款 7 500
借:短期借款 500 000
  贷:银行存款 500 000

二、应付票据

(一) 应付票据的内容

应付票据是指企业购买材料、商品和接受劳务供应等而开出、承兑的商业汇票。商业汇票按承兑人不同,分为商业承兑汇票和银行承兑汇票。

(二) 应付票据的核算

为了核算企业签发的商业汇票,应设置"应付票据"科目。该科目属于负债类科目,贷方登记企业签发、承兑商业汇票的面值,借方登记企业到期支付(或结转)的票据面值,余额在贷方,表示企业尚未到期的商业汇票的票据面值。

(1) 企业因购买材料、商品和接受劳务供应等而开出、承兑的商业汇票,应借记"在途物资""材料采购""原材料""库存商品""应交税费——应交增值税(进项税额)"等科目,按商业汇票的票面金额,贷记"应付票据"科目。企业支付的银行承兑汇票手续费应当计入当期财务费用,按确认的手续费,借记"财务费用"科目,取得增值税专用发票的,按注明的增值税进项税额,借记"应交税费——应交增值税(进项税额)"科目,按实际支付的金额,贷记"银行存款"科目。

(2) 商业承兑汇票如果不能如期支付的,应在票据到期时,将"应付票据"账面价值转入"应付账款"科目,待协商后再行处理。

(3) 银行承兑汇票到期,如果企业无力支付到期票款时,承兑银行除凭票向持票人无条件付款外,对出票人尚未支付的汇票金额转作逾期贷款处理,借记"应付票据"科目,贷记"短期借款"科目。

【例 10-2】 2×19 年 1 月 1 日,大华公司从 A 公司购入甲材料一批,增值税专用发票上注明价款 60 000 元,增值税税率为 13%,增值税额 7 800 元,当日签发并承兑一张面额为 67 800 元,期限为 3 个月的商业承兑汇票结算,材料已验收入库(实际成本法)。则大华公司编制会计分录如下:

(1) 持票购料入库时:

借:原材料——甲材料　　　　　　　　　　　　　　　　　　　　60 000
　　应交税费——应交增值税(进项税额)　　　　　　　　　　　　7 800
　　贷:应付票据　　　　　　　　　　　　　　　　　　　　　　67 800

(2) 到期支付票款时:

借:应付票据　　　　　　　　　　　　　　　　　　　　　　　67 800
　　贷:银行存款　　　　　　　　　　　　　　　　　　　　　67 800

(3) 如果上述票据到期,企业无款支付,则转作应付账款:

借:应付票据　　　　　　　　　　　　　　　　　　　　　　　67 800
　　贷:应付账款　　　　　　　　　　　　　　　　　　　　　67 800

如果该票据为银行承兑汇票,则转作短期借款:

借:应付票据　　　　　　　　　　　　　　　　　　　　　　　67 800
　　贷:短期借款　　　　　　　　　　　　　　　　　　　　　67 800

三、应付账款

(一) 应付账款的内容

应付账款是指因购买材料、商品或接受劳务供应等而发生的债务。这是买卖双方由于取得物资或服务与支付货款在时间上不一致而产生的负债。

企业的其他应付款项,如应付赔偿款、应付租金和存入保证金等,不属于应付账款的核算内容。

(二) 应付账款的核算

为了核算应付账款的形成及其偿还情况,应设置"应付账款"科目。"应付账款"科目属于负债类科目,贷方登记企业因购货、接受劳务供应而产生的应付款项,借方登记企业支付以及转销无法支付的应付款项,余额一般在贷方,表示企业尚未支付的应付账款。

应付账款一般按应付金额入账,而不按到期应付金额的现值入账。

(1) 企业购入材料、商品等验收入库,但货款尚未支付,应根据有关凭证(发票账单)上记载的实际价款或暂估价值,借记"在途物资""材料采购""原材料"等科目,按专用发票上注明的增值税额,借记"应交税费——应交增值税(进项税额)"科目,按应付未付的款项,贷记"应付账款"科目。

(2) 企业支付应付账款时,借记"应付账款"科目,贷记"银行存款"等科目。

(3) 对于因债权人撤销等原因而产生无法支付的应付账款,应按账面余额计入营业外收入,借记"应付账款"科目,贷记"营业外收入"科目。

【例 10-3】 2×19 年 1 月 1 日,大华公司从乙企业购入 A 材料一批,货款 400 000 元,增值税税率为 13%,增值税额为 52 000 元,已收到对方转来增值税专用发票,材料已运到并验收入库(该企业材料按实际成本核算),款项尚未支付。则大华公司编制会计分录如下:

(1) 2×19 年 1 月 1 日,确认应付账款:

借:原材料——A 材料　　　　　　　　　　　　　　　　　　　400 000
　　应交税费——应交增值税(进项税额)　　　　　　　　　　 52 000
　　　贷:应付账款——乙企业　　　　　　　　　　　　　　　452 000

(2) 2×19 年 1 月 29 日,付清货款:

借:应付账款——乙企业　　　　　　　　　　　　　　　　　452 000
　　　贷:银行存款　　　　　　　　　　　　　　　　　　　　452 000

【例 10-4】 承[例 10-3],若购买材料 30 天后,大华公司无款支付,向乙企业开出一张面值为 452 000 元,期限为 6 个月的商业承兑汇票抵付货款。则大华公司编制会计分录如下:

借:应付账款——乙企业　　　　　　　　　　　　　　　　　452 000
　　　贷:应付票据　　　　　　　　　　　　　　　　　　　　452 000

四、合同负债

(一) 合同负债的内容

合同负债是指企业已收或应收客户对价而应向客户转让商品的义务。例如,企业在转让承诺的商品之前已收取的款项。

值得注意的是:企业因转让商品收到的预收款适用收入准则进行会计处理时,应使用"合同负债"科目,不再使用"预收账款"科目,预收账款为负债类科目,但该科目核算的范围缩小了,除了销售商品、合同收入中预收的款项计入了合同负债外,其他的合同(如租赁合同)中预收的款项仍通过预收账款核算。

(二) 合同负债的核算

企业因转让商品收到的预收款适用收入准则进行会计处理时,使用"合同负债"科目。"合同负债"科目属于负债类科目,贷方登记企业在向客户转让商品之前,先行收取了客户支付的对价,借方登记企业实际转让商品或提供劳务的价税款,期末贷方余额,反映企业在向客户转让商品之前,已经收到的合同对价或已经取得的无条件收取合同对价权利的金额。

(1) 企业在向客户转让商品之前,客户已经支付了合同对价或企业已经取得了无条件收取合同对价权利的,企业应当在客户实际支付款项与到期应支付款项孰早时点,按照该已收或应收的金额,借记"银行存款"等科目,贷记"合同负债"科目。

(2) 企业向客户转让相关商品时,冲销之前的合同负债,借记"合同负债"科目,按实现的营业收入,贷记"主营业务收入""其他业务收入"等科目,按增值税专用发票上注明的增值税额,贷记"应交税费——应交增值税(销项税额)"科目,按其差额,借记或贷记"银行存款"科目。

【例10-5】 2×19年1月1日,大华公司与乙企业签订供货合同,按合同规定,货款金额总计500 000元,订货方预付货款40%,其余60%待完工发货后再支付,货物的增值税税率为13%,预收款适用收入准则。则大华公司编制会计分录如下:

(1) 收到预付的货款时:

借:银行存款 200 000
　　贷:合同负债 200 000

(2) 大华公司发售产品并结清余款时:

借:合同负债 200 000
　　银行存款 365 000
　　贷:主营业务收入 500 000
　　　　应交税费——应交增值税(销项税额) 65 000

五、应付职工薪酬

(一) 应付职工薪酬的内容

职工薪酬是指企业为获得职工提供的服务或解除劳动关系而给予各种形式的报酬或补偿。企业提供给职工配偶、子女、受赡养人、已故员工遗属及其他受益人等的福利,也属于职工薪酬。

这里所称的"职工",主要包括三类人员:一是与企业订立劳动合同的所有人员,含全职、兼职和临时职工;二是未与企业订立劳动合同但由企业正式任命的企业治理层和管理层人员,如董事会成员、监事会成员等;三是在企业的计划和控制下,虽未与企业订立劳动合同或未由其正式任命,但向企业所提供服务与职工所提供服务类似的人员,也属于职工的范畴,包括通过企业与劳务中介公司签订用工合同而向企业提供服务的人员。

具体来说,职工薪酬主要包括以下内容。

1. 短期薪酬

短期薪酬是指企业在职工提供相关服务的年度报告期间结束后12个月内需要全部予以支付的职工薪酬,因解除与职工的劳动关系给予的补偿(属辞退福利)除外。短期薪酬具体包括:

(1) 职工工资、奖金、津贴和补贴。职工工资、奖金、津贴和补贴,是指构成工资总额的计时工资、计件工资、支付给职工的超额劳动报酬和增收节支的劳动报酬、为了补偿职工特殊或额外的劳动消耗和因其他特殊原因支付给职工的津贴,以及为了保证职工工资水平不受物价影响支付给职工的物价补贴等。其中,企业按照短期奖金计划向职工发放的奖金属于短期薪酬,按照长期奖金计划向职工发放的奖金属于其他长期职工福利。

(2) 职工福利费。职工福利费是指企业向职工提供的生活困难补助、丧葬补助费、抚恤费、职工异地安家费和防暑降温费等职工福利支出。

(3) 医疗保险费、工伤保险费和生育保险费等社会保险费。医疗保险费、工伤保险费和生育保险费等社会保险费,是指企业按照国家规定的基准和比例计算,向社会保险经办机构缴纳的医疗保险费、工伤保险费和生育保险费。

(4) 住房公积金。住房公积金是指企业按照国家规定的基准和比例计算,向住房公积金管理机构缴存的住房公积金。

(5) 工会经费和职工教育经费。工会经费和职工教育经费是指企业为了改善职工文化生活、为职工学习先进技术和提高职工文化水平和业务素质,用于开展工会活动和职工教育及职业技能培训等相关支出。

(6) 短期带薪缺勤。短期带薪缺勤是指职工虽然缺勤但企业仍向其支付报酬的安排,包括年休假、病假、婚假、产假、丧假和探亲假等。长期带薪缺勤属于其他长期职工福利。

(7) 短期利润分享计划。短期利润分享计划是指因职工提供服务而与职工达成的基于利润或其他经营成果提供薪酬的协议。长期利润分享计划属于其他长期职工福利。

(8) 其他短期薪酬。其他短期薪酬是指除上述薪酬以外的其他为获得职工提供的服务而给予的短期薪酬。

2. 离职后福利

离职后福利是指企业为获得职工提供的服务而在职工退休或与企业解除劳动关系后,提供的各种形式的报酬和福利,短期薪酬和辞退福利除外。

企业应当将离职后福利计划分类为设定提存计划和设定受益计划。其中,设定提存计划是指向独立的基金缴存固定费用后,企业不再承担进一步支付义务的离职后福利计划,包括养老保险费和失业保险费;设定受益计划是指除设定提存计划以外的离职后福利计划。

3. 辞退福利

辞退福利是指企业在职工劳动合同到期之前解除与职工的劳动关系,或者为鼓励职工自愿接受裁减给予职工的补偿。

4. 其他长期职工福利

其他长期职工福利是指除短期薪酬、离职后福利、辞退福利之外所有的职工薪酬,包括长期带薪缺勤、长期残疾福利和长期利润分享计划等。

(二) 应付职工薪酬的核算

为了核算企业职工薪酬的提取、结算、使用等情况,应当设置"应付职工薪酬"科目。该科目属于负债类科目,贷方登记已分配计入有关成本费用项目的职工薪酬的数额,借方登记实际发放职工薪酬的数额;期末贷方余额,反映企业应付未付的职工薪酬。"应付职工薪酬"科目应当按照"工资、奖金、津贴和补贴""职工福利费""社会保险费""住房公积金""工会经费和职工教育经费""带薪缺勤""非货币性福利""利润分享计划""设定提存计划""设定受益计划""辞退福利"等职工薪酬项目设置明细科目进行明细核算。

1. 货币性短期薪酬的核算

对于"工资、奖金、津贴和补贴""职工福利费""社会保险费""住房公积金""工会经费和职工教育经费"等，企业应当在职工为其提供服务的会计期间，根据职工提供服务的受益对象，将应确认的职工薪酬计入相关资产成本或当期损益，同时确认为应付职工薪酬。具体分别以下情况进行处理：对于生产工人的职工薪酬，借记"生产成本"等科目；对于车间管理人员的职工薪酬，借记"制造费用"科目；对于管理部门人员的职工薪酬，借记"管理费用"科目；对于销售人员的职工薪酬，借记"销售费用"科目；对于应由在建工程、研发支出负担的职工薪酬，借记"在建工程""研发支出"科目，贷记"应付职工薪酬"相关明细科目。

企业按照有关规定向职工等支付短期薪酬时，借记"应付职工薪酬"相关明细科目，贷记"银行存款""库存现金"等科目；企业从应付职工薪酬中扣还的各种款项（代垫的家属药费、个人所得税等），借记"应付职工薪酬——工资、奖金、津贴和补贴"科目，贷记"其他应收款""应交税费——应交个人所得税"等科目。

【例10-6】 2×19年1月，甲公司当月应发工资1 000 000元，其中：生产车间直接生产人员工资500 000元，生产车间管理人员工资200 000元，公司管理部门人员工资300 000元。

根据相关规定，公司分别按照职工工资总额的8%和10%计提医疗保险费和住房公积金，缴纳给当地社会保险经办机构和住房公积金管理机构。公司分别按照职工工资总额的2%计提工会经费，假定不考虑所得税影响。则甲公司编制会计分录如下：

借：生产成本	600 000
制造费用	240 000
管理费用	360 000
贷：应付职工薪酬——工资、奖金、津贴和补贴	1 000 000
——社会保险费（基本医疗保险）	80 000
——住房公积金	100 000
——工会经费	20 000

【例10-7】 承[例10-6]，甲公司根据"工资结算汇总表"结算本月应付职工工资总额1 000 000元，代扣个人所得税160 000元，扣还代扣代缴费用20 000元，实发工资820 000元。则编制会计分录如下：

（1）以银行存款发放工资：

借：应付职工薪酬——工资、奖金、津贴和补贴	820 000
贷：银行存款	820 000

（2）代扣款项：

借：应付职工薪酬——工资、奖金、津贴和补贴	180 000
贷：其他应收款	20 000
应交税费——应交个人所得税	160 000

【例10-8】 甲公司下设一所职工食堂，每月根据在岗职工数量及岗位分布情况，相关历

史经验数据等计算需要补贴食堂的金额,从而确定公司每期因补贴职工食堂需要承担的福利费金额。2×19年1月,甲公司在岗职工共计100人,其中厂部管理部门10人,车间管理部门20人,车间生产工人70人,企业历史经验表明,每个职工每月需补贴食堂300元。则甲公司编制会计分录如下:

借:生产成本	21 000
制造费用	6 000
管理费用	3 000
贷:应付职工薪酬——职工福利费	30 000

【例10-9】 承[例10-8],甲公司支付补贴30 000元给职工食堂。则甲公司编制会计分录如下:

借:应付职工薪酬——职工福利费	30 000
贷:银行存款	30 000

对于"带薪缺勤",应根据其性质及其职工享有的权利,分为累积带薪缺勤和非累积带薪缺勤两类。

累积带薪缺勤是指带薪缺勤权利可以结转下期的带薪缺勤,本期尚未用完的带薪缺勤权利可以在未来期间使用。企业应当在职工提供了服务,从而增加了其未来享有的带薪缺勤权利时,确认与累积带薪缺勤相关的职工薪酬,并以累积未行使权利而增加的预期支付金额计量,借记"管理费用"等科目,贷记"应付职工薪酬——带薪缺勤——短期带薪缺勤——累积带薪缺勤"科目。使用累积带薪缺勤时,借记"应付职工薪酬——带薪缺勤——短期带薪缺勤——累积带薪缺勤"科目,贷记"银行存款"等科目。

非累积带薪缺勤是指带薪缺勤权利不能结转下期的带薪缺勤,本期尚未用完的带薪缺勤权利将予以取消,并且职工离开企业时也无权获得现金支付。我国企业职工休婚假、产假、丧假、探亲假、病假期间的工资通常属于非累积带薪缺勤。企业应当在职工实际发生缺勤的会计期间确认与非累积带薪缺勤相关的职工薪酬。即非累积带薪缺勤发生时视为全勤,按正常全勤状态进行会计处理,通常情况下不必额外作相应的账务处理。

【例10-10】 丙公司共有1 000名职工,从2×19年1月1日起,该公司实行累积带薪缺勤制度。该制度规定,每个职工每年可享受5个工作日带薪年休假,未使用的年休假只能向后结转一个日历年度,超过1年未使用的权利作废,不能在职工离开公司时获得现金支付;职工休年休假时,首先使用当年可享受的权利,不足部分再从上年结转的带薪年休假中扣除;职工离开公司时,对未使用的累积带薪年休假无权获得现金支付。

假设2×19年12月31日,每个职工当年平均未使用带薪年休假为2天。乙公司预计2×20年有950名职工将享受不超过5天的带薪年休假,剩余50名职工每人将平均享受6.5天年休假,假定这50名职工全部为总部管理人员,该公司平均每名职工每个工作日工资为300元。

借:管理费用(50×1.5×300)	22 500
贷:应付职工薪酬——带薪缺勤——短期带薪缺勤——累积带薪缺勤	22 500

假设2×20年丙公司职工休假情况与预测一致,则这75天的工资在支付时:

借：应付职工薪酬——带薪缺勤——短期带薪缺勤——累积带薪缺勤　　22 500
　　贷：银行存款　　22 500

2. 非货币性短期薪酬的核算

企业向职工提供非货币性福利的,应当按照公允价值计量。公允价值不能可靠取得的,可以采用成本计量。

企业以其自产产品作为非货币性福利发放给职工的,应当根据受益对象,按照该产品的公允价值和相关税费,计入相关资产成本或当期损益,同时确认应付职工薪酬,借记"生产成本""制造费用""管理费用"等科目,贷记"应付职工薪酬——非货币性福利"科目。发放时,视同销售,借记"应付职工薪酬——非货币性福利"科目,贷记"主营业务收入""应交税费——应交增值税(销项税额)"科目。

企业以外购商品作为非货币性福利提供给职工的,应当按照该商品的公允价值和相关税费计入成本费用(账务处理同上),发放时,借记"应付职工薪酬——非货币性福利"科目,贷记"库存商品""应交税费——应交增值税(进项税额转出)"科目。

企业将拥有的房屋等资产无偿提供给职工使用的,应当根据受益对象,将该住房每期应计提的折旧计入相关资产成本或当期损益,同时确认应付职工薪酬(账务处理同上),同时借记"应付职工薪酬——非货币性福利"科目,贷记"累计折旧"科目。

企业租赁住房等资产供职工无偿使用的,应当根据受益对象,将每期应付的租金计入相关资产成本或当期损益,并确认应付职工薪酬(账务处理同上),支付租金时,借记"应付职工薪酬——非货币性福利"科目,贷记"银行存款"科目。

【例10-11】 2×19年1月15日,甲公司决定以其生产的产品作为春节福利发放给公司每名职工。甲公司共有职工100名,其中70名为直接参加生产的职工,30名为总部管理人员。该产品的市场单价为1 000元,成本为800元。已开具了增值税专用发票,适用的增值税税率为13%,假定甲公司于当日发放给各职工。

应当计入生产成本的职工薪酬金额 = 70×1 000×1.13 = 79 100(元)
应当计入管理费用的职工薪酬金额 = 30×1 000×1.13 = 33 900(元)

借：生产成本　　79 100
　　管理费用　　33 900
　　贷：应付职工薪酬——非货币性福利　　113 000

借：应付职工薪酬——非货币性福利　　113 000
　　贷：主营业务收入　　100 000
　　　　应交税费——应交增值税(销项税额)　　13 000

借：主营业务成本　　80 000
　　贷：库存商品　　80 000

3. 设定提存计划的核算

对于设定提存计划,企业应当根据在资产负债表日为换取职工在会计期间提供的服务而应向单独主体缴存的提存金,确认为应付职工薪酬,并计入当期损益或相关资产成本,借记"生产成本""制造费用""管理费用""销售费用"等科目,贷记"应付职工薪酬——设定提存计划"科目。

【例 10-12】 承[例 10-6]，2×19 年 1 月，甲公司根据所在地政府规定，按照职工工资总额的一定比例计提基本养老费 160 000 元，缴存当地社会保险经办机构，其中，应计入生产成本的金额为 80 000 元，应计入制造费用的金额为 32 000 元，应计入管理费用的金额为 48 000 元。则甲公司编制会计分录如下：

```
借：生产成本                                          80 000
    制造费用                                          32 000
    管理费用                                          48 000
    贷：应付职工薪酬——设定提存计划（基本养老保险费）    160 000
```

六、应交税费

（一）应交税费的内容

应交税费是指企业按照税法规定计算应缴纳的各种税费，包括增值税、消费税、企业所得税、资源税、土地增值税、城市维护建设税、房产税、土地使用税、车船税、教育费附加税、矿产资源补偿费等。这些税费，在上交国家之前形成企业的一项负债。

（二）应交税费的核算

为了总括反映各种税费的缴纳情况，企业应设置"应交税费"科目。该科目属于负债类科目，贷方登记按规定计算结转的应交税费数额，借方登记实际缴纳的各项税费，期末贷方余额，反映企业尚未缴纳的税费；期末如为借方余额，反映企业多交或尚未抵扣的税费。该科目可按税种设置明细账进行明细核算。

需要注意的是，企业缴纳的印花税、耕地占用税等不需要预计应交数的税金，不通过"应交税费"科目核算。

1. 应交增值税的核算

增值税是以商品（含应税劳务、应税行为）在流转过程中实现的增值额作为计税依据而征收的一种流转税。

按照我国现行增值税制度的规定，在我国境内销售货物，或者提供加工、修理修配劳务、服务、无形资产、不动产以及进口货物的单位和个人为增值税的纳税人。其中，"服务"包括交通运输服务、邮政服务、电信服务、建筑服务、金融服务、现代服务和生活服务等。

增值税的纳税人按照经营规模大小及会计核算的健全程度不同，可以分为一般纳税人和小规模纳税人。

增值税小规模纳税人标准为年应征增值税销售额（以下简称年应税销售额）500 万元及以下，并且会计核算不健全，不能够提供准确税务资料的增值税纳税人。增值税一般纳税人是指年应税销售额超过财政部、国家税务总局规定的小规模纳税人标准的企业和企业性单位。

1）一般纳税人应交增值税的核算

一般纳税人应在"应交税费"科目下设置"应交增值税""未交增值税""预交增值税""待认证进项税额""待转销项税额""增值税留抵税额""简易计税""转让金融商品应交增值税""代扣代交增值税"等明细科目进行核算。

"应交税费——应交增值税"明细账内,分别设置"进项税额""销项税额抵减""已交税金""转出未交增值税""转出多交增值税""减免税款""出口抵减内销产品应纳税额""销项税额""出口退税""进项税额转出"等专栏。

一般纳税人增值税的一般计税方法,是先按当期销售额和适用的增值税税率计算出销项税额,然后减去当期可抵扣的进项税额,间接计算出当期的应纳税额。

当期销项税额的计算公式:

$$销项税额 = 销售额(不含税) \times 增值税税率$$

增值税的应纳税额的计算公式:

$$应纳税额 = 当期销项税额 - 当期准予抵扣的进项税额$$

2019年4月1日后增值税税率有13%、9%、6%、零税率四档。

适用13%增值税税率的主要范围有销售或进口货物、提供加工、修理、修配劳务、提供有形动产租赁服务。其中,销售或进口货物中的粮食、自来水、图书、饲料等为9%。

适用9%增值税税率的主要范围有交通运输服务、邮政服务、建筑服务、销售不动产。

适用6%增值税税率的主要范围有销售无形资产、电信服务、金融服务、生活服务、现代服务。

纳税人出口货物,增值税税率为零。但是,国务院另有规定的除外。

公式中"当期准予抵扣的进项税额"主要包括凭票抵扣和计算抵扣。其中,凭票抵扣主要包括三种情况:①增值税专用发票,一般纳税人购进货物、接受应税劳务(加工、修理修配劳务)或者购进服务、无形资产或者不动产的进项税额,为从销售方(或者提供方)取得的"增值税专用发票"(含税控机动车销售统一发票)上注明的增值税额。②海关进口增值税专用缴款书,一般纳税人进口货物的进项税额,为从海关取得的海关进口增值税专用缴款书上注明的增值税额。③完税凭证,从境外单位或者个人购进服务、无形资产或者不动产,自税务机关或者扣缴义务人取得的解缴税款的完税凭证上注明的增值税额。计算抵扣主要是指购进农产品,未取得增值税专用发票或者海关进口增值税专用缴款书的,按照农产品收购发票或者销售发票上注明的农产品买价乘以9%的扣除率计算进项税额抵扣。

(1)一般采购等业务的会计处理。一般采购等业务是指按现行增值税有关规定进项税额允许一次抵扣的业务。

借:在途物资/原材料/库存商品等
　　应交税费——应交增值税(进项税额)(当月已认证的可抵扣增值税额)
　　应交税费——待认证进项税额(当月未认证的可抵扣增值税额)
　贷:银行存款/应付账款/应付票据等

【例10-13】 大华公司为增值税一般纳税人,2×19年1月1日,购入原材料一批,取得增值税专用发票并通过认证,增值税专用发票上注明的价款为110 000元,增值税税率13%,增值税额14 300元,材料尚未到达(实际成本法)。全部款项已开出商业承兑汇票支付,票面金额为124 300元,期限为3个月。则大华公司编制会计分录如下:

```
借：在途物资                                              110 000
    应交税费——应交增值税(进项税额)                        14 300
    贷：应付票据                                          124 300
```

(2) 一般销售业务的会计处理。一般销售业务是指一般纳税人销售货物、加工修理修配劳务、服务、无形资产或者不动产等业务。

```
借：应收账款/应收票据/银行存款等
    贷：主营业务收入/其他业务收入/固定资产清理等
        应交税费——应交增值税(销项税额)
```

【例10-14】 大华公司为增值税一般纳税人，向乙企业销售产品一批，开出的增值税专用发票上注明售价为500 000元，增值税税率为13%，增值税额65 000元，款项尚未收到。则大华公司编制会计分录如下：

```
借：应收账款                                              565 000
    贷：主营业务收入                                      500 000
        应交税费——应交增值税(销项税额)                   65 000
```

(3) 视同销售的会计处理。根据增值税有关规定，企业将货物交付他人代销；销售代销货物；将自产或委托加工的货物用于非应税项目；将自产、委托加工或购买的货物作为投资，提供给其他单位或个体经营者；将自产、委托加工或购买的货物分配给股东或投资者；将自产、委托加工的货物用于集体福利或个人消费；将自产、委托加工或购买的货物无偿赠送他人等行为，视同销售货物，需要计算缴纳增值税。

其中，将自产、委托加工和购买的物资作为投资，应作如下会计处理：

```
借：其他权益工具投资/长期股权投资等
    贷：主营业务收入或其他业务收入
        应交税费——应交增值税(销项税额)
借：主营业务成本或其他业务成本
    贷：库存商品或原材料
```

将自产、委托加工或购买的货物分配给股东或投资者，应作如下会计处理：

```
借：应付股利
    贷：主营业务收入或其他业务收入
        应交税费——应交增值税(销项税额)
借：主营业务成本或其他业务成本
    贷：库存商品或原材料
```

将自产、委托加工的货物用于集体福利或个人消费，应作如下会计处理：

```
借：应付职工薪酬
    贷：主营业务收入或其他业务收入
        应交税费——应交增值税(销项税额)
借：主营业务成本或其他业务成本
    贷：库存商品或原材料
```

将自产、委托加工或购买的货物无偿赠送他人,应作如下会计处理:

借:营业外支出
　　贷:库存商品(账面余额)
　　　　应交税费——应交增值税(销项税额)(按计税价计算销项税额)

【例10-15】 大华公司为增值税一般纳税人,2×19年2月3日,用一批原材料对外进行长期股权投资,该批原材料的实际成本为250 000元,双方协商不含税价为300 000元,开具的增值税专用发票上注明的增值税额为39 000元。则大华公司编制会计分录如下:

借:长期股权投资　　　　　　　　　　　　　　　　　　　　　　　　339 000
　　贷:其他业务收入　　　　　　　　　　　　　　　　　　　　　　300 000
　　　　应交税费——应交增值税(销项税额)　　　　　　　　　　　　39 000

同时,结转成本:

借:其他业务成本　　　　　　　　　　　　　　　　　　　　　　　　250 000
　　贷:原材料　　　　　　　　　　　　　　　　　　　　　　　　　250 000

(4) 进项税额不予抵扣及进项税额转出的会计处理。按照增值税有关规定,一般纳税人购进货物、加工修理修配劳务、服务、无形资产或不动产,用于简易计税方法计税项目、免征增值税项目、集体福利或个人消费等,其进项税额不得从销项税额中抵扣,应当计入相关成本费用,不通过"应交税费——应交增值税(进项税额)"科目核算。

企业已单独确认进项税额的购进货物、加工修理修配劳务或者服务、无形资产或者不动产,但其事后改变用途(如用于简易计税方法计税项目、免征增值税项目、非增值税应税项目等),或发生非正常损失,原已计入进项税额、待抵扣进项税额或待认证进项税额,按照现行增值税制度规定不得从销项税额中抵扣。这里所说的"非正常损失",根据现行增值税制度规定,是指因管理不善造成货物被盗、丢失、霉烂变质,以及因违反法律法规造成货物或不动产被依法没收、销毁、拆除的情形。

因改变用途或发生非正常损失等,一般应作如下会计处理:

借:应付职工薪酬(集体福利或个人消费)
　　待处理财产损溢(非正常损失)
　　贷:原材料等
　　　　应交税费——应交增值税(进项税额转出)

【例10-16】 大华公司为增值税一般纳税人,2×19年3月10日,库存材料因管理不善发生火灾损失,材料实际成本为10 000元,相关增值税专用发票上注明的增值税额为1 300元。大华公司将毁损库存材料作为待处理财产损溢入账,应编制会计分录如下:

借:待处理财产损溢——待处理流动资产损溢　　　　　　　　　　　　11 300
　　贷:原材料　　　　　　　　　　　　　　　　　　　　　　　　　10 000
　　　　应交税费——应交增值税(进项税额转出)　　　　　　　　　　1 300

【例10-17】 大华公司为增值税一般纳税人,2×19年4月1日,领用一批外购原材料用于集体福利,该批原材料的实际成本为20 000元,相关增值税专用发票上注明的增值税

额为 2 600 元,应编制会计分录如下:

借:应付职工薪酬——职工福利费　　　　　　　　　　　　　　　22 600
　　贷:原材料　　　　　　　　　　　　　　　　　　　　　　　　　　　20 000
　　　　应交税费——应交增值税(进项税额转出)　　　　　　　　　　　2 600

(5) 月末转出多交增值税和未交增值税的会计处理。月度终了,企业应当将当月应交未交或多交的增值税自"应交增值税"明细科目转入"未交增值税"明细科目。

企业存在当月应交未交的增值税,应作如下会计处理:

借:应交税费——应交增值税(转出未交增值税)
　　贷:应交税费——未交增值税

企业存在当月多交的增值税,应作如下会计处理:

借:应交税费——未交增值税
　　贷:应交税费——应交增值税(转出多交增值税)

(6) 缴纳增值税的会计处理。企业当月缴纳当月的应交增值税,应作如下会计处理:

借:应交税费——应交增值税(已交税金)
　　贷:银行存款

企业当月缴纳以前期间未交的增值税,应作如下会计处理:

借:应交税费——未交增值税
　　贷:银行存款

2) 小规模纳税企业应交增值税的核算

小规模纳税人发生应税销售行为,实行按照销售额和征收率计算应纳税额的简易办法,并不得抵扣进项税额。小规模纳税人增值税征收率为 3%。

小规模纳税企业销售货物或提供应税劳务时,应按不含税销售额和规定的增值税征收率计算应交增值税;小规模纳税企业不享有进项税额的抵扣权,其购入货物或接受应税劳务,无论是否取得增值税专用发票,支付的增值税额均不计入进项税额,不得从销项税额中抵扣,而计入购入货物或劳务的成本。因此,小规模纳税企业只需在"应交税费"科目下设置"应交增值税"明细科目,不需要在"应交增值税"明细科目中设置上述专栏。

(1) 小规模纳税企业购进货物、应税劳务或应税行为,按应支付或实际支付的货款和增值税进项税额合计,借记"原材料""在途物资"等科目,贷记"应付账款""银行存款""应付票据"等科目。

(2) 小规模纳税企业销售货物、应税劳务或应税行为,按含税销售额(即收取的款项),借记"应收账款""银行存款"等科目,按经计算的不含税销售额,贷记"主营业务收入"科目,按经计算应缴纳的增值税,贷记"应交税费——应交增值税"科目。计算公式如下:

不含税销售额 = 含税销售额 ÷ (1 + 增值税征收率)
应交增值税额 = 不含税销售额 × 增值税征收率

【例 10-18】 某工业企业为小规模纳税企业,适用的增值税征收率为 3%,该企业 1 月

5 日购入原材料,按照增值税专用发票上记载的原材料成本为 100 000 元,支付的增值税额为 13 000 元,企业已开出、承兑商业汇票,材料尚未收到,采用实际成本对原材料进行日常核算。同日销售产品一批,含税价格为 515 000 元,货款尚未收到。则编制会计分录如下:

(1) 购进原材料时:

借:在途物资 113 000
　　贷:应付票据 113 000

(2) 销售货物时:

$$不含税价格 = 515\,000 \div (1 + 3\%) = 500\,000(元)$$
$$应交增值税 = 500\,000 \times 3\% = 15\,000(元)$$

借:应收账款 515 000
　　贷:主营业务收入 500 000
　　　　应交税费——应交增值税 15 000

2. 应交消费税的核算

消费税是对在我国境内从事生产、委托加工和进口应税消费品的单位和个人征收的一种税。国家在普遍征收增值税的基础上,选择部分消费品,再征收消费税,主要是为了调节消费结构,正确引导消费方向,保证国家财政收入。

消费税实行价内征收,缴纳消费税的企业,应在"应交税费"科目下设置"应交消费税"明细科目进行核算。该科目贷方登记企业按规定应缴纳的消费税,借方登记企业实际缴纳和待抵扣的消费税,贷方余额反映尚未缴纳的消费税,借方余额反映多交或待扣的消费税。

(1) 企业对外销售产品应交的消费税,记入"税金及附加"科目。
(2) 在建工程领用自产产品,应交的消费税计入固定资产成本。
(3) 企业委托加工应税消费品,委托加工的应税消费品收回后直接用于销售的,其消费税计入委托加工应税消费品成本;委托加工收回后用于连续生产应税消费品按规定准予抵扣的,记入"应交税费——应交消费税"科目的借方。

【例 10-19】 大华公司为增值税一般纳税人,2×19 年 1 月 6 日,销售需要缴纳消费税的产品一批,增值税专用发票上注明价款为 70 000 元,增值税税率为 13%,增值税额 9 100 元,价税款尚未收到。该批产品消费税税率为 30%,成本为 45 000 元。则大华公司编制会计分录如下:

(1) 确认销售收入时:

借:应收账款 79 100
　　贷:主营业务收入 70 000
　　　　应交税费——应交增值税(销项税额) 9 100

(2) 结转应交消费税时:

$$应纳消费税 = 70\,000 \times 30\% = 21\,000(元)$$

借:税金及附加 21 000
　　贷:应交税费——应交消费税 21 000

(3) 结转成本：

借：主营业务成本　　　　　　　　　　　　　　　　　　　　　　　45 000
　　贷：库存商品　　　　　　　　　　　　　　　　　　　　　　　　　45 000

【例 10-20】 B企业委托D企业将甲材料加工成乙材料（非金银首饰），B企业向D企业发出甲材料成本为 300 000 元，加工费用为 50 000 元，由受托方代收代缴的消费税为 5 000元（不考虑增值税），材料已经加工完毕并由B企业验收入库，加工费用和税尚未支付。假定B企业材料采用实际成本法核算。

根据该项经济业务，委托方B企业应作如下账务处理：

（1）如果B企业收回加工后的材料用于继续生产应税消费品，B企业的会计处理如下：

借：委托加工物资　　　　　　　　　　　　　　　　　　　　　　　300 000
　　贷：原材料——甲材料　　　　　　　　　　　　　　　　　　　　300 000

借：委托加工物资　　　　　　　　　　　　　　　　　　　　　　　 50 000
　　应交税费——应交消费税　　　　　　　　　　　　　　　　　　　5 000
　　贷：应付账款　　　　　　　　　　　　　　　　　　　　　　　　 55 000

借：原材料——乙材料　　　　　　　　　　　　　　　　　　　　　350 000
　　贷：委托加工物资　　　　　　　　　　　　　　　　　　　　　　350 000

（2）如果B企业收回加工后的材料直接用于销售（不高于受托方的计税价格），B企业的会计处理如下：

借：委托加工物资　　　　　　　　　　　　　　　　　　　　　　　300 000
　　贷：原材料——甲材料　　　　　　　　　　　　　　　　　　　　300 000

借：委托加工物资　　　　　　　　　　　　　　　　　　　　　　　 55 000
　　贷：应付账款　　　　　　　　　　　　　　　　　　　　　　　　 55 000

借：原材料——乙材料　　　　　　　　　　　　　　　　　　　　　355 000
　　贷：委托加工物资　　　　　　　　　　　　　　　　　　　　　　355 000

3. 应交城市维护建设税的核算

城市维护建设税是以增值税和消费税的税额为计税依据征收的一种税，是一种附加税，其纳税人为缴纳增值税和消费税的单位和个人。

应交城市维护建设税税额 ＝（应交增值税＋应交消费税）×适用税率

企业按规定计算出应缴纳的城市维护建设税，借记"税金及附加"等科目，贷记"应交税费——应交城市维护建设税"科目。企业实际缴纳城市维护建设税时，借"应交税费——应交城市维护建设税"科目，贷记"银行存款"科目。

【例 10-21】 大华公司本期实际应交增值税 40 000 元、消费税 12 000 元，适用的城市维护建设税税率为 7%。则甲企业编制会计分录如下：

计算应交城市维护建设税时：

应交的城市维护建设税 = (40 000 + 12 000) × 7% = 3 640(元)

借：税金及附加　　　　　　　　　　　　　　　　　　　　　　　　　3 640
　　贷：应交税费——应交城市维护建设税　　　　　　　　　　　　　　　3 640

用银行存款缴纳城市维护建设税时：

借：应交税费——应交城市维护建设税　　　　　　　　　　　　　　　　3 640
　　贷：银行存款　　　　　　　　　　　　　　　　　　　　　　　　　　3 640

4. 应交资源税的核算

(1) 销售产品缴纳的资源税记入"税金及附加"科目。

(2) 自产自用产品缴纳的资源税记入"生产成本""制造费用"等科目。

(3) 收购未税矿产品代扣代缴的资源税，计入收购矿产品的成本。

5. 应交土地增值税的核算

(1) 兼营房地产业务的企业，按应交的土地增值税记入"税金及附加"科目。

(2) 企业转让土地使用权应交的土地增值税、土地使用权与地上建筑物及其附着物一并在"固定资产"等科目核算的，借记"固定资产清理"等科目，贷记"应交税费——应交土地增值税"科目。

(3) 土地使用权在"无形资产"科目核算的，按实际收到的金额，借记"银行存款"科目，按摊销的无形资产金额，借记"累计摊销"科目，按已计提的无形资产减值准备，借记"无形资产减值准备"科目，按无形资产账面余额，贷记"无形资产"科目，按应交的土地增值税，贷记"应交税费——应交土地增值税"科目，按其差额，借记"资产处置损益"科目或贷记"资产处置损益"科目。

6. 应交房产税、土地使用税、车船税的核算

企业按规定计算应交的房产税、土地使用税、车船税，借记"税金及附加"科目，贷记"应交税费"科目。

7. 应交个人所得税的核算

企业职工按规定应缴纳的个人所得税通常由单位代扣代缴。企业按规定计算的代扣代缴的职工个人所得税，借记"应付职工薪酬——工资、奖金、津贴和补贴"科目，贷记"应交税费——应交个人所得税"科目；企业实际缴纳个人所得税时，借记"应交税费——应交个人所得税"科目，贷记"银行存款"科目。

七、应付股利

（一）应付股利的内容

应付股利是指企业根据股东大会或类似机构审议批准的利润分配方案确定分配给投资者的现金股利或利润。

（二）应付股利的核算

企业应设置"应付股利"科目，核算企业确定或宣告支付但尚未实际支付的现金股利或利润。"应付股利"科目属于负债类科目，贷方登记应支付给股东的现金股利或利润，借方登记实际支付的现金股利或利润；期末贷方余额，反映企业应付未付的现金股利或利润，该科

目应按照投资者设置明细账进行明细核算。

企业应分配的股票股利,不通过该科目核算。

(1) 企业根据股东大会或类似机构审议批准的利润分配方案,确认应付给投资者的现金股利或利润时,借记"利润分配——应付现金股利或利润"科目,贷记"应付股利"科目;

(2) 向投资者实际支付现金股利或利润时,借记"应付股利"科目,贷记"银行存款"等科目。

八、应付利息

(一) 应付利息的内容

应付利息是指企业按照合同约定应支付的利息,包括短期借款、分期付息到期还本的长期借款、企业债券等应支付的利息。

(二) 应付利息的核算

企业应设置"应付利息"科目,核算企业应付利息的发生、支付情况。"应付利息"科目属于负债类科目,贷方登记按照合同约定计算的应付利息,借方登记实际支付的利息;期末贷方余额,反映企业应付未付的利息。该科目应按照债权人设置明细账进行明细核算。

(1) 企业采用合同约定的利率计算确定利息费用时,按应付合同利息金额,借记"财务费用"等科目,贷记"应付利息"科目。

(2) 实际支付利息时,借记"应付利息"科目,贷记"银行存款"等科目。

九、其他应付款

(一) 其他应付款的内容

其他应付款是指企业除应付票据、应付账款、预收账款、应付职工薪酬、应交税费、应付股利和应付利息等经营活动以外的其他各项应付、暂收的款项,如应付经营租入固定资产租金、应付租入包装物租金、存入保证金、应付及暂收所属单位与个人的款项等。

(二) 其他应付款的核算

为了总括地反映和监督企业其他应付款的应付、暂收及支付情况,企业应当设置"其他应付款"科目。"其他应付款"科目属于负债类科目,贷方登记企业发生的各种应付、暂收款项,借方登记企业实际支付或转销的其他应付款项,期末贷方余额,反映企业尚未支付的其他应付款。

(1) 企业发生各种应付暂收款项时,借记"银行存款"等科目,贷记"其他应付款"科目。

(2) 支付各种应付、暂收款项时,借记"其他应付款"科目,贷记"银行存款"等科目。

【例10-22】 大华公司收取包装物押金1 000元,存入银行。则大华公司编制会计分录如下:

借:银行存款 1 000
  贷:其他应付款——包装物押金 1 000

退还时,编制相反会计分录。

第二节 非流动负债

一、长期借款

（一）长期借款的内容

长期借款是指企业从银行或其他金融机构借入的期限在1年以上（不含1年）的各种借款。企业的长期借款主要用于固定资产购置和固定资产建造工程，以及为了保持长期经营能力等方面的需要。

（二）长期借款的核算

为了总括地反映和监督长期借款的借入、应计利息和归还本息的情况，企业应设置"长期借款"科目。该科目属于负债类科目，贷方登记借款本息的增加额，借方登记借款本息的减少额，期末余额在贷方，表示尚未偿还的长期借款。该科目可按贷款单位和贷款种类，分别"本金""利息调整"等进行明细核算。

（1）企业借入长期借款时，按实际收到的款项，借记"银行存款"科目，按借款本金，贷记"长期借款——本金"科目，按借贷双方之间的差额，借记"长期借款——利息调整"科目。

（2）在资产负债表日，企业应按长期借款的摊余成本和实际利率计算确定的利息费用，借记"在建工程""财务费用"等科目，按借款本金和合同利率计算确定的应付未付利息，贷记"应付利息"科目，按其差额，贷记"长期借款——利息调整"科目。

长期借款的利息，属于筹建期间的，作为长期待摊费用，于生产经营开始当月一次转入损益；属于生产经营期间的，除为购建固定资产的专门借款所发生的费用外，其他长期借款利息均应于发生当期直接计入当期财务费用；为购建固定资产而取得的专门借款所发生的长期借款利息，在所购建固定资产达到预定可使用状态前并符合资本化条件的，应计入有关固定资产的购建成本，在固定资产达到预定可使用状态后发生的以及按规定不能予以资本化的长期借款利息，直接计入当期财务费用。

（3）企业归还长期借款时，按归还的借款本金，借记"长期借款——本金"科目，按转销的利息调整金额，贷记"长期借款——利息调整"科目，按实际归还的款项，贷记"银行存款"科目，按借贷双方之间的差额，借记"在建工程""财务费用"等科目。

【例10-23】 某企业为建造一幢厂房，于2×19年1月1日向市建行借入借款600 000元，借款年利率8%，实际利率与合同利率相同，期限2年，每年年末付息一次，2年期满后一次还清本金，按单利方式计算利息。假设2×19年1月1日以存款支付工程款600 000元，假设该工程于2×19年12月31日达到预定可使用状态，假设该工程达到预定可使用状态前发生的利息费用全部符合资本化条件，该工程达到预定可使用状态后发生的利息费用不得资本化。则编制会计分录如下：

（1）2×19年1月1日，取得借款，存入银行时：

借：银行存款　　　　　　　　　　　　　　　　　　　　　　　　　600 000
　　贷：长期借款——本金　　　　　　　　　　　　　　　　　　　　　　600 000

(2) 2×19年1月1日,以存款支付工程款时:

借:在建工程 600 000
　　贷:银行存款 600 000

(3) 2×19年12月31日,结计本年利息时:

借:在建工程 48 000
　　贷:应付利息 48 000

(4) 2×19年12月31日,支付本年利息时:

借:应付利息 48 000
　　贷:银行存款 48 000

(5) 2×20年12月31日,结计本年利息时:

借:财务费用 48 000
　　贷:应付利息 48 000

(6) 到期归还本金和最后一年的利息时:

借:长期借款——本金 600 000
　　应付利息 48 000
　　贷:银行存款 648 000

二、应付债券

(一)应付债券的内容

应付债券是指企业为筹集长期资金而发行的债券。债券是企业为筹集资金而依照法定程序对外发行的,约定在一定期间内还本付息的有价证券。企业发行的期限在1年以上的债券,构成企业的长期负债,作为应付债券核算。

应付债券应当按照实际的发行价格总额确认。债券的发行价格主要取决于债券发行时的市场利率。所谓市场利率,是指债券发行时金融市场上资金供求双方竞争形成的利率(相当于同期银行存款利率)。由于企业发行债券时票面利率可能等于,也可能高于或低于市场利率,因此,企业发行债券可按三种方式确定价格。

1. 按面值发行

当企业债券的票面利率与同期银行存款利率相同时,可按债券面值发行,称为面值发行或平价发行。在这种情况下,债券购买者现在为取得债券所付出的金额,与其未来收回本金及收取各期利息的金额的现值是相等的。

2. 按溢价发行

当企业债券的票面利率高于同期银行存款利率时,可按超过债券面值的价格发行,称为溢价发行。溢价实质上是债券发行企业以后各期多付利息而事先得到的补偿,也是对债券利息费用的一项调整,因而不能将债券溢价视为发行时的收益,而应在债券还款期限内,通过分期摊销陆续冲减企业债券的利息费用。

3. 按折价发行

当企业债券的票面利率低于同期银行存款利率时,可按低于债券面值的价格发行,称为折价发行。折价实质上是债券发行企业以后各期少付利息而预先给投资者的补偿,因而同样是对债券利息费用的一项调整。企业的债券折价应在债券还款期限内分期摊销,陆续增加企业债券的利息费用。

(二) 应付债券的核算

为了核算企业因筹集长期资金而实际发行的债券及应付的利息,企业应设置"应付债券"科目。"应付债券"科目属于负债类科目,贷方登记债券面值、债券溢价、应计利息及折价摊销,借方登记债券折价、溢价摊销和支付债券本息,期末贷方余额,反映企业尚未偿付的债券本息。该科目应分设"面值""利息调整""应计利息"等明细科目,并按债券种类进行明细分类核算。企业发行的债券还应设置备查簿登记债券的票面金额、票面利率、发行总额、发行日期、还款期限与方式、编号等项目。

1. 债券的发行

无论是按面值发行,还是溢价发行或折价发行,均按债券面值记入"应付债券"科目的"面值"明细账,实际收到的款项与面值的差额,记入"利息调整"明细账。企业发行债券时,按实际收到的款项,借记"银行存款"等科目,按债券面值,贷记"应付债券——面值"科目,按实际收到的款项与债券面值之间的差额,贷记或借记"应付债券——利息调整"科目。

2. 利息调整的摊销

利息调整应在债券存续期间内采用实际利率法进行摊销。实际利率法是指按照应付债券的实际利率计算其摊余成本及各期利息费用的方法。实际利率是指将应付债券在债券存续期间的未来现金流量,折现为该债券当前账面价值所使用的利率。

资产负债表日,对于分期付息、一次还本的债券,企业应按应付债券的摊余成本和实际利率计算确定的债券利息费用,借记"在建工程""财务费用"等科目,按票面利率计算确定的应付未付利息,贷记"应付利息"科目,按其差额,借记或贷记"应付债券——利息调整"科目。

对于一次还本付息的债券,企业应于资产负债表日按应付债券的摊余成本和实际利率计算确定的债券利息费用,借记"在建工程""财务费用"等科目,按票面利率计算确定的应付未付利息,贷记"应付债券——应计利息"科目,按其差额,借记或贷记"应付债券——利息调整"科目。

应付债券利息费用的处理原则同长期借款,对于应资本化的利息,借记"在建工程"科目,对于不得资本化的利息,借记"财务费用"科目。

3. 债券的偿还

债券的偿还分为到期一次还本付息和分期付息、到期还本两种方式。采用一次还本付息方式的,企业应于债券到期支付债券本息时,借记"应付债券——面值"和"应付债券——应计利息"科目,贷记"银行存款"科目;采用分期付息、到期还本方式的,在每期支付利息时,借记"应付利息"科目,贷记"银行存款"科目,债券到期偿还本金并支付最后一期利息时,借记"应付债券——面值""在建工程""财务费用"等科目,贷记"银行存款"科目,按借贷双方之间的差额,借记或贷记"应付债券——利息调整"科目。

【例 10-24】 某企业于 2×19 年 1 月 1 日发行 3 年期、年利率为 7%、面值总额为 800 000 元的债券,该债券按面值发行,每年付息一次到期还本。该企业发行债券所筹资金全部用于建造固定资产,于 2×20 年 12 月 31 日达到预定可使用状态,假设固定资产达到预定可使用状态前的利息全部符合资本化条件。则编制会计分录如下:

(1) 企业按面值发行债券筹得资金时:

借:银行存款 800 000
　贷:应付债券——面值 800 000

(2) 2×19 年 12 月 31 日,计提利息时:

借:在建工程 56 000
　贷:应付利息 56 000

(3) 2×20 年 1 月 1 日,支付利息时:

借:应付利息 56 000
　贷:银行存款 56 000

(4) 2×20 年 12 月 31 日,计提利息时:

借:在建工程 56 000
　贷:应付利息 56 000

(5) 2×21 年 1 月 1 日,支付利息时:

借:应付利息 56 000
　贷:银行存款 56 000

(6) 2×21 年 12 月 31 日,计提利息时:

借:财务费用 56 000
　贷:应付利息 56 000

(7) 到期支付债券本金和最后一年的利息时:

借:应付债券——面值 800 000
　　应付利息 56 000
　贷:银行存款 856 000

【例 10-25】 某公司于 2×19 年 1 月 1 日折价发行了 5 年期面值为 100 000 元的公司债券,发行价格为 95 792 元,票面利率为 5%,市场利率为 6%,按年付息,到期一次还本(假定无发行费用)。假定公司发行债券募集的资金专门用于建造一条生产线,生产线从 2×19 年 1 月 1 日开始建设,假设于 2×21 年年底完工,达到预定可使用状态。根据上述经济业务,公司应编制会计分录如下:

(1) 2×19 年 1 月 1 日,发行债券时:

借:银行存款 95 792
　　应付债券——利息调整 4 208
　贷:应付债券——面值 100 000

(2) 计算利息费用时：

公司每年应支付的利息 = 100 000 × 5% = 5 000(元)

该公司债券实际利率6%，则满足如下公式：

$$95\ 792 = 5\ 000 \times (1+6\%)^{-1} + 5\ 000 \times (1+6\%)^{-2} + 5\ 000 \times (1+R)^{-3}$$
$$+ 5\ 000 \times (1+R)^{-4} + (5\ 000 + 100\ 000) \times (1+6\%)^{-5}$$

每年按实际利率进行折价摊销，如表10-1所示。

表10-1　　　　　　　　　　折价摊销表　　　　　　　　　　单位：万元

年份	期初公司债券余额 (1)	实际利息费用 (2)=(1)×6%	每年支付现金 (3)=面值×5%	期末公司债券摊余成本 (4)=(1)+(2)-(3)
2×19	95 792	5 747.52	5 000	96 539.52
2×20	96 539.52	5 792.37	5 000	97 331.89
2×21	97 331.89	5 839.91	5 000	98 171.80
2×22	98 171.80	5 890.31	5 000	99 062.11
2×23	99 062.11	5 937.89	100 000+5 000	0

注：5937.89是倒挤得出，有小数尾数的差异。

2×19年12月31日：

借：在建工程　　　　　　　　　　　　　　　　　　　　　　　5 747.52
　　贷：应付利息　　　　　　　　　　　　　　　　　　　　　　　5 000.00
　　　　应付债券——利息调整　　　　　　　　　　　　　　　　　　747.52

2×20年12月31日：

借：在建工程　　　　　　　　　　　　　　　　　　　　　　　5 792.37
　　贷：应付利息　　　　　　　　　　　　　　　　　　　　　　　5 000.00
　　　　应付债券——利息调整　　　　　　　　　　　　　　　　　　792.37

2×21年12月31日：

借：在建工程　　　　　　　　　　　　　　　　　　　　　　　5 839.91
　　贷：应付利息　　　　　　　　　　　　　　　　　　　　　　　5 000.00
　　　　应付债券——利息调整　　　　　　　　　　　　　　　　　　839.91

2×22年12月31日：

借：财务费用　　　　　　　　　　　　　　　　　　　　　　　5 890.31
　　贷：应付利息　　　　　　　　　　　　　　　　　　　　　　　5 000.00
　　　　应付债券——利息调整　　　　　　　　　　　　　　　　　　890.31

2×23年12月31日：

借：财务费用　　　　　　　　　　　　　　　　　　　　　　　5 937.89
　　贷：应付利息　　　　　　　　　　　　　　　　　　　　　　　5 000.00
　　　　应付债券——利息调整　　　　　　　　　　　　　　　　　　937.89

(3) 2×23年12月31日，到期偿还本金：

借：应付债券——面值　　　　　　　　　　　　　　　　　　100 000
　　贷：银行存款　　　　　　　　　　　　　　　　　　　　　　100 000

三、长期应付款

（一）长期应付款的内容

长期应付款是指企业除长期借款和应付债券以外的其他各种长期应付款项，包括应付融资租入固定资产租赁费、以分期付款方式购入固定资产发生的应付款项等。

（二）长期应付款的核算

为了总括地反映和监督长期应付款的发生和归还情况，企业应设置"长期应付款"科目。"长期应付款"科目属于负债类科目，贷方登记发生的长期应付款，借方登记归还的长期应付款，贷方余额表示企业尚未支付的各种长期应付款。

本 章 小 结

负债是指企业过去的交易或者事项形成的、预期会导致经济利益流出企业的现时义务。负债按其流动性不同，可分为流动负债和非流动负债。

流动负债是指预计在一个正常营业周期中清偿，或者主要为交易目的而持有，或者自资产负债表日起1年内（含1年）到期应予以清偿，或者企业无权自主地将清偿推迟至资产负债表日后1年以上的负债。企业的流动负债主要包括短期借款、应付票据、应付账款、合同负债、应付职工薪酬、应交税费、应付股利、应付利息和其他应付款等。

非流动负债是指流动负债以外的负债，包括长期借款、应付债券和长期应付款等。

短期借款的核算一般通过"短期借款"和"应付利息"科目，"短期借款"科目只核算本金不核算利息，实际工作中，企业的短期借款利息一般采用按月预提的方式进行核算，预提的利息一般借记"财务费用"科目，贷记"应付利息"科目。

应付票据仅核算商业汇票（包括商业承兑汇票和银行承兑汇票），应付票据核算时应区分不带息应付票据和带息应付票据。

应付账款仅核算企业因购买材料、商品或接受劳务供应等经营活动而应付给供应单位的款项。其他情况下产生的应付款项应通过"其他应付款"科目核算。

合同负债是指企业已收或应收客户对价而应向客户转让商品的义务。企业因转让商品收到的预收款适用收入准则进行会计处理时，应使用"合同负债"科目，不再使用"预收账款"科目，预收账款为负债类科目，但该科目核算的范围缩小了，除了销售商品、合同收入中预收的款项计入了合同负债外，其他的合同（如租赁合同）中预收的款项仍通过预收账款核算。

应付职工薪酬的核算，主要包括短期薪酬、离职后福利、辞退福利和其他长期职工福利的核算，重点掌握短期薪酬的核算和设定提存计划的核算。

应交税费是指企业按照税法等规定计算应缴纳的各种税费，重点掌握应交增值税、应交消费税的核算,应交增值税的核算中应重点掌握一般纳税企业应交增值税的核算。

应付股利、应付利息、其他应收款的核算相对比较简单。

长期借款的核算一般通过"长期借款"科目进行。"长期借款"科目不仅核算本金还核算利息,长期借款的利息,如符合资本化条件,应记入"在建工程"科目,如不符合资本化条件,应记入"财务费用"科目。

应付债券是指企业为筹集长期资金而发行的债券。债券的发行可按面值发行、溢价发行或折价发行。应付债券的核算应通过"应付债券"科目,该科目应分设"面值""利息调整""应计利息"等明细科目。在具体核算时应注意以下几个方面:一是溢折价的摊销采用实际利率法;二是利息费用应资本化还是费用化;三是要区分到期一次还本付息债券和分期付息、到期还本债券。

长期应付款主要包括应付融资租入固定资产租赁费、以分期付款方式购入固定资产发生的应付款项等。

复习思考题

1. 什么是合同负债?合同负债如何进行核算?
2. 什么是职工薪酬?职工薪酬的组成内容有哪些?
3. 非货币性职工薪酬应如何核算?
4. 一般纳税企业增值税视同销售业务有哪些?
5. 增值税一般纳税企业与小规模纳税企业在增值税的会计核算上有哪些不同点?
6. 应付债券面值发行、溢价发行和折价发行的实质分别是什么?实际利率法下如何计算每年的利息费用?如何进行相关会计核算?

练习题

习题一

资料 某棉纺企业为增值税一般纳税人,适用的增值税税率为13%,2×19年3月31日,"应付职工薪酬"科目贷方余额为516 000元(全部为工资),该企业2×19年4月份发生的有关职工薪酬业务如下:

(1) 1日,企业租入房屋4套供厂部管理人员免费使用,月租金共计8 000元,每月末支付租金,企业于当月30日以银行存款支付本月租金8 000元。

(2) 5日,从月初应付职工薪酬中代扣应由职工承担的个人所得税9 000元(尚未缴纳),扣除为职工代垫的家庭医药费5 000元,通过银行转账实际发放工资502 000元。

(3) 14日,企业以其生产的毛巾被作为福利发放给直接从事生产活动的职工,该批毛巾被市场售价总额为40 000元(不含增值税),成本总额为32 000元。

(4) 为公司的部门经理每人提供轿车1辆,免费使用,这些轿车的月折旧合计为12 000元。

(5) 26日,以外购的不含税价格总额为18 000元的商品作为福利发放给公司厂部管理人员,购买商品时已取得增值税专用发票。

(6) 30 日,本月各部门工资计算结果,如表 10-2 所示。

表 10-2　　　　　　　2×19 年 4 月份部门工资计算简表

部门	车间生产部门	车间管理部门	行政管理部门	销售部门	合计
金额	258 000	29 700	63 400	74 100	425 200

假定该企业社会保险费中基本养老保险的计提比例为工资总额的 16%,基本医疗保险的计提比例为工资总额的 8%。

要求　根据上述资料编制相关会计分录。

习 题 二

资料　A 企业为增值税一般纳税人,增值税税率为 13%,存货按实际成本计价核算,本月发生有关增值税(本题不考虑应交的其他税费)业务如下:

(1) 购入生产用材料一批,增值税专用发票上注明的价款为 300 000 元,增值税税率 13%,增值税额为 39 000 元,另支付运输企业运输费用 1 000 元,增值税税率 9%,增值税额 90 元,材料已经到达并验收入库,款项均未支付。

(2) 购入不需要安装的设备一台,增值税专用发票注明其价款为 600 000 元,增值税额 78 000 元,价税款签发一张期限 3 个月、面值为 678 000 元的商业承兑汇票支付。

(3) 企业管理部门委托外单位修理机器设备,取得对方开具的增值税专用发票上注明的修理费用为 40 000 元,增值税额 5 200 元,款项以银行汇票支付。

(4) 以企业生产的产品对外捐赠,该批产品的实际成本为 400 000 元,售价为 500 000 元,开具的增值税专用发票上注明的增值税 65 000 元。

(5) 销售产成品一批,计销售收入 1 200 000 元,增值税额 156 000 元,价税款收到转账支票存入银行。

(6) 以银行存款上交本月增值税额 65 000 元。

(7) 月末,将本月应交未交增值税或多交增值税转出。

要求　根据上述资料编制相关会计分录。

习 题 三

资料　A 企业委托 C 企业将甲材料加工成乙材料(非金银首饰),A 企业向 C 企业发出甲材料成本为 500 000 元,加工费用为 130 000 元,增值税税率为 13%,由受托方代收代缴的消费税额 70 000 元,材料已经加工完毕并由 A 企业验收入库,加工费用和税已通过银行支付。假定 A 企业材料采用实际成本法核算。

(1) 如果 A 企业收回加工后的材料用于继续生产应税消费品。

(2) 如果 A 企业收回加工后的材料直接用于销售(不高于受托方的计税价格)。

要求　根据上述资料编制相关会计分录(发出委托加工物资、支付加工费和税、收回加工完毕的物资验收入库)。

习 题 四

资料　某公司于 2×19 年 1 月 1 日折价发行了 5 年期面值为 1 250 万元公司债券,发行价格为 1 000 万元,票面利率为 4.72%,实际利率为 10%,按年付息,到期一次还本(假定无发行费用)。假定公司发行债券募集的资金专门用于建造一条生产线,生产线从 2×19 年 1 月 1 日开始建设,于 2×21 年年底完工,达到预定可使用状态。

要求 根据上述资料编制相关会计分录(发行债券、每年年末计提利息并摊销折价、按年支付利息、到期还本)。

第十一章

所有者权益

学习目的与要求 学生通过本章的学习,了解所有者权益的特征与构成;掌握公司制企业不同方式投入资本的计价及核算、资本公积的构成及核算、留存收益的构成及核算。

本章关键词 所有者权益;投入资本;资本公积;其他综合收益;留存收益

第一节 所有者权益的内容

一、所有者权益的概念

所有者权益是企业全部资产减去全部负债后由所有者享有的剩余权益,是企业投资人对企业净资产的所有权,也是所有者在企业资产中享有的经济利益。

所有者权益在数量上等于企业的全部资产减去全部负债后的余额,即企业净资产数额。由此可见,所有者权益是一种剩余权益。就其形式看,除所有者投入资本与资本公积外,主要来源于企业的经营积累。企业获利时,净资产增加,投资人权益也随之增加;企业亏损或向所有者分配利润,所有者权益相应减少。

所有者权益与负债都表现为企业的所有者和债权人对企业资产的要求权,都被视为企业经营资金的来源。但所有者权益与负债代表着不同投资者对企业资产的要求权。从所有者权益与内涵可以看出,所有者权益对资产的要求权与负债对资产的要求权不同,后者表明的是对企业总资产的要求权。两者存在着明显区别:

(1) 从投资性质看,无论是长期负债还是短期负债,其偿还期限一般都能事先确定,体现债权人对企业投资的暂时性;而所有者权益是投资人对企业永久性投资,在持续经营过程中尽管可能有增加投资、分配利润等权益变动,所有者权益因股票流通、资本转让而发生所有者变更,但就企业而言,所有者权益在企业存续期间内不能抽回,即其投资的永久性不会改变。

(2) 从不同的投资者在企业所享有的权限看,债权人与企业只存在债权债务关系,一般无权参与企业管理,只有当他们自身的利益受到伤害,不能按期收回本息时,可以对抵押资产作出法律上的要求;而股权投资人对企业资产有所有权,有着法定管理企业或委托他人管理企业的权利。

(3) 从对企业资产所享有的要求看,债权人对企业全部资产具有索赔权,在公司破产、清算情况下,公司要用全部资产来偿还负债。企业资产偿还后,如有剩余,在各股权投资人之间分配企业剩余资产。而企业股权投资人只对企业的净资产有要求权。

（4）从投资收益的性质看，支付给债权人的利息是一个预先确定的定值，作为费用可从销售收入中扣除（企业长期负债利息属于资本性支出的部分，在固定资产尚未交付使用之前发生的，计入在建固定资产的造价，不能作为当期费用处理），其数额的多少不受企业经营状况的影响；而所有者权益（股权人投资）所获收益不能事先确定定值，支付股利的大小，分得利润的多少要视企业经营状况而定，支付的数额也不能作为企业费用从销售收入中扣除，而应作为利润分配的内容之一。

（5）从负债及所有者权益的计量属性看，所有者权益不必像负债那样单独计价，因为它既不能按现行市价，也不能按主观价值来计价，而只是根据一定方法计量特定资产和负债后所形成的结果，即企业资产减去负债总额之后的净资产。

二、所有者权益的内容

企业的所有者权益，从其组成内容看，主要包括所有者投入的资本、直接计入所有者权益的利得和损失以及留存收益等部分。

1. 所有者投入的资本

企业资本是投资者实际投入企业经营活动的各种财产物资。企业投资者实际投入企业经营活动的各种财产物资所形成的资本金，就是企业的实收资本。企业实收资本金包括国家资本金、法人资本金、个人资本金以及外商资本金等。

国家资本金是指有权代表国家投资的政府部门或者机构以国有资产投入企业形成的资本金。

法人资本金是指其他法人单位以其依法可以支配的资产投入企业形成的资本金。

个人资本金是指为社会个人或者本企业内部职工以个人合法财产投入企业形成的资本金。

外商资本金是指外国投资者以及我国香港、澳门和台湾地区投资者投入企业形成的资本金。

所有者投入企业的资本，不仅以货币形式存在，也可以是实物的固定资产、流动资产及各项无形资产等。

2. 直接计入所有者权益的利得和损失

直接计入所有者权益的利得和损失，是指不应计入当期损益，会导致所有者权益发生增减变动的、与所有者投入资本或者向所有者分配利润无关的利得或损失。

3. 盈余公积

盈余公积是指企业按照规定从税后利润中提取的积累资金，包括法定盈余公积，股份制企业还提取任意盈余公积。盈余公积可用于弥补亏损或者用于转增资本。

4. 未分配利润

未分配利润是指企业留于以后年度分配的利润或待分配利润。

盈余公积和未分配利润都是企业从逐年获得净收益中形成的企业内部尚未使用或分配的部分，会计上统称为"留存收益"。

第二节 实收资本

一、实收资本的概述

企业从事生产经营活动,必须要有一定数额的资本。我国《民法通则》规定,设立企业法人必须要拥有必要的财产。我国《企业法人登记管理条例》也明确规定,企业申请开业,必须具有符合国家规定并与其生产经营和服务规模相适应的资金数额。

投入资本是指企业所有者对企业筹集注册资本的出资额,是企业注册登记的法定资本总额的来源。投入资本是所有者向企业投入的无须偿还的、长期周转使用的资金。所有者凭借投入资本而具有经营决策权和收益分配权。投入资本与借入资本属性不同,借入资本需要偿还,但债权人不得凭借其债权而参与企业收益分配。企业不可将借入资本作为实收资本核算,不得将借入资本到工商行政管理部门注册登记后,又归还债权人。

股东可以用货币出资,也可以用实物、知识产权、土地使用权等可以用货币估价并可以依法转让的非货币财产作价出资。但是,法律、行政法规规定不得作为出资的财产除外。对作为出资的非货币财产应当评估作价,核实财产,不得高估或者低估作价,全体股东的货币出资金额不得低于有限责任公司注册资本的30%。

注册资本总额的筹集一般都有一定的期限,可以是一次筹集,也可以分期筹集,通常是根据国家有关法律、法规及公司的章程来确定。我国《企业法人登记管理条例》规定,除国家另有规定者外,企业的注册资本应当与实有资本相一致。

实收资本是指投资者按企业章程的规定,投入企业的资本。在会计实务中,对于投资者投入的资本,股份有限公司应当设置"股本"科目,其他企业则均应设置"实收资本"科目,核算企业实际收到的投资者投入的资本。

二、一般企业实收资本的核算

投资者投入企业的资金形式是多种多样的,如投资者可以用现金投资,也可以用非现金资产投资,符合国家规定比例的有关要求的,还可以用无形资产投资。

(一)企业收到投资者以现金投入的资本

企业收到投资者以现金投入的资本时,应当以实际收到或存入企业开户银行的金额作为实收资本入账,借记"库存现金""银行存款"等科目,贷记"实收资本"科目。对于实际收到或者存入企业开户银行的金额超过投资者在企业注册资本中所占份额的部分,应当作为资本溢价处理,计入资本公积。

【例 11-1】 A企业收到国家投入企业的资本 120 000 元,法人投入企业的资本 50 000 元,个人投入的资本 30 000 元,全部款项均已存入 A 企业开户银行。A 企业编制会计分录如下:

```
借:银行存款                                    200 000
    贷:实收资本——国家                          120 000
           ——法人                              50 000
           ——个人                              30 000
```

（二）企业收到投资者以非现金资产投入的资本

企业收到投资者以非现金资产投入的资本时，应按投资者各方确认的价值作为非现金资产的价值（但合同或协议约定价值不公允的除外）和在注册资本中应享有的份额。在办理完有关产权转移手续后，借记"原材料""固定资产""库存商品"等科目，贷记"实收资本"科目。

【例11-2】 A企业收到B企业作为资本投入的原材料一批，该批原材料经双方评估确认的价值为100 000元（假定公允），经税务部门认定应当缴纳增值税13 000元，B企业已经开具了增值税专用发票。A企业编制会计分录如下：

借：原材料　　　　　　　　　　　　　　　　　　　　　　　　100 000
　　应交税费——应交增值税（进项税额）　　　　　　　　　　　13 000
　　贷：实收资本——B企业　　　　　　　　　　　　　　　　　　113 000

（三）企业接受外币资本投资

企业收到投资者以外币投入的资本，应当采用交易发生日即期汇率折算，不得采用合同约定汇率和即期汇率的近似汇率折算，外币投入资本与相应的货币性项目的记账本位币金额之间不产生外币资本折算差额。

【例11-3】 国内甲公司的记账本位币为人民币。2×19年12月12日，甲公司与某外商签订投资合同，当日收到外商投入资本20 000美元，当日的即期汇率为1美元＝7.05元人民币，假定投资合同约定的汇率为1美元＝7.02元人民币。甲公司编制会计分录如下：

借：银行存款（20 000×7.05）　　　　　　　　　　　　　　　　141 000
　　贷：实收资本　　　　　　　　　　　　　　　　　　　　　　　141 000

三、股份有限公司股本的核算

股份有限公司是指全部资本由等额股份构成并通过发行股票筹集资本，股东以其所持股份对公司承担有限责任，公司以其全部资产对公司债务承担责任的企业法人。与其他企业相比，其显著特点在于将企业的资本划分等额股份，并通过发行股票的方式来筹集资本。股票的面值与股份总数的乘积即为公司股本，股本等于股份有限公司的注册资本。

根据我国法律规定，股份有限公司应当在核定的股本总额以及核定的股份总额的范围内发行股票。在发行股票时，可以溢价发行，也可以面值发行，但是不可以折价发行。

【例11-4】 B股份有限公司首次公开发行了普通股10 000 000股，每股面值1元，每股发行价格为4元。假定股票发行成功，款项已经收存银行，不考虑发行手续费、咨询费等因素，B公司编制会计分录如下：

借：银行存款　　　　　　　　　　　　　　　　　　　　　　　40 000 000
　　贷：股本　　　　　　　　　　　　　　　　　　　　　　　　10 000 000
　　　　资本公积——股本溢价　　　　　　　　　　　　　　　　30 000 000

四、实收资本（或股本）变动的核算

我国法律规定，实收资本（或股本）除了下列情况外，不得随意变动：一是符合增资条件，

经有关部门批准增资;二是企业按照法定程序报经批准减少注册资本。

(一) 企业增资的核算

1. 接受投资者追加投资的核算

在企业按照规定接受投资者额外投入实现增资时,企业应当按实际收到的款项或其他资产,借记"银行存款"等科目,按增加的实收资本或股本金额,贷记"实收资本"或"股本"科目,按照两者之间的差额,贷记"资本公积——资本溢价"或"资本公积——股本溢价"科目。

2. 资本公积转增资本的核算

在企业采用资本公积转增资本时,企业应按照转增的资本金额,借记"资本公积"科目,贷记"实收资本"或"股本"科目。

3. 盈余公积转增资本的核算

在企业采用盈余公积转增资本时,企业应按照转增的资本金额,借记"盈余公积"科目,贷记"实收资本"或"股本"科目。

4. 采用发放股票股利方式增资的核算

在股份有限公司股东大会或类似机构批准采用发放股票股利的方式增资时,公司应在实施该方案并办理完增资手续后,根据实际发放的股票股利数,借记"利润分配——转作股本的普通股股利"科目,贷记"股本"科目。

(二) 企业减资的核算

企业减少实收资本应按法定程序报经批准,股份有限公司采用收购本公司股票方式减资的,按股票面值和注销股数计算的股票面值总额冲减股本,按注销库存股的账面余额与所冲减股本的差额冲减股本溢价,股本溢价不足冲减的,再冲减盈余公积直至未分配利润。如果购回股票支付的价款低于面值总额的,所注销库存股的账面余额与所冲减股本的差额作为增加股票溢价处理。

【例 11-5】 2×19 年 12 月 31 日,A 公司的股本为 100 000 000 股,面值为 1 元,资本公积(股本溢价)30 000 000 元,盈余公积 40 000 000 元。经股东大会批准,A 公司现金回购本公司股票 20 000 000 股并注销。假定 A 公司按每股 2 元回购股票,不考虑其他因素,A 公司编制会计分录如下:

(1) 回购本公司股票时:

借:库存股 40 000 000
　　贷:银行存款 40 000 000

(2) 注销本公司股票时:

借:股本 20 000 000
　　资本公积——股本溢价 20 000 000
　　贷:库存股 40 000 000

【例 11-6】 承[例 11-5],假定 A 公司按每股 3 元回购股票,其他条件不变,A 公司编制会计分录如下:

(1) 回购本公司股票时:

借：库存股 60 000 000
　　贷：银行存款 60 000 000

(2) 注销本公司股票时：

借：股本 20 000 000
　　资本公积——股本溢价 30 000 000
　　盈余公积 10 000 000
　　贷：库存股 60 000 000

由于应冲减的资本公积大于公司现有的资本公积，所以只能冲减资本公积 30 000 000元，剩余的 10 000 000 元应冲减盈余公积。

除此之外，投资者投入的资本还包含其他权益工具。所谓其他权益工具，是指企业发行的除普通股(作为实收资本或股本)以外，按照金融负债和权益工具区分原则分类为权益工具的其他权益工具，如优先股、永续债等。

第三节　资本公积和其他综合收益

一、资本公积

(一) 资本公积的概述

资本公积是企业收到投资者的超出其在企业注册资本(或股本)中所占份额的投资，以及直接计入所有者权益的利得和损失等。

(二) 资本公积的来源

资本公积包括资本溢价(或股本溢价)和直接计入所有者权益的利得和损失等。

资本溢价(或股本溢价)是企业收到投资者的超出其在企业注册资本(或股本)中所占份额的投资。形成资本溢价(或股本溢价)的原因有溢价发行股票、投资者超额缴入资本等。股份有限公司在"资本公积"科目下设置"股本溢价"明细科目核算公司的股本溢价，其他各种类型的企业设置"资本溢价"明细科目核算企业的资本溢价。

直接计入所有者权益的利得和损失是指不应计入当期损益、会导致所有者权益发生增减变动的、与所有者投入资本或者向所有者分配利润无关的利得或者损失。

(三) 资本公积的核算

资本公积的来源包括资本溢价以及直接计入所有者权益的利得和损失。企业应设置"资本公积"科目，并设置"资本溢价(或股本溢价)""其他资本公积"明细科目。

1. 资本溢价(或股本溢价)的核算

1) 一般企业资本溢价的账务处理

对于一般企业(如有限责任公司等)，在收到投资者投入的资金时，按实际收到的金额或确定的价值，借记"银行存款""固定资产"等科目，按其在注册资本中所占的份额，贷记"实收资本"科目，按其差额，贷记"资本公积——资本溢价"科目。

【例11-7】 华夏公司是由A、B、C三位投资者各自出资100万元而设立,设立时的实收资本为300万元。经过4年的经营,该公司留存收益为150万元。这时又有D投资者有意参加该公司,并表示愿意出资180万元而仅占该公司资本的25%。华夏公司在收到D投资者出资时,编制会计分录如下:

借:银行存款　　　　　　　　　　　　　　　　　　　　　　　1 800 000
　　贷:实收资本　　　　　　　　　　　　　　　　　　　　　　1 000 000
　　　　资本公积——资本溢价　　　　　　　　　　　　　　　　　800 000

【例11-8】 A有限责任公司由2位投资者投资200 000元设立,每人各出资100 000元。一年后,为扩大经营规模,经批准,A有限责任公司注册资本增加到300 000元,并引入第三位投资者加入。按照投资协议,新投资者需缴入现金110 000元,同时享有该公司1/3的股份。A有限责任公司已收到该现金投资。假定不考虑其他因素,A有限责任公司在收到新投资者投入的款项时,编制会计分录如下:

借:银行存款　　　　　　　　　　　　　　　　　　　　　　　　110 000
　　贷:实收资本　　　　　　　　　　　　　　　　　　　　　　　100 000
　　　　资本公积——资本溢价　　　　　　　　　　　　　　　　　　10 000

2) 股份有限公司股本溢价的账务处理

股份有限公司是以发行股票的方式筹集股本的,股票可按面值发行,也可按溢价发行,我国目前不准折价发行股票。

在按面值发行股票的情况下,企业发行股票取得的收入,应全部作为股本处理;在溢价发行股票的情况下,企业发行股票取得的收入,等于股票面值部分作为股本处理,超出股票面值的溢价收入应作为股本溢价处理。

股份有限公司发行股票支付的手续费、佣金等发行费用,如股票溢价发行的,从发行股票的溢价中抵扣;股票发行没有溢价或溢价金额不足以支付发行费用的部分,应将不足支付的发行费用冲减盈余公积和未分配利润。

【例11-9】 B股份有限公司首次公开发行了普通股50 000 000股,每股面值1元,每股发行价格为4元。B公司以银行存款支付发行手续费、咨询费等费用共计6 000 000元。假定发行收入已全部收到,发行费用已全部支付,不考虑其他因素,B公司编制会计分录如下:

(1) 收到发行收入时:

借:银行存款　　　　　　　　　　　　　　　　　　　　　　200 000 000
　　贷:股本　　　　　　　　　　　　　　　　　　　　　　　50 000 000
　　　　资本公积——股本溢价　　　　　　　　　　　　　　　150 000 000

(2) 支付发行费用时:

借:资本公积——股本溢价　　　　　　　　　　　　　　　　　6 000 000
　　贷:银行存款　　　　　　　　　　　　　　　　　　　　　　6 000 000

【例11-10】 甲股份有限公司首次公开发行了普通股50 000 000股,每股面值1元,每股发行价格为 1.1 元。甲公司以银行存款支付发行手续费、咨询费等费用共计 6 000 000 元。甲公司的盈余公积为 5 000 000 元。假定发行收入已全部收到,发行费用已全部支付,不考虑其他因素,甲公司编制会计分录如下:

(1) 收到发行收入时:

借:银行存款　　　　　　　　　　　　　　　　　　　　　　　　　　55 000 000
　　贷:股本　　　　　　　　　　　　　　　　　　　　　　　　　　　50 000 000
　　　　资本公积——股本溢价　　　　　　　　　　　　　　　　　　　5 000 000

(2) 支付发行费用时:

借:资本公积——股本溢价　　　　　　　　　　　　　　　　　　　　5 000 000
　　盈余公积　　　　　　　　　　　　　　　　　　　　　　　　　　1 000 000
　　贷:银行存款　　　　　　　　　　　　　　　　　　　　　　　　　6 000 000

2. 其他资本公积的核算

其他资本公积是指除资本溢价(或股本溢价)项目以外所形成的资本公积,其中主要是直接计入所有者权益的利得和损失。

【例 11-11】 2×19 年 1 月 1 日,C 有限责任公司向 F 公司投资 8 000 000 元,拥有该公司 20% 的股份,并对该公司有重大影响,因而对 F 公司长期股权投资采用权益法核算。

2×19 年 12 月 31 日,F 公司净损益之外的资本公积增加了 1 000 000 元。假定除此之外,F 公司的所有者权益没有变化,C 有限责任公司的持股比例没有变化,F 公司资产的账面价值与公允价值一致,不考虑其他因素。C 有限责任公司编制会计分录如下:

借:长期股权投资——F 公司(其他权益变动)　　　　　　　　　　　　200 000
　　贷:资本公积——其他资本公积　　　　　　　　　　　　　　　　　200 000

二、其他综合收益

其他综合收益是指企业根据其他会计准则规定未在当期损益中确认的各项利得和损失,包括下列两类:

(1) 以后会计期间不能重分类进损益的其他综合收益,包括:①重新计量设定受益计划净负债或净资产导致的变动。②权益法下不能转损益的其他综合收益。③其他权益工具投资的公允价值变动。④企业自身信用风险公允价值变动。

(2) 以后会计期间满足规定条件时将重分类进损益的其他综合收益,包括:①权益法下可转损益的其他综合收益。②其他债权投资的公允价值变动。③金融资产重分类计入其他综合收益的金额。④其他债权投资信用减值准备。⑤现金流量套期储备。⑥外币财务报表折算差额。⑦在公允价值模式下,存货或自用房地产转换为投资性房地产。

第四节　留存收益

留存收益是企业从逐年获得净收益中形成的企业内部尚未使用或分配的部分,包括盈余公积和未分配利润两个部分。

一、盈余公积

盈余公积是指企业按规定从净利润中提取的积累资金,包括法定盈余公积和任意盈余公积。公司制企业的法定盈余公积按照规定比例从净利润(减弥补以前年度亏损)中提取。任意盈余公积主要是公司制企业按照股东或股东大会的决议提取,其他企业也可根据需要提取任意盈余公积。

非公司制企业法定盈余公积的提取比例可超过净利润的10%。法定盈余公积累计额已达注册资本的50%时可以不再提取。

企业提取的盈余公积可用于弥补亏损、扩大生产经营、转增资本(或股本)或派送新股等。

企业应设置"盈余公积"科目,核算盈余公积的提取和使用等增减变动情况,并在"盈余公积"科目下设置"法定盈余公积""任意盈余公积"明细科目,分别核算企业从净利润中提取的各项盈余公积及其使用情况。

企业应核算对盈余公积的提取和使用情况。具体包括提取法定盈余公积、提取任意盈余公积、盈余公积补亏、盈余公积转增资本和以盈余公积发放现金股利或利润等。

二、未分配利润

未分配利润是指企业实现的净利润经过弥补亏损、提取盈余公积和向投资者分配利润后留存在企业的、历年结存的利润。

未分配利润通过在"利润分配"科目下设置"未分配利润"明细科目进行核算。

【例 11-12】 2×18年年初,东方公司未分配利润300 000元,任意盈余公积200 000元,当年实现税后利润为1 800 000元,公司股东大会决定按10%提取法定盈余公积,25%提取任意盈余公积。分派现金股利500 000元。

2×19年5月,经公司股东大会决议,以任意盈余公积500 000元转增资本,并已办妥转增手续。2×19年东方公司亏损350 000元。

(1) 2×18年年末编制相关会计分录如下:

借:本年利润　　　　　　　　　　　　　　　　　　　　　　1 800 000
　　贷:利润分配——未分配利润　　　　　　　　　　　　　　　　1 800 000
借:利润分配——提取法定盈余公积　　　　　　　　　　　　　　180 000
　　　　　　——提取任意盈余公积　　　　　　　　　　　　　　450 000
　　　　　　——应付现金股利　　　　　　　　　　　　　　　　500 000
　　贷:盈余公积——法定盈余公积　　　　　　　　　　　　　　　180 000
　　　　　　　——任意盈余公积　　　　　　　　　　　　　　　450 000
　　　　应付股利　　　　　　　　　　　　　　　　　　　　　　500 000
借:利润分配——未分配利润　　　　　　　　　　　　　　　　1 130 000
　　贷:利润分配——提取法定盈余公积　　　　　　　　　　　　　180 000
　　　　　　　——提取任意盈余公积　　　　　　　　　　　　　450 000
　　　　　　　——应付现金股利　　　　　　　　　　　　　　　500 000

2×18年年末未分配利润＝300 000＋1 800 000－1 130 000＝970 000(元)

(2) 2×19年5月，以任意盈余公积转增股本：

借：盈余公积——任意盈余公积　　　　　　　　　　　　　500 000
　　贷：股本　　　　　　　　　　　　　　　　　　　　　　　　　　500 000

(3) 2×19年年末结转发生的亏损：

借：利润分配——未分配利润　　　　　　　　　　　　　　350 000
　　贷：本年利润　　　　　　　　　　　　　　　　　　　　　　　350 000

2×19年年末未分配利润＝970 000－350 000＝620 000(元)

本 章 小 结

所有者权益是指企业全部资产减去全部负债后由所有者享有的剩余权益，包括实收资本(或股本)、资本公积、其他综合收益、其他权益工具和留存收益等。所有者权益和负债分别为企业的所有者和债权人对企业资产的要求权，都是企业经营资金的来源。两者有着本质的区别。

实收资本是指投资者按企业章程、合同、协议约定，实际投入企业的资本。投资者可以用货币资金投资，也可以用实物投资，还可以用无形资产出资。但企业不得吸收已设立担保物资产和租赁资产的出资。我国公司法规定，对作为出资的实物、工业产权、非专利技术或土地使用权，必须进行评估作价。

我国有关法律规定，企业资本(或股本)除下列情况外，不得随意变动：一是符合增资条件，并经有关部门批准增资的；二是企业按规定程序报经批准减少注册资本。

资本公积是指由投资人投入但不构成实收资本，或从其他来源取得的，由所有者享有的资金，它属于所有者权益的范畴。资本公积包括资本(或股本)溢价和其他资本公积等。

我国公司法规定，资本公积主要用来转增资本(或股本)。资本公积由全体股东享有，在转增资本时，按各个股东在实收资本中所占的投资比例计算的金额，分别转增各个股东的投资金额。

其他综合收益是指企业根据其他会计准则规定未在当期损益中确认的各项利得和损失。

其他权益工具是指企业发行的除普通股(作为实收资本或股本)以外，按照金融负债和权益工具区分原则分类为权益工具的其他权益工具。

留存收益是指企业从历年实现的利润中提取或形成的留存于企业的内部积累。留存收益来源于企业在生产经营过程中所实现的净利润，这部分留在企业的净利润归企业投资者所有，属于所有者权益。

盈余公积主要表现为企业按税后利润一定比例提取的法定盈余公积和按确定的比例从税后利润提取的任意盈余公积。

企业的盈余公积可以用于弥补亏损、转增资本(或股本)和发放股利。符合规定条件的企业,也可以用盈余公积分派现金股利。

未分配利润是企业实现的净利润经过弥补亏损、提取盈余公积和向投资者分配利润后留存企业的、历年结存的利润。未分配利润有两层含义:一是留待以后年度处理的利润;二是未指定特定用途的利润。

复习思考题

1. 什么是所有者权益?它包括哪些内容?
2. 所有者权益与负债有何异同?
3. 什么是资本公积?它包括哪些内容?
4. 什么是其他综合收益?分成哪几类?
5. 什么是留存收益?它由哪几部分构成?应分别怎样核算?

练习题

习题一

资料 甲公司原由投资者A和投资者B共同出资成立,每人出资200 000元,各占50%的股份。经营2年后,投资者A和投资者B决定增加公司资本,此时有一新的投资者C要求加入甲公司。经有关部门批准后,甲公司实施增资,将实收资本增加到900 000元。经三方协商,一致同意,完成下述投入后,三方投资者各拥有甲公司300 000元实收资本,并各占甲公司1/3的股份。各投资者的投资情况如下:

(1) 投资者A以一台设备投入甲公司作为增资,该设备原价180 000元,已提折旧95 000元,评估确认价值126 000元,增值税额为16 380元。已收到投资者A开具的增值税专用发票。

(2) 投资者B以一批原材料投入甲公司作为增资,该批材料账面价值105 000元,评估确认价值110 000元,税务部门认定应交增值税额为14 300元。投资者B已开具了增值税专用发票。

(3) 投资者C以银行存款投入甲公司390 000元。

要求 根据以上资料,分别编制甲公司接受投资者A、投资者B增资时以及投资者C初次出资时的会计分录。

习题二

资料 相关经济业务如下:

(1) 某国有独资企业收到国家拨入资本1 000 000元,存入开户银行。

(2) 某企业收到联营单位投入的资产一批,其中,原材料实际成本80 000元,增值税进项税额10 400元,专用工具实际成本20 000元,增值税进项税额2 600元,均已收妥入库。

(3) 某企业接受外单位投入固定资产一台,投入单位账面原价1 000 000元,已提折旧20 000元,双方协议价值为90 000元,增值税进项税额为11 700元。固定资产已投入使用。

(4) 某股份有限公司发行股票,委托证券公司代理发行普通股1 000万股,每股面值

1元,按每股1.5元的价格对外发行,按发行收入的3%向证券公司支付发行费用。股票发行已完成,股款已全部存入银行。

(5) 某企业报经批准,以资本公积金50 000元、盈余公积金100 000元一并转增资本。

(6) 某企业年初累计未弥补亏损500 000元,本年实现利润1 000 000元,经决定用本年度实现利润弥补以前年度的累积亏损500 000元。

要求 根据上述资料编制相关会计分录。

习 题 三

资料 A公司属于甲公司、乙公司和丙公司的联营企业,2×19年发生有关经济业务如下:

(1) A公司收到某外商捐赠的新设备一台,该设备的价值为50 000元。A公司以银行存款支付该设备的运杂费2 000元。

(2) A公司按照规定办理增资手续后,将资本公积90 000元转增注册资本。该公司原有注册资本2 910 000元,其中甲、乙、丙三家公司各占1/3。

(3) A公司用盈余公积75 000元弥补以前年度亏损。

(4) A公司从税后利润中提取法定盈余公积38 000元。

(5) A公司接受丁公司加入联营,经投资各方协议,丁公司实际出资额中1 000 000元作为新增注册资本,使投资各方在注册资本总额中均占1/4。丁公司以银行存款1 100 000元缴付出资额。

要求 根据上述经济业务编制A公司的有关会计分录。

习 题 四

资料 甲公司2×19年年初未分配利润为250 000元,本年实现净利润为1 500 000元。本年提取法定盈余公积150 000元,分配普通股股利400 000元。

要求

(1) 编制甲公司上述业务的会计分录。

(2) 计算甲公司2×19年"利润分配——未分配利润"科目的年末余额。

第十二章

收入、费用和利润

学习目的与要求 学生通过本章的学习,掌握源自合同的收入的确认、计量与核算;掌握期间费用的概念与核算;掌握所得税费费用的账务处理、利润的结转及利润分配的核算;理解履约进度、合同资产与合同负债的核算;熟悉合同的变更、营业外收支的核算、利润总额的构成与利润分配的程序;了解成本与费用的联系与区别。

本章关键词 合同收入;履约进度;费用;所得税费用;利润分配

第一节 收 入

一、收入的内涵

(一) 收入的定义

收入是指企业在日常活动中形成的、会导致所有者权益增加的、与所有者投入资本无关的经济利益的总流入。其中,日常活动是指企业为完成其经营目标所从事的经常性活动以及与之相关的其他活动。

(二) 收入准则适用范围

(1) 企业对外出租资产收取的租金、进行债权投资收取的利息、进行股权投资取得的现金股利等,不适用收入准则。

(2) 企业以存货换取客户的存货、固定资产和无形资产等,按照收入准则的规定进行会计处理;其他非货币性资产交换,按照《企业会计准则第7号——非货币性资产交换》的规定进行会计处理。

(3) 企业处置固定资产和无形资产等,在确定处置时点以及计量处置损益时,按照收入准则的有关规定进行处理。

(三) 收入的确认

企业确认收入的方式应当反映其向客户转让商品(或提供服务,以下简称转让商品)的模式,收入的金额应当反映企业因转让这些商品(或服务,以下简称商品)而预期有权收取的对价金额。

企业应当在履行了合同中的履约义务,即在客户取得相关商品控制权时确认收入。取得相关商品控制权,是指能够主导该商品的使用并从中获得几乎全部的经济利益,也包括有能力阻止其他方主导该商品的使用并从中获得经济利益。企业在判断商品的控制权是否发生转移时,应当从客户的角度进行分析,即客户是否取得了相关商品的控制权以及何时取得该控制权。

取得商品控制权同时包括下列三项要素:

第一,能力。企业只有在客户拥有现时权利,能够主导该商品的使用并从中获得几乎全部经济利益时,才能确认收入。如果客户只能在未来的某一期间主导该商品的使用并从中获益,则表明其尚未取得该商品的控制权。例如,企业与客户签订合同为其生产产品,虽然合同约定该客户最终将能够主导该产品的使用,并获得几乎全部的经济利益,但是,只有在客户真正获得这些权利时(根据合同约定,可能是在生产过程中或更晚的时点),企业才能确认收入,在此之前,企业不应当确认收入。

第二,主导该商品的使用。客户有能力主导该商品的使用,是指客户在其活动中有权使用该商品,或者能够允许或阻止其他方使用该商品。

第三,能够获得几乎全部的经济利益。客户必须拥有获得商品几乎全部经济利益的能力,才能被视为获得了对该商品的控制。商品的经济利益,是指该商品的潜在现金流量,既包括现金流入的增加,也包括现金流出的减少。客户可以通过使用、消耗、出售、处置、交换、抵押或持有等多种方式直接或间接地获得商品的经济利益。

二、收入相关的会计科目

企业应当正确记录和反映与客户之间的合同产生的收入及相关成本费用。收入的会计处理,一般需要设置下列会计科目。

(一)"主营业务收入"科目

该科目用来核算企业确认的销售商品、提供服务等主营业务的收入。

(1)企业在履行了合同中的单项履约义务时,应按照已收或应收的合同价款,加上应收取的增值税额,借记"银行存款""应收账款""应收票据""合同资产"等科目,按应确认的收入金额,贷记本科目,按应收取的增值税额,贷记"应交税费——应交增值税(销项税额)""应交税费——待转销项税额"等科目。

(2)合同中存在企业为客户提供重大融资利益的,企业应按照应收合同价款,借记"长期应收款"等科目,按照假定客户在取得商品控制权时即以现金支付而需支付的金额(即现销价格)确定的交易价格,贷记本科目,按其差额,贷记"未实现融资收益"科目;合同中存在客户为企业提供重大融资利益的,企业应按照已收合同价款,借记"银行存款"等科目,按照假定客户在取得商品控制权时即以现金支付的应付金额(即现销价格)确定的交易价格,贷记"合同负债"等科目,按其差额,借记"未确认融资费用"科目。涉及增值税的,还应进行相应的处理。

(3)企业收到的对价为非现金资产时,应按该非现金资产在合同开始日的公允价值,借记"库存商品""固定资产""无形资产"等有关科目,贷记本科目。涉及增值税的,还应进行相应的处理。

(二)"主营业务成本"科目

该科目核算企业确认销售商品、提供服务等主营业务收入时应结转的成本。

期末,企业应根据本期销售各种商品、提供各种服务等实际成本,计算应结转的主营业务成本,借记本科目,贷记"库存商品""合同履约成本"等科目。

(三)"合同履约成本"科目

该科目可按合同,分别"服务成本""工程施工"等进行明细核算。企业发生上述合同履约成本时,借记本科目,贷记"银行存款""应付职工薪酬""原材料"等科目;对合同履约成本进行摊销时,借记"主营业务成本""其他业务成本"等科目,贷记本科目。涉及增值税的,还应进行相应的处理。本科目期末借方余额,反映企业尚未结转的合同履约成本。

(四)"合同履约成本减值准备"科目

该科目核算与合同履约成本有关的资产的减值准备。

与合同履约成本有关的资产发生减值的,按应减记的金额,借记"资产减值损失"科目,贷记本科目;转回已计提的资产减值准备时,作相反的会计分录。

(五)"合同取得成本"科目

该科目核算企业取得合同发生的、预计能够收回的增量成本。

企业发生上述合同取得成本时,借记本科目,贷记"银行存款""其他应付款"等科目;对合同取得成本进行摊销时,按照其相关性,借记"销售费用"等科目,贷记本科目。涉及增值税的,还应进行相应的处理。

(六)"合同取得成本减值准备"科目

该科目核算与合同取得成本有关的资产的减值准备。

与合同取得成本有关的资产发生减值的,按应减记的金额,借记"资产减值损失"科目,贷记本科目;转回已计提的资产减值准备时,作相反的会计分录。

(七)"应收退货成本"科目

该科目核算销售商品时预期将退回商品的账面价值,扣除收回该商品预计发生的成本(包括退回商品的价值减损)后的余额。

企业发生附有销售退回条款的销售的,应在客户取得相关商品控制权时,按照已收或应收合同价款,借记"银行存款""应收账款""应收票据""合同资产"等科目,按照因向客户转让商品而预期有权收取的对价金额(即不包含预期因销售退回将退还的金额),贷记"主营业务收入""其他业务收入"等科目,按照预期因销售退回将退还的金额,贷记"预计负债——应付退货款"等科目。

结转相关成本时,按照预期将退回商品转让时的账面价值,扣除收回该商品预计发生的成本(包括退回商品的价值减损)后的余额,借记本科目,按照已转让商品转让时的账面价值,贷记"库存商品"等科目,按其差额,借记"主营业务成本""其他业务成本"等科目。涉及增值税的,还应进行相应处理。

(八)"合同资产"科目

该科目核算企业已向客户转让商品而有权收取对价的权利。仅取决于时间流逝因素的权利不在本科目核算。

企业在客户实际支付合同对价或在该对价到期应付之前,已经向客户转让了商品的,应当按因已转让商品而有权收取的对价金额,借记本科目或"应收账款"科目,贷记"主营业务收入""其他业务收入"等科目;企业取得无条件收款权时,借记"应收账款"等科目,贷记本科目。

（九）"合同负债"科目

该科目核算企业已收或应收客户对价而应向客户转让商品的义务。

企业在向客户转让商品之前，客户已经支付了合同对价或企业已经取得了无条件收取合同对价权利的，企业应当在客户实际支付款项与到期应支付款项孰早时点，按照该已收或应收的金额，借记"银行存款""应收账款""应收票据"等科目，贷记本科目；企业向客户转让相关商品时，借记本科目，贷记"主营业务收入""其他业务收入"等科目。涉及增值税的，还应进行相应的处理。

企业因转让商品收到的预收款适用收入准则进行会计处理时，不再使用"预收账款"及"递延收益"科目。

三、收入的确认与计量

收入确认和计量大致分为五步：一是识别与客户订立的合同；二是识别合同中的单项履约义务；三是确定交易价格；四是将交易价格分摊至各单项履约义务；五是履行每一单项履约义务时确认收入。其中一、二、五属于收入的确认，三、四属于收入的计量。

（一）识别与客户订立的合同

1. 合同的识别

（1）合同的含义。合同是指双方或多方之间订立有法律约束力的权利义务的协议，包括书面形式、口头形式以及其他可验证的形式（如隐含于商业惯例或企业以往的习惯做法中等）。

企业与客户之间的合同同时满足下列五项条件的，企业应当在履行了合同中的履约义务，即在客户取得相关商品控制权时确认收入：

一是合同各方已批准该合同并承诺将履行各自义务。

二是该合同明确了合同各方与所转让商品相关的权利和义务。

三是该合同有明确的与所转让商品相关的支付条款。

四是该合同具有商业实质，即履行该合同将改变企业未来现金流量的风险、时间分布或金额。

五是企业因向客户转让商品而有权取得的对价很可能收回。

（2）合同的持续评估。在后续期间，客户的信用风险显著升高，企业需要评估其在未来向客户转让剩余商品而有权取得的对价是否很可能收回，如果不能满足很可能收回的条件，应当停止确认收入，并且只有当后续合同条件再度满足时或者当企业不再负有向客户转让商品的剩余义务，且已向客户收取的对价无需退回时，才能将已收取的对价确认为收入，但是，不应当调整在此之前已经确认的收入。

2. 合同合并

企业与同一客户（或该客户的关联方）同时订立或在相近时间内先后订立的两份或多份合同，在满足下列条件之一时，应当合并为一份合同进行会计处理：

（1）该两份或多份合同基于同一商业目的而订立并构成一揽子交易，如一份合同在不考虑另一份合同的对价的情况下将会发生亏损。

（2）该两份或多份合同中的一份合同的对价金额取决于其他合同的定价或履行情况，

如一份合同如果发生违约,将会影响另一份合同的对价金额。

(3) 该两份或多份合同中所承诺的商品(或每份合同中所承诺的部分商品)构成单项履约义务。两份或多份合同合并为一份合同进行会计处理的,仍然需要区分该一份合同中包含的各单项履约义务。

3. 合同变更

合同变更是指经合同各方同意对原合同范围或价格(或两者)作出的变更。企业应当区分下列三种情形对合同变更分别进行会计处理:

(1) 合同变更部分作为单独合同进行会计处理的情形。合同变更增加了可明确区分的商品及合同价款,且新增合同价款反映了新增商品单独售价的,应当将该合同变更作为一份单独的合同(即一项新的合同)进行会计处理。

(2) 合同变更作为原合同终止及新合同订立进行会计处理的情形。合同变更不属于上述第(1)种情形,且在合同变更日已转让商品与未转让商品之间可明确区分的,应当视为原合同终止,同时,将原合同未履约部分与合同变更部分合并为新合同进行会计处理。新合同的交易价格应当为下列两项金额之和:一是原合同交易价格中尚未确认为收入的部分(包括已从客户收取的金额);二是合同变更中客户已承诺的对价金额。

(3) 合同变更部分作为原合同的组成部分进行会计处理的情形。合同变更不属于上述第(1)种情形,且在合同变更日已转让商品与未转让商品之间不可明确区分的,应当将该合同变更部分作为原合同的组成部分,在合同变更日重新计算履约进度,并调整当期收入和相应成本等。

如果在合同变更日未转让商品为上述第(2)和第(3)种情形的组合,企业应当按照上述第(2)或第(3)种情形中更为恰当的一种方式对合同变更后尚未转让(或部分未转让)商品进行会计处理。

(二) 识别合同中的单项履约义务

合同开始日,企业应当识别合同所包含的各单项履约义务,并确定各单项履约义务是在某一时段内履行,还是在某一时点履行,然后,在履行了各单项履约义务时分别确认收入。履约义务是指合同中企业向客户转让可明确区分商品的承诺。下列情况下,企业应当将向客户转让商品的承诺作为单项履约义务:一是企业向客户转让可明确区分商品的承诺;二是企业向客户转让一系列实质相同且转让模式相同的、可明确区分商品的承诺。

(三) 确定交易价格

企业应当首先确定合同的交易价格,再按照分摊至各单项履约义务的交易价格计量收入。

交易价格是指企业因向客户转让商品而预期有权收取的对价金额。企业代第三方收取的款项(如增值税)以及企业预期将退还给客户的款项,应当作为负债进行会计处理,不计入交易价格。合同标价并不一定代表交易价格,在确定交易价格时,企业应当考虑可变对价、合同中存在的重大融资成分、非现金对价以及应付客户对价等因素的影响,并应当假定将按照现有合同的约定向客户转移商品,且该合同不会被取消、续约或变更。

(四) 将交易价格分摊至各单项履约义务

合同中包含两项或多项履约义务的,企业应当在合同开始日,按照各单项履约义务所承诺商品的单独售价的相对比例,将交易价格分摊至各单项履约义务。

当合同中包含两项或多项履约义务时,如果企业履行了其中的一项履约义务、向客户转让商品而获得了一项有权收取对价的权利,且该权利取决于时间流逝之外的其他因素,则企业应将其确认为合同资产而不应确认为应收款项。

【例12-1】 2×19年3月1日,甲公司与客户签订合同,向其销售A、B两项商品,A商品的单独售价为6 000元,B商品的单独售价为24 000元,合同价款为25 000元。合同约定,A商品于合同开始日交付,B商品在1个月之后交付,只有当两项商品全部交付之后,甲公司才有权收取25 000元的合同对价。假定A商品和B商品分别构成单项履约义务,其控制权在交付时转移给客户。上述价格均不包含增值税,适用的增值税税率为13%。

本例中,合同价款为25 000元。

A商品的单独售价为6 000元,B商品的单独售价为24 000元。

分摊至A商品的合同价款 = 25 000 × 6 000 ÷ (6 000 + 24 000) = 5 000(元)
分摊至B商品的合同价款 = 25 000 × 24 000 ÷ (6 000 + 24 000) = 20 000(元)

甲公司应编制会计分录如下:

(1) 交付A商品时:

借:合同资产　　　　　　　　　　　　　　　　　　　　　　　　　　5 650
　　贷:主营业务收入　　　　　　　　　　　　　　　　　　　　　　5 000
　　　　应交税费——应交增值税(销项税额)　　　　　　　　　　　650

(2) 交付B商品时:

借:应收账款　　　　　　　　　　　　　　　　　　　　　　　　　28 250
　　贷:合同资产　　　　　　　　　　　　　　　　　　　　　　　　5 650
　　　　主营业务收入　　　　　　　　　　　　　　　　　　　　　20 000
　　　　应交税费——应交增值税(销项税额)　　　　　　　　　　2 600

合同资产是指企业已向客户转让商品而有权收取对价的权利,且该权利取决于时间流逝之外的其他因素。应收款项是企业无条件收取合同对价的权利。只有在合同对价到期支付之前仅仅随着时间的流逝即可收款的权利,才是无条件的收款权。合同资产和应收款项都是企业拥有的有权收取对价的合同权利,两者的区别在于,应收款项代表的是无条件收取合同对价的权利,即企业仅仅随着时间的流逝即可收款,而合同资产并不是一项无条件收款权,该权利除了时间流逝之外,还取决于其他条件(如履行合同中的其他履约义务)才能收取相应的合同对价。

因此,与合同资产和应收款项相关的风险是不同的,应收款项仅承担信用风险,而合同资产除信用风险之外,还可能承担其他风险,如履约风险等。合同资产减值的计量、列报和披露应当按照相关金融工具准则的要求进行会计处理。

(五) 履行每一单项履约义务时确认收入

企业应当在履行了合同中的履约义务,即客户取得相关商品控制权时确认收入。企业应当根据实际情况,首先判断履约义务是否满足在某一时段内履行的条件,如不满足,则该履约义务属于在某一时点履行的履约义务。对于在某一时段内履行的履约义务,企业应当选取恰当的方法来确定履约进度;对于在某一时点履行的履约义务,企业应当综合分析控制权转移的迹象,判断其转移时点。

【例 12-2】 ABC 公司于 2×19 年 12 月 1 日接受一项设备安装任务,安装期为 3 个月,合同总收入 60 万元,至年底已预收安装费 44 万元,实际发生安装费用为 28 万元(假定均为安装人员薪酬),估计还将发生安装费用 12 万元。假定 ABC 公司按实际发生的成本占估计总成本的比例确定安装的履约进度,不考虑增值税等其他因素。ABC 公司应编制会计分录如下:

(1) 实际发生劳务成本时:

借:合同履约成本——设备安装　　　　　　　　　　　　　　　　　280 000
　　贷:应付职工薪酬　　　　　　　　　　　　　　　　　　　　　　280 000

(2) 预收劳务款时:

借:银行存款　　　　　　　　　　　　　　　　　　　　　　　　　440 000
　　贷:合同负债　　　　　　　　　　　　　　　　　　　　　　　　440 000

(3) 2×19 年 12 月 31 日,确认劳务收入并结转劳务成本时:

实际发生的成本占估计总成本的比例 = $28 \div (28+12) \times 100\% = 70\%$

2×19 年 12 月 31 日确认的劳务收入 = $60 \times 70\% - 0 = 42$(万元)

借:合同负债　　　　　　　　　　　　　　　　　　　　　　　　　420 000
　　贷:主营业务收入　　　　　　　　　　　　　　　　　　　　　　420 000
借:主营业务成本　　　　　　　　　　　　　　　　　　　　　　　280 000
　　贷:合同履约成本　　　　　　　　　　　　　　　　　　　　　　280 000

【例 12-3】 A 公司委托 B 公司销售商品 1 000 件,商品已经发出,每件成本为 0.7 万元。合同约定 B 公司应按每件 1 万元对外销售,A 公司按不含增值税的销售价格的 10% 向 B 公司支付手续费。除非这些商品在 B 公司存放期间内由于 B 公司的责任发生毁损或丢失,否则在对外销售之前,B 公司没有义务向 A 公司支付货款。B 公司不承担包销责任,没有售出的商品须退回给 A 公司,同时,A 公司也有权要求收回商品或将其销售给其他的客户。

B 公司对外实际销售 1 000 件,开出的增值税专用发票上注明的销售价格为 1 000 万元,增值税额为 130 万元,款项已经收到,B 公司立即向 A 公司开具代销清单并支付货款。A 公司收到 B 公司开具的代销清单时,向 B 公司开具一张相同金额的增值税专用发票。假定 A 公司发出商品时纳税义务尚未发生,手续费适用的增值税税率为 6%,代销业务为 B 公司其他业务,不考虑其他因素。

根据上述资料,A 公司应编制会计分录如下:

(1) 发出商品时:

借:发出商品　　　　　　　　　　　　　　　　　　　　　　　　7 000 000
　　贷:库存商品　　　　　　　　　　　　　　　　　　　　　　　7 000 000

(2) 收到代销清单确认收入时:

借：应收账款——B公司	11 300 000	
贷：主营业务收入		10 000 000
应交税费——应交增值税（销项税额）		1 300 000
借：主营业务成本	7 000 000	
贷：发出商品		7 000 000
借：销售费用——代销手续费	1 000 000	
应交税费——应交增值税（进项税额）	60 000	
贷：应收账款——B公司		1 060 000

(3) 收到B公司支付的货款时：

借：银行存款	10 240 000	
贷：应收账款——B公司		10 240 000

B公司应编制会计分录如下：

(1) 收到商品时：

借：受托代销商品	10 000 000	
贷：受托代销商品款		10 000 000

(2) 对外销售时：

借：银行存款	11 300 000	
贷：受托代销商品		10 000 000
应交税费——应交增值税（销项税额）		1 300 000

(3) 收到A公司开来的增值税专用发票时：

借：受托代销商品款	10 000 000	
应交税费——应交增值税（进项税额）	1 300 000	
贷：应付账款——A公司		11 300 000

(4) 支付货款并计算代销手续费时：

借：应付账款——A公司	11 300 000	
贷：银行存款		10 240 000
其他业务收入——代销手续费		1 000 000
应交税费——应交增值税（销项税额）		60 000

四、合同成本

（一）合同履约成本

合同履约成本确认为资产应满足的条件如下：

(1) 该成本与一份当前或预期取得的合同直接相关。与合同直接相关的成本包括直接人工、直接材料、制造费用（或类似费用，如与组织和管理生产、施工、服务等活动发生的费用，包括管理人员的职工薪酬、劳动保护费、固定资产折旧费及修理费、物料消耗、取暖费、水电费、办公费、差旅费、财产保险费、工程保修费、排污费和临时设施摊销费等），明确由客户承担的成本以及仅因该合同而发生的其他成本(如支付给分包商的成本、机械使用费、设计和技术援助费用、施工现场二次搬运费、生产工具和用具使用费、检验试验费、工程定位复测费、工程点交费用、场地清理费等)。

(2) 该成本增加了企业未来用于履行(或持续履行)履约义务的资源。

(3) 该成本预期能够收回。

需要注意的是,企业应当在下列支出发生时,将其计入当期损益:一是管理费用,除非这些费用明确由客户承担。二是非正常消耗的直接材料、直接人工和制造费用(或类似费用)。三是与履约义务中已履行(包括已全部履行或部分履行)部分相关的支出,即该支出与企业过去的履约活动相关。四是无法在尚未履行的与已履行(或已部分履行)的履约义务之间区分的相关支出。

满足上述条件确认为资产的合同履约成本,初始确认时摊销期限不超过1年或一个正常营业周期的,在资产负债表中列示为存货;初始确认时摊销期限在1年或一个正常营业周期以上的,在资产负债表中列示为其他非流动资产。

(二) 合同取得成本

企业为取得合同发生的增量成本预期能够收回的,应当作为合同取得成本确认为一项资产。增量成本是指企业不取得合同就不会发生的成本。

为简化实务操作,该资产摊销期限不超过1年的,可以在发生时计入当期损益(销售费用)。

企业为取得合同发生的、除预期能够收回的增量成本之外的其他支出(如无论是否取得合同均会发生的差旅费、投标费等),应当在发生时计入当期损益。

(三) 与合同履约成本和合同取得成本的摊销和减值

1. 摊销

对于确认为资产的合同履约成本和合同取得成本,企业应当采用与该资产相关的商品收入确认相同的基础(即在履约义务履行的时点或按照履约义务的履约进度)进行摊销,计入当期损益。

2. 减值

(1) 合同履约成本和合同取得成本的账面价值高于下列两项的差额的,超出部分应当计提减值准备,并确认为资产减值损失:①企业因转让与该资产相关的商品预期能够取得的剩余对价;②为转让该相关商品估计将要发生的成本。

$$资产减值损失 = 账面价值 - (预期能够取得的剩余对价 - 估计将要发生的成本)$$

(2) 以前期间减值的因素之后发生变化,使得"企业因转让与该资产相关的商品预期能够取得的剩余对价"减去"为转让该相关商品估计将要发生的成本"的差额高于该资产账面价值的,应当转回原已计提的资产减值准备,并计入当期损益,但转回后的资产账面价值不应超过假定不计提减值准备情况下该资产在转回日的账面价值。

五、特殊交易处理

(一) 附有销售退回条款的销售

对于附有销售退回条款的销售,企业应当在客户取得相关商品控制权时,按照因向客户转让商品而预期有权收取的对价金额(即不包含预期因销售退回将退还的金额)确认收入,按照预期因销售退回将退还的金额确认负债;同时,按照预期将退回商品转让时的账面价值,扣除收回该商品预计发生的成本(包括退回商品的价值减损)后的余额,确认为一项资产,按照所转让商品转让时的账面价值,扣除上述资产成本的净额结转成本。

每一资产负债表日,企业应当重新估计未来销售退回情况,并对上述资产和负债进行重新计量,如有变化,应当作为会计估计变更进行会计处理。

【例 12-4】 A公司是一家健身器材销售公司。2×18年10月1日,A公司向Z公司销售5 000件健身器材,单位销售价格为500元,单位成本为400元,开出的增值税专用发票上注明的销售价格为2 500 000元,增值税额为325 000元。健身器材已经发出,但款项尚未收到。根据协议约定,Z公司应于2×18年12月1日之前支付货款,在2×19年3月31日之前有权退还健身器材。发出健身器材时,A公司根据过去的经验,估计该批健身器材的退货率约为20%。

2×18年12月31日,A公司对退货率进行了重新评估,认为只有10%的健身器材会被退回。A公司为增值税一般纳税人,健身器材发出时纳税义务已经发生,实际发生退回时取得税务机关开具的红字增值税专用发票。假定健身器材发出时控制权转移给Z公司。A公司应编制会计分录如下:

(1) 2×18年10月1日,发出健身器材时:

借:应收账款　　　　　　　　　　　　　　　　　　　　　　　　　　2 825 000
　　贷:主营业务收入(5 000×500×80%)　　　　　　　　　　　　　2 000 000
　　　　预计负债——应付退货款(5 000×500×20%)　　　　　　　　500 000
　　　　应交税费——应交增值税(销项税额)　　　　　　　　　　　325 000
借:主营业务成本(5 000×400×80%)　　　　　　　　　　　　　　1 600 000
　　应收退货成本(5 000×400×20%)　　　　　　　　　　　　　　400 000
　　贷:库存商品　　　　　　　　　　　　　　　　　　　　　　　2 000 000

(2) 2×18年12月1日前,收到货款时:

借:银行存款　　　　　　　　　　　　　　　　　　　　　　　　　　2 825 000
　　贷:应收账款　　　　　　　　　　　　　　　　　　　　　　　　2 825 000

(3) 2×18年12月31日,A公司对退货率进行重新评估为10%时:

借:预计负债——应付退货款(5 000×500×10%)　　　　　　　　　　250 000
　　贷:主营业务收入　　　　　　　　　　　　　　　　　　　　　　250 000
借:主营业务成本(5 000×400×10%)　　　　　　　　　　　　　　　200 000
　　贷:应收退货成本　　　　　　　　　　　　　　　　　　　　　　200 000

(4) 2×19年3月31日,发生销售退回,实际退货量为400件,退货款项已经支付时:

借:库存商品(退回400×400)　　　　　　　　　　　　　　　　　　160 000
　　应交税费——应交增值税(销项税额)(400×500×13%)　　　　　26 000
　　预计负债——应付退货款(500 000−250 000)　　　　　　　　　250 000

贷：应收退货成本		160 000
主营业务收入(未退回 100×500)		50 000
银行存款(退回 400×500×1.13)		226 000
借：主营业务成本(未退回 100×400)		40 000
贷：应收退货成本		40 000

　　附有销售退回条款的销售，在客户要求退货时，如果企业有权向客户收取一定金额的退货费，则企业在估计预期有权收取的对价金额时，应当将该退货费包括在内。

　　需要说明的是，客户以一项商品换取类型、质量、状况及价格均相同的另一项商品，不应被视为退货。此外，如果合同约定客户可以将质量有瑕疵的商品退回以换取正常的商品，企业应当按照附有质量保证条款的销售进行会计处理。对于具有类似特征的合同组合，企业也可以在确定退货率、坏账率、合同存续期间等方面运用组合法进行估计。

(二) 附有质量保证条款的销售

　　企业在向客户销售商品时，可能会为所销售的商品提供质量保证，其中，有一些质量保证是为了向客户保证所销售的商品符合既定标准，即保证类质量保证(三包服务)；而另一些质量保证则是在向客户保证所销售的商品符合既定标准之外提供了一项单独的服务，即服务类质量保证。

　　企业应当对其所提供的质量保证的性质进行分析，对于客户能够选择单独购买质量保证的，表明该质量保证构成单项履约义务；对于客户虽然不能选择单独购买质量保证，但是，如果该质量保证在向客户保证所销售的商品符合既定标准之外提供了一项单独服务的，也应当作为单项履约义务。作为单项履约义务的质量保证应当按本章进行会计处理，并将部分交易价格分摊至该项履约义务。对于不能作为单项履约义务的质量保证，企业应当按照《企业会计准则第 13 号——或有事项》的规定进行会计处理。

　　企业在评估一项质量保证是否在向客户保证所销售的商品符合既定标准之外提供了一项单独的服务时，应当考虑的因素包括：

　　(1) 该质量保证是否为法定要求。当法律要求企业提供质量保证时，该法律规定通常表明企业承诺提供的质量保证不是单项履约义务，这是因为，这些法律规定通常是为了保护客户，以免其购买瑕疵或缺陷商品，而并非为客户提供一项单独的服务。

　　(2) 质量保证期限。企业提供质量保证的期限越长，越有可能表明企业向客户提供了保证商品符合既定标准之外的服务。因此，企业承诺提供的质量保证越有可能构成单项履约义务。

　　(3) 企业承诺履行任务的性质。如果企业必须履行某些特定的任务以保证所销售的商品符合既定标准(如企业负责运输被客户退回的瑕疵商品)，则这些特定的任务可能不构成单项履约义务。

(三) 主要责任人和代理人

　　当企业向客户销售商品涉及其他方参与其中时，企业应当判断其自身在该交易中的身份是主要责任人还是代理人。

1. 主要责任人或代理人的判断原则

　　在判断时，企业应当首先识别向客户提供的特定商品，然后企业应当评估特定商品在转让给客户之前,企业是否控制该商品。企业在将特定商品转让给客户之前控制该商品的,企业为主要责任人;相反,企业在特定商品转让给客户之前不控制该商品的,企业为代理人。

这里的特定商品,是指向客户提供的可明确区分的商品或可明确区分的一揽子商品,如果企业仅仅是在特定商品的法定所有权转移给客户之前,暂时性地获得该特定商品的法定所有权,这并不意味着企业一定控制了该商品。

2. 企业作为主要责任人的情况

当存在第三方参与企业向客户提供商品时,企业向客户转让特定商品之前能够控制该商品的,应当作为主要责任人。企业作为主要责任人的情形包括:

(1) 企业自该第三方取得商品或其他资产控制权后,再转让给客户。这里的商品或其他资产也包括企业向客户转让的未来享有由其他方提供服务的权利。企业应当评估该权利在转让给客户前,企业是否控制该权利。

(2) 企业能够主导第三方代表本企业向客户提供服务。当企业承诺向客户提供服务,并委托第三方(如分包商、其他服务提供商等)代表企业向客户提供服务时,如果企业能够主导该第三方代表本企业向客户提供服务,则表明企业在相关服务提供给客户之前能够控制该相关服务。

(3) 企业自第三方取得商品控制权后,通过提供重大的服务将该商品与其他商品整合成合同约定的某组合产出转让给客户。此时,企业承诺提供的特定商品就是合同约定的组合产出。企业只有获得为生产该特定商品所需要的投入(包括从第三方取得的商品)的控制权,才能将这些投入加工整合为合同约定的组合产出。

3. 需要考虑的相关事实和情况

实务中,企业在判断其在向客户转让特定商品之前是否已经拥有对该商品的控制权时,不应仅局限于合同的法律形式,而应当综合考虑所有相关事实和情况进行判断,这些事实和情况包括但不仅限于:

(1) 转让商品的主要责任是企业还是第三方,即验收风险。该主要责任包括就特定商品的可接受性(如确保商品的规格满足客户的要求)承担责任等。企业在判断时,应当从客户的角度进行评估,即客户认为哪一方承担了主要责任,如客户认为谁对商品的质量或性能负责、谁负责提供售后服务、谁负责解决客户投诉等。

(2) 该商品的存货风险在商品转让前后由企业还是第三方承担。其中,存货风险主要是指存货可能发生减值、毁损或灭失等形成的损失。当企业在与客户订立合同之前已经购买或者承诺将自行购买特定商品,这可能表明企业在将该特定商品转让给客户之前,承担了该特定商品的存货风险,企业有能力主导特定商品的使用并从中取得几乎全部的经济利益。又如,在附有销售退回条款的销售中,企业将商品销售给客户之后,客户有权要求向该企业退货,这可能表明企业在转让商品之后仍然承担了该商品的存货风险。

(3) 所交易商品的价格由企业还是第三方决定,即价格风险。企业有权决定客户为取得特定商品所需支付的价格,可能表明企业有能力主导有关商品的使用并从中获得几乎全部的经济利益。

代理人有时可能在一定程度上也拥有定价权(如在主要责任人规定的某一价格范围内

决定价格)。例如,当代理人向主要责任人的客户提供一定折扣优惠,以激励该客户购买主要责任人的商品时,即使代理人有一定的定价能力,也并不表明其身份是主要责任人,代理人只是放弃了一部分自己应当赚取的佣金或手续费而已。

需要强调的是,企业在判断其是主要责任人还是代理人时,应当以该企业在特定商品转让给客户之前是否能够控制这些商品为原则。

（四）附有客户额外购买选择权的销售

企业在销售商品的同时,有时会向客户授予选择权,允许客户据此免费或者以折扣价格购买额外的商品,此种情况称为附有客户额外购买选择权的销售。企业向客户授予的额外购买选择权的形式包括销售激励、客户奖励积分、未来购买商品的折扣券以及合同续约选择权等。

对于附有客户额外购买选择权的销售,企业应当评估该选择权是否向客户提供了一项重大权利。

如果客户只有在订立了一项合同的前提下才取得了额外购买选择权,并且客户行使该选择权购买额外商品时,能够享受到超过该地区或该市场中其他同类客户所能够享有的折扣,则通常认为该选择权向客户提供了一项重大权利。该选择权向客户提供了重大权利的,应当作为单项履约义务。在这种情况下,客户在该合同下支付的价款实际上购买了两项单独的商品：

一是客户在该合同下原本购买的商品。

二是客户可以免费或者以折扣价格购买额外商品的权利。企业应当将交易价格在这两项商品之间进行分摊。

当企业向客户提供了额外购买选择权,但客户在行使该选择权购买商品的价格反映了该商品的单独售价时,即使客户只能通过与企业订立特定合同才能获得该选择权,该选择权也不应被视为企业向该客户提供了一项重大权利。

【例 12-5】 2×18 年 1 月 1 日,ABC 公司开始推行一项奖励积分计划。根据该计划,客户在 ABC 公司每消费 10 元可获得 1 个积分,每个积分从次月开始在购物时可以抵减 1 元。截至 2×18 年 1 月 31 日,客户共消费 100 000 元,可获得 10 000 个积分,根据历史经验,ABC 公司估计该积分的兑换率为 95%。假定上述金额均不包含增值税,且假定不考虑相关税费的影响。

本例中,ABC 公司认为其授予客户的积分为客户提供了一项重大权利,应当作为单项履约义务。客户购买商品的单独售价合计为 100 000 元,考虑积分的兑换率,ABC 公司估计积分的单独售价为 9 500 元(1 元×10 000 个积分×95%)。ABC 公司按照商品和积分单独售价的相对比例对交易价格进行分摊,具体分配如下：

$$商品应分摊的交易价格 = 100\ 000 \times 100\ 000 \div (100\ 000 + 9\ 500) = 91\ 324(元)$$
$$积分应分摊的交易价格 = 100\ 000 \times 9\ 500 \div (100\ 000 + 9\ 500) = 8\ 676(元)$$

或

$$= 100\ 000 - 91\ 324 = 8\ 676(元)$$

因此,ABC 公司应当在商品的控制权转移时确认收入 91 324 元,同时确认合同负债 8 676 元。

借：银行存款	100 000	
贷：主营业务收入		91 324
合同负债		8 676

截至 2×18 年 12 月 31 日，客户共兑换了 4 500 个积分，ABC 公司对该积分的兑换率进行了重新估计，仍然预计客户总共将会兑换 9 500 个积分（10 000 个积分×95%）。因此，ABC 公司以客户兑换的积分数占预期将兑换的积分总数的比例为基础确认收入。

$$积分应当确认的收入 = 8\ 676 \times 4\ 500/9\ 500 = 4\ 110（元）$$

剩余未兑换的积分的金额＝8 676－4 110＝4 566（元），仍然作为合同负债。

借：合同负债　　　　　　　　　　　　　　　　　　　　4 110
　　贷：主营业务收入　　　　　　　　　　　　　　　　　　4 110

截至 2×19 年 12 月 31 日，客户累计兑换了 8 500 个积分。ABC 公司对该积分的兑换率进行了重新估计，预计客户总共将会兑换 9 700 个积分。

$$积分应当确认的收入 = 8\ 676 \times 8\ 500 \div 9\ 700 - 4\ 110 = 3\ 493（元）$$

剩余未兑换的积分的金额＝8 676－4 110－3 493＝1 073（元），仍然作为合同负债。

借：合同负债　　　　　　　　　　　　　　　　　　　　3 493
　　贷：主营业务收入　　　　　　　　　　　　　　　　　　3 493

（五）授予知识产权许可

授予知识产权许可是指企业授予客户对企业拥有的知识产权享有相应权利。常见的知识产权包括软件和技术、影视和音乐等的版权、特许经营权以及专利权、商标权和其他版权等。

1. 授予知识产权许可是否构成单项履约义务

企业向客户授予知识产权许可时，可能也会同时销售商品，企业应当评估授予客户的知识产权许可是否可与所售商品明确区分，即该知识产权许可是否构成单项履约义务，并进行相应的会计处理。

授予客户的知识产权许可不构成单项履约义务的，企业应当将该知识产权许可和所售商品一起作为单项履约义务进行会计处理。知识产权许可与所售商品不可明确区分的情形包括：

一是该知识产权许可构成有形商品的组成部分并且对于该商品的正常使用不可或缺。例如，企业向客户销售设备和相关软件，该软件内嵌于设备之中，该设备必须安装了该软件之后才能正常使用。

二是客户只有将该知识产权许可和相关服务一起使用才能够从中获益。例如，客户取得授权许可，但是只有通过企业提供的在线服务才能访问相关内容。

2. 授予知识产权许可属于在某一时段履行的履约义务

授予客户的知识产权许可构成单项履约义务的，企业应当根据该履约义务的性质，进一步确定其是在某一时段内履行还是在某一时点履行。企业向客户授予的知识产权许可，同时满足下列三项条件的，应当作为在某一时段内履行的履约义务确认相关收入。否则，应当作为在某一时点履行的履约义务确认相关收入。

(1) 合同要求或客户能够合理预期企业将从事对该项知识产权有重大影响的活动。

(2) 该活动对客户将产生有利或不利影响。

(3) 该活动不会导致向客户转让商品。

3. 授予知识产权许可属于在某一时点履行的履约义务

授予知识产权许可不属于在某一时段内履行的履约义务的,应当作为在某一时点履行的履约义务,在履行该履约义务时确认收入。在客户能够使用某项知识产权许可并开始从中获利之前,企业不能对此类知识产权许可确认收入。例如,企业授权客户在一定期间内使用软件,但是,在企业向客户提供该软件的密钥之前,客户都无法使用该软件,因此,企业在向客户提供该密钥之前虽然已经得到授权,但也不应确认收入。

(六) 售后回购

售后回购是指企业销售商品的同时承诺或有权选择日后再将该商品购回的销售方式。一般来说,售后回购通常有三种形式:

一是企业和客户约定企业有义务回购该商品,即存在远期安排。

二是企业有权利回购该商品,即企业拥有回购选择权。

三是当客户要求时,企业有义务回购该商品,即客户拥有回售选择权。

对于不同类型的售后回购交易,企业应当区分下列两种情形分别进行会计处理:

1. 企业因存在与客户的远期安排而负有回购义务或企业享有回购权利的

在销售时点,客户并没有取得该商品的控制权。在这种情况下,企业应根据下列情况分别进行相应的会计处理:

一是回购价格低于原售价的,应当视为租赁交易,按照《企业会计准则第 21 号——租赁》的相关规定进行会计处理。

二是回购价格不低于原售价的,应当视为融资交易,在收到客户款项时确认金融负债,而不是终止确认该资产,并将该款项和回购价格的差额在回购期间内确认为利息费用等。

【例 12-6】 2×18 年 4 月 1 日,ABC 公司向 XYZ 公司销售一台设备,销售价格为 200 万元,同时双方约定 2 年之后,即 2×20 年 4 月 1 日,ABC 公司将以 120 万元的价格回购该设备。

根据合同约定,ABC 公司负有在 2 年后回购该设备的义务,因此,XYZ 公司并未取得该设备的控制权。假定不考虑货币时间价值,该交易的实质是 XYZ 公司支付了 80 万元 (200-120) 的对价取得了该设备 2 年的使用权。ABC 公司应当将该交易作为租赁交易进行会计处理。

【例 12-7】 2×18 年 4 月 1 日,ABC 公司向 XYZ 公司销售一台设备,销售价格为 200 万元,同时双方约定 2 年之后,假定 ABC 公司将在 2×20 年 4 月 1 日以 250 万元的价格回购该设备。

假定不考虑货币时间价值,该交易的实质是 ABC 公司以该设备作为质押取得了 200 万元的借款,2 年后归还本息合计 250 万元。ABC 公司应当将该交易视为融资交易,不应当终止确认该设备,而应当在收到客户款项时确认金融负债,并将该款项和回购价格的差额在回购期间内确认为利息费用等。

2. 企业应客户要求回购商品的

企业负有应客户要求回购商品义务的,应当在合同开始日评估客户是否具有行使该要求权的重大经济动因。客户具有行使该要求权的重大经济动因的,企业应当将回购价格与原售价进行比较,并按照上述第 1 种情形下的原则将该售后回购作为租赁交易或融资交易进行相应的会计处理;否则,企业应当将该售后回购作为附有销售退回条款的销售交易进行相应的会计处理。

在判断客户是否具有行权的重大经济动因时,企业应当综合考虑各种相关因素,包括回购价格与预计回购时市场价格之间的比较以及权利的到期日等。当回购价格明显高于该资产回购时的市场价值时,通常表明客户有行权的重大经济动因。

(七) 客户未行使的权利

企业向客户预收销售商品款项的,应当首先将该款项确认为负债(合同负债),待履行了相关履约义务时再转为收入。

【例 12-8】 ABC 公司经营连锁面包店。2×18 年,ABC 公司向客户销售了 5 000 张储值卡,每张卡的面值为 200 元,总额为 1 000 000 元。客户可在 ABC 公司经营的任何一家门店使用该储值卡进行消费。根据历史经验,ABC 公司预期客户购买的储值卡中将有大约相当于储值卡面值金额 5%(即 50 000 元)的部分不会被消费。截至 2018 年 12 月 31 日,客户使用该储值卡消费的金额为 400 000 元。ABC 公司为增值税一般纳税人,在客户使用该储值卡消费时发生增值税纳税义务。

ABC 公司预期将有权获得与客户未行使的合同权利相关的金额为 50 000 元,该金额应当按照客户行使合同权利的模式按比例确认为收入。

$$\text{销售的储值卡应当确认的收入} = (400\,000 + 50\,000 \times 400\,000/950\,000) \div (1+13\%)$$
$$= 372\,613(元)$$

ABC 公司应编制会计分录如下:

(1) 销售储值卡:

借:库存现金　　　　　　　　　　　　　　　　　　　　　1 000 000
　　贷:合同负债(1 000 000/1.13)　　　　　　　　　　　　　　　884 956
　　　　应交税费——待转销项税额　　　　　　　　　　　　　　135 044

(2) 根据储值卡的消费金额确认收入,同时将对应的待转销项税额确认为销项税额:

借:合同负债　　　　　　　　　　　　　　　　　　　　　372 613
　　应交税费——待转销项税额(400 000/1.13×13%)　　　　46 018
　　贷:主营业务收入　　　　　　　　　　　　　　　　　　　372 613
　　　　应交税费——应交增值税(销项税额)　　　　　　　　　46 018

(八) 无须退回的初始费

企业在合同开始(或接近合同开始)日向客户收取的无须退回的初始费(如俱乐部的入会费等)应当计入交易价格。

该初始费与向客户转让已承诺的商品相关,并且该商品构成单项履约义务的,企业应当在转让该商品时,按照分摊至该商品的交易价格确认收入;该初始费与向客户转让已承诺的商品相关,但该商品不构成单项履约义务的,企业应当在包含该商品的单项履约义务履行时,按照分摊至该单项履约义务的交易价格确认收入;该初始费与向客户转让已承诺的商品不相关的,该初始费应当作为未来将转让商品的预收款,在未来转让该商品时确认为收入。

企业收取了无需退回的初始费为履行合同应开展初始活动,但这些活动本身并没有向客户转让已承诺的商品的。例如,企业为履行会员合同开展了一些行政管理性质的准备工作,该初始费与未来将转让的已承诺商品相关,应当在未来转让该商品时确认为收入,企业在确定履约进度时不应考虑这些初始活动;企业为该初始活动发生的支出应当按照合同成本部分的要求确认为一项资产或计入当期损益。

第二节 费 用

一、费用概述

(一) 费用的概念和特征

费用有狭义和广义之分。广义的费用泛指企业各种日常活动发生的所有耗费;狭义的费用仅指与本期营业收入相配比的那部分耗费。费用是指企业为销售商品、提供劳务等日常活动所发生的经济利益的流出。它主要有以下特征:

(1) 费用会减少企业的所有者权益。费用通常是为取得某项营业收入而发生的耗费,这些耗费可以表现为资产的减少或负债的增加,最终会减少企业的所有者权益。

(2) 费用会减少企业的资源。费用本质上是一种资源的流出,最终会使企业资源耗费,如支付工资、发生费用、消耗材料和机器设备等都将导致企业资源的减少。

(3) 费用和产品成本不是同一概念。费用中的产品生产费用是构成产品成本的基础,费用是按时间归集的,而产品成本是按产品对象归集的。

费用应按照权责发生制和配比原则确认,凡应属于本期发生的费用,不论其款项是否支付,均确认为本期费用;反之,不属于本期发生的费用,即使其款项已在本期支付,也不确认为本期费用。

(二) 费用的分类

费用按经济用途进行分类,可分为产品生产费用和期间费用。

1. 产品生产费用

产品生产费用一般由以下项目组成:

(1) 直接材料。即直接用于产品生产、构成产品实体的原料、主要材料、外购半成品及有助于产品形成的辅助材料和其他直接材料。

(2) 直接人工。即直接参加产品生产的工人工资以及按生产工人工资总额。

(3) 燃料和动力。即直接用于产品生产的外购和自制的燃料及动力费。

(4) 制造费用。即企业各生产单位为组织和管理生产而发生的各项间接费用。

以上四类,构成产品的制造成本。

2. 期间费用

期间费用是指不能直接归属于某个特定产品成本的费用。它主要包括销售费用、管理费用和财务费用。期间费用在发生的当期就全部计入当期损益，而不计入产品成本，这样有助于简化成本核算工作，提高成本计算的准确性。

在确认费用时，首先，应当划分生产费用与非生产费用的界限。生产费用是指与企业日常生产经营活动有关的费用，如生产产品所发生的原材料费用和人工费用等；非生产费用是指不应由生产费用负担的费用，如用于购建固定资产所发生的费用，不属于生产费用。其次，应当分清生产费用与产品成本的界限。生产费用与一定的时期相联系，而与生产的产品无关；产品成本与一定品种和数量的产品相联系，而不论发生在哪一期。最后，应当分清生产费用与期间费用的界限。生产费用应当计入产品成本，而期间费用直接计入当期损益。

在确认费用时，对于确认为期间费用的费用，必须进一步划分为管理费用、销售费用和财务费用。对于确认为生产费用的费用，必须根据该费用发生的实际情况分别不同的费用性质将其确认为不同产品生产所负担的费用；对于几种产品共同发生的费用，必须按受益原则，采用一定方法和程序将其分配计入相关产品的生产成本。

二、产品生产费用的核算

产品生产费用的核算，根据学科分工，将在成本会计学科中专题阐述。

三、期间费用的核算

期间费用是企业当期发生的费用中的重要组成部分，是指本期发生的、不能直接或间接归入某种产品成本的、直接计入当期损益的各项费用，包括管理费用、销售费用和财务费用。

（一）管理费用的内容及核算

1. 管理费用的内容

管理费用是指企业为组织和管理企业生产经营所发生的各种费用。它包括企业在筹建期间内发生的开办费、董事会和行政管理部门在企业的经营管理中发生的或者应由企业统一负担的公司经费、业务招待费、技术转让费、无形资产摊销、咨询费、诉讼费、聘请中介机构费、矿产资源补偿费、研究费用以及其他管理费用。

公司经费包括总部管理人员工资、职工福利费、差旅费、办公费、折旧费、修理费、物料消耗、低值易耗品摊销及其他公司经费。

董事会会费是指企业最高权力机构及其成员为执行其职能而发生的费用，如差旅费、会议费等。

2. 管理费用的核算

企业发生的管理费用，在"管理费用"科目核算，并在"管理费用"科目中按费用项目设置明细账，进行明细核算。

企业发生的管理费用在"管理费用"科目中核算，并在"管理费用"科目中，按费用项目设置明细账，进行明细核算。企业发生的各项管理费用借记本科目，贷记"库存现金""银行存款""应付职工薪酬""原材料""累计摊销""累计折旧"等科目；期末，将本科目借方归集的管理费用全部由本科目的贷方转入"本年利润"科目的借方,记入当期损益。该科目期末无余额。

（二）销售费用的内容及核算

1. 销售费用的内容

销售费用是指企业在销售商品和材料、提供劳务的过程中发生的各项费用。它包括运输费、装卸费、包装费、保险费、展览费、广告费、预计产品质量保证损失以及为销售本企业商品而专设的销售机构的职工薪酬、业务费、折旧费等经营费用。

2. 销售费用的核算

企业发生的销售费用,在"销售费用"科目核算,并在"销售费用"科目中按费用项目设置明细账,进行明细核算。期末,"销售费用"科目的余额结转"本年利润"科目后无余额。

（三）财务费用的内容及核算

财务费用是指企业筹集生产经营所需资金而发生的筹资费用。它包括利息净支出（减利息收入）、汇兑损益以及相关的手续费、企业发生的现金折扣或收到的现金折扣。

企业发生的财务费用,在"财务费用"科目核算,并在"财务费用"科目中按费用项目设置明细账,进行明细核算。期末,"财务费用"科目的余额结转"本年利润"科目后无余额。

第三节 利　　润

企业生产经营活动的主要目的就是要不断提高企业的盈利水平,增强企业的获利能力。企业只有最大限度地获得利润,才能为国家积累资金,不断促进社会生产的发展,满足人们日益增长的物质文化生活水平的需要。因此,利润水平的高低不仅反映企业的盈利水平,而且反映企业为整个社会所作的贡献。企业必须把利润放在首位,采取各种有效手段和措施,努力降低各项费用消耗,扩大销售,从而提高企业的经济效益。

一、利润总额的组成

企业的利润总额,就其构成来看,既有通过生产经营活动而获得的,也有通过投资活动而获得的,同时也包括那些与生产经营活动无直接关系的事项而发生的盈亏。根据我国《企业会计准则》的规定,企业的利润总额一般包括以下五方面内容。

（一）营业收入

营业收入主要有主营业务收入和其他业务收入组成。

（二）营业利润

营业利润是指企业生产经营活动所产生的利润。这一指标是企业生产经营活动的主要成果,是企业利润的主要来源,它能够比较恰当地代表企业管理者的经营业绩。

用公式表示即：

营业利润 = 营业收入 － 营业成本 － 税金及附加 － 销售费用 － 管理费用 － 财务费用 －
　　　　　资产减值损失 － 信用减值损失 ＋ 其他收益 ＋ 公允价值变动收益（一损失）＋
　　　　　投资收益（一损失）＋ 资产处置收益（一损失）

其中,营业成本为主营业务成本与其他业务成本两者之和。

投资收益是指企业对外投资业务所取得的收益与发生的损失之间的差额。它是企业对外投资所获得的利润、盈利和利润等投资收入,减去投资损失后的净额。企业对外投资业务是企业获得利润的重要途径。

(三) 营业外收支净额

营业外收支净额是指与企业正常生产经营活动没有直接联系的各项收支净额。它是各项营业外收入减去各项营业外支出后的余额。它虽然与生产经营活动没有多大的关系,但从企业主体来考虑,同样给企业带来收入或给企业形成支出,对企业利润总额产生影响。所以,营业外收支也是构成企业利润总额的一个重要因素。

(1) 营业外收入是指企业发生的与其生产经营活动无直接关系的各项收入,它是企业利润总额的一项重要补充内容。营业外收入的内容包括与企业日常活动无关的政府补助、盘盈利得和捐赠利得等。

(2) 营业外支出是指企业发生的与其生产经营活动无直接关系的各项支出,它是企业利润总额的减项。营业外支出的内容包括盘亏损失、公益性捐赠支出和非常损失等。

(3) 营业外收支净额的核算。营业外支出应当按照实际发生的金额进行核算。发生营业外支出时,在相对应的会计期间,应当冲减企业当期的利润总额。

营业外收入和营业外支出应当分别核算。在具体核算时,一般不得以营业外支出直接冲减营业外收入,也不得以营业外收入冲减营业外支出,即企业在会计核算时,应当区别营业外收入和营业外支出进行核算。由于营业外收入和营业外支出所包括的项目互不相关,企业还应当分别营业外收入的各项目和营业外支出的各项目分别设置明细科目,进行明细核算。本年度各期营业外收入和营业外支出的累积余额,在期末时转入本年利润。

企业发生的营业外收入,在"营业外收入"科目核算。该科目的贷方反映企业本期实际发生的营业外收入,借方反映企业期末转入"本年利润"的营业外收入,期末该科目无余额。

企业发生的营业外支出,在"营业外支出"科目核算。该科目的借方反映本期实际发生的各项营业外支出,贷方反映期末转入"本年利润"的营业外支出,期末该科目无余额。

【例 12-9】 某企业报废固定资产净收益 1 000 元,清理完毕后转为营业外收入。编制会计分录如下:

借:固定资产清理   1 000
  贷:营业外收入   1 000

【例 12-10】 某企业由于管理不善的原因发生流动资产净损失 6 000 元,现已批准转作营业外支出。编制会计分录如下:

借:营业外支出——非常损失   6 000
  贷:待处理财产损溢——待处理流动资产损溢   6 000

(四) 利润总额

企业利润总额的有关计算公式为:

$$利润总额 = 营业利润 + 营业外收支净额$$

（五）净利润

企业的净利润又称税后利润，反映企业在一定会计期间的最终经营成果，其金额为利润总额扣除所得税费用后的净额。其中，所得税是指计入利润表的所得税费用，利润表中的所得税费用由两个部分组成，当期所得税和递延所得税。它与企业在同一会计期间应交的所得税未必相等。其计算公式为：

$$净利润 = 利润总额 - 所得税费用$$

二、所得税的核算

（一）利润总额与应纳税所得额之间的差异的种类

所得税是指企业就其全年的生产经营所得和其他所得征收的税款，它是以企业全年的所得额作为纳税依据。然而，在经济领域中，会计和税收是两个不同的分支，分别遵循不同的原则，规范不同的对象。因此，在会计制度和税收法规中，均体现了会计和税收各自相对的独立性和适当分离的原则。

从会计核算的角度看，所得税是从资产负债表出发，通过资产负债表上列示的资产、负债按照《企业会计准则》规定确定的账面价值，计算所得税，它与按照税法规定确定的计税基础计算所得税可能存在差额，从而导致会计和税收上对应税所得额的计算也出现差异，因此，需要采用一定的方法，对会计利润和应纳税所得额之间的差异进行必要的调整和转销。《企业会计准则》规定，企业应采用资产负债表债务法核算所得税。

比较资产负债表列示的资产、负债按照《企业会计准则》规定确定的账面价值与按照税法规定确定的计税基础，对于两者之间的差额分为应纳税暂时性差异与可抵扣暂时性差异。

暂时性差异是指资产或负债的账面价值与其计税基础之间的差额。其中，账面价值是指按照《企业会计准则》规定确定的有关资产、负债在企业的资产负债表中应列示的金额。由于资产、负债的账面价值与其计税基础不同，产生了在未来收回资产或清偿负债的期间内，应纳税所得额增加或减少并导致未来期间应交纳所得税增加或减少的情况，在这些暂时性差异发生的当期，应当确认相应的递延所得税负债或递延所得税资产。根据暂时性差异对未来期间应税金额影响的不同，分为应纳税暂时性差异和可抵扣暂时性差异。

某些不符合资产、负债的确认条件，未作为财务会计报告中资产、负债列示的项目，如果按照税法规定可以确定其计税基础，该计税基础与其账面价值之间的差额也属于暂时性差异。

1. 应纳税暂时性差异

应纳税暂时性差异是指在确定未来收回资产或清偿负债期间的应纳税所得额时，将导致产生应税金额的暂时性差异。该差异在未来期间转回时，会增加转回期间的应纳税所得额，即在未来期间不考虑该事项影响的应纳税所得额的基础上，由于该暂时性差异的转回，会进一步增加转回期间的应纳税所得额和应交所得税金额。在该暂时性差异产生当期，应当确认相关的递延所得税负债。

应纳税暂时性差异通常产生于以下情况：

（1）资产的账面价值大于其计税基础。一项资产的账面价值代表的是企业在持续使用及最终出售该项资产时会取得的经济利益的总额,而计税基础代表的是一项资产在未来期间可予税前扣除的总金额。资产的账面价值大于其计税基础,该项资产未来期间产生的经济利益不能全部税前抵扣,两者之间的差额需要交税,产生应纳税暂时性差异。

(2) 负债的账面价值小于其计税基础。一项负债的账面价值为企业预计在未来期间清偿该项负债时的经济利益流出,而其计税基础代表的是账面价值在扣除税法规定未来期间允许税前扣除金额之后的差额。因负债的账面价值与其计税基础不同产生的暂时性差异实质上是税法规定就该项负债在未来期间可以税前扣除的金额。负债的账面价值小于其计税基础,则意味着就该项负债在未来期间可以税前抵扣的金额为负数,即应在未来期间应纳税所得额的基础上调增,增加应纳税所得额和应交所得税金额,产生应纳税暂时性差异。

2. 可抵扣暂时性差异

可抵扣暂时性差异是指在确定未来收回资产或清偿债务期间的应纳税所得额时,将导致产生可抵扣金额的暂时性差异。该差异在未来期间转回时会减少转回期间的应纳税所得额,减少未来期间的应交所得税。在该暂时性差异产生当期,应当确认相关的递延所得税资产。

可抵扣暂时性差异一般产生于以下情况:

(1) 资产的账面价值小于其计税基础,从经济含义来看,资产在未来期间产生的经济利益少,按照税法规定允许税前扣除的金额多,则企业在未来期间可以减少应纳税所得额并减少应交所得税,形成可抵扣暂时性差异。

(2) 负债的账面价值大于其计税基础,负债产生的暂时性差异实质上是税法规定就该项负债可以在未来期间税前扣除的金额。一项负债的账面价值大于其计税基础,意味着未来期间按照税法规定构成负债的全部或部分金额可以自未来应税经济利益中扣除,减少未来期间的应纳税所得额和应交所得税,产生可抵扣暂时性差异。

对于按照税法规定可以结转以后年度的未弥补亏损及税款抵减,虽不是因资产、负债的账面价值与计税基础不同产生的,但本质上可抵扣亏损和税款抵减与可抵扣暂时性差异具有同样的作用,均能够减少未来期间的应纳税所得额,进而减少未来期间的应交所得税,在会计处理上,视同可抵扣暂时性差异,符合条件的情况下,应确认与其相关的递延所得税资产。

(二) 所得税的核算

1. 核算方法

《企业会计准则》规定,企业应采用资产负债表债务法核算所得税。

资产负债表债务法是从资产负债表出发,通过比较资产负债表列示的资产、负债按照《企业会计准则》规定确定的账面价值与按照税法规定确定的计税基础,对于两者之间的差额分别应纳税暂时性差异与可抵扣暂时性差异,确认相关的递延所得税负债与递延所得税资产。

1) 资产的计税基础

资产的计税基础,是指企业收回资产账面价值的过程中,计算应纳税所得额时按照税法规定可以自应税经济利益中抵扣的金额,即某一项资产在期间计税时可以税前扣除的金额。从税收的角度考虑,资产的计税基础是假定企业按照税法规定进行核算所提供的资产负债表中资产的应有金额。

资产在初始确认时,其计税基础一般为取得成本。从所得税角度考虑,某一单项资产产生的所得是指该项资产产生的未来经济利益流入扣除其取得成本之后的金额。一般情况下,税法认定的资产取得成本为购入时实际支付的金额。在资产持续持有的过程中,可在未来期间税前扣除的金额,是指资产的取得成本减去以前期间按照税法规定已经税前扣除的金额后的余额。固定资产和无形资产等长期资产在某一资产负债表日的计税基础,是指其成本扣除按照税法规定已在以前期间税前扣除的累计折旧摊销额后的金额。

资产的账面价值大于其计税基础时,表明该项资产未来期间产生的经济利益不能全部税前抵扣,两者之间的差额需要交税,产生应纳税暂时性差异。例如,一项无形资产账面价值为 200 万元,意味着企业该项无形资产的持续使用及最终处置中可以取得 200 万元的经济利益流入;计税基础如果为 150 万元,意味着企业可以从未来流入的经济利益中抵扣的金额为 150 万元,两者之间的差额会造成未来期间应纳税所得额和应交所得税的增加。因该差异会造成流出企业经济利益的增加,相应地,其产生当期,应确认相关的递延所得税的负债。

资产的账面价值小于其计税基础时,表明在确定未来期间收回资产或清偿负债期间的应纳税所得额时,将导致产生可抵扣金额的暂时性差异。从经济含义来看,资产在未来期间产生的经济利益少,按照税法规定允许税前扣除的金额多,则企业在未来期间可以减少的应纳税所得额并减少应交所得税。例如,一项资产的账面价值为 200 万元,计税基础为 260 万元。则企业在未来期间就该项资产可以在其自身取得经济利益的基础上多扣除 60 万元,从整体上看,未来期间应纳税所得额会减少,应交所得税也会减少,形成可抵扣暂时性差异,符合有关确认条件时,应确认相关的递延所得税资产。

企业应当按照使用的税收法规规定计算确定资产的计税基础。现就有关资产项目计税基础的确定举例说明如下:

【例 12-11】 2×17 年 12 月 20 日,企业取得的某项环保用固定资产,原价为 1 000 万元,预计使用年限为 10 年,会计处理时按照直线法计提折旧,税收处理允许加速折旧,企业在计税时对该项资产按双倍余额递减法计列折旧,预计净残值为零。计提了 2 年的折旧后,会计期末,企业对该项固定资产计提了 80 万元的固定资产减值准备。

2×19 年 12 月 31 日:

该项固定资产的账面价值 = 1 000 − 100 − 100 − 80 = 720(万元)

该项固定资产的计税基础 = 1 000 − 200 − 160 = 640(万元)

该项固定资产账面价值 720 万元与其计税基础 640 万元之间产生的差额 80 万元,意味着企业将于未来期间增加应纳税所得额和应交所得税,属于应纳税暂时性差异,应确认相应的递延所得税负债。

【例 12-12】 2×19 年 12 月 31 日,昌和公司应收账款余额为 3 000 万元,该公司期末对应收账款计提了 300 万元的坏账准备。按照适用税法规定,按照应收账款期末余额的 5‰ 计提的坏账准备允许税前扣除。假定该企业期初应收账款及坏账准备的余额均为零。

2×19 年资产负债表日:

该项应收账款的账面价值 = 3 000 − 300 = 2 700(万元)

该项应收账款的计税基础 = 3 000 − 3 000 × 5‰ = 2 985(万元)

该计税基础 2 985 万元与其账面价值 2 700 万元之间产生的 285 万元暂时性差异,会减少未来期间的应纳税所得额和应交所得税,为可抵扣暂时性差异,符合确认条件时,应确认相关的递延所得税资产。

2) 负债的计税基础

负债的计税基础,是指负债的账面价值减去未来期间计算应纳税所得额时按照税法规定可予抵扣的金额。一般负债的确认和清偿不影响所得税的计算,差异主要是自费用中提取的负债。即负债的计税基础=账面价值-未来可税前列支的金额。

负债的账面价值大于其计税基础时,产生可抵扣暂时性差异。负债产生的暂时性差异实质上是税法规定就该项负债可以在未来期间税前扣除的金额。一项负债的账面价值大于其计税基础,意味着未来期间按照税法规定构成负债的全部或部分金额可以自未来应税经济利益中扣除,减少未来期间的应纳税所得额和应交所得税。例如,企业因预计将发生的产品保修费用确认预计负债 200 万元,但如果税法规定有关费用在实际发生前不允许扣除,其计税基础为零,企业确认预计负债的当期相关费用不允许税前扣除,但在以后期间费用实际发生时允许税前扣除,使得未来期间的应纳税所得额和应交所得税降低,产生可抵扣暂时性差异,符合确认条件时,应确认相关的递延资产。

负债的账面价值小于其计税基础时,产生应纳税暂时性差异。一项负债的账面价值为企业预计在未来期间清偿该负债时的经济利益流出,而其计税基础代表的是账面价值在扣除税法规定未来期间允许税前扣除的金额之后的差额。因负债的账面价值与其计税基础不同产生的暂时性差异,实质上,是税法规定就该项负债在未来期间可以税前扣除的金额。负债的账面价值小于其计税基础,则意味着就该项负债在未来期间可以税前抵扣的金额为负数,即应在未来期间应纳税所得额的基础上调增,增加应纳税所得额和应交所得税金额,产生应纳税暂时性差异,应确认相关的递延所得税负债。

现就有关负债计税基础的确定举例说明如下:

【例 12-13】 甲企业 2×19 年因销售产品承诺提供 3 年的保修服务,在当年度利润表中确认了 200 万元的销售费用,同时确认为预计负债,当年度未发生任何保修支出。假定按照税法规定,与产品售后服务相关的费用在实际发生时允许税前扣除。

该项预计负债在甲企业 2×19 年 12 月 31 日资产负债表中的账面价值为 200 万元。

因假定税法规定,与产品保修相关的费用在未来期间实际发生时才允许税前扣除,则该项负债的计税基础为账面价值扣除未来期间计算应纳税所得额时按照税法规定可予抵扣的金额,与该项负债相关的保修支出在未来期间实际发生时可予税前扣除,即未来期间计算应纳税所得额时按照税法规定可予抵扣的金额为 200 万元,该项负债的计税基础为 0(200-200)。

该项负债的账面价值 200 万元与其计税基础零之间形成暂时性差异 200 万元,该暂时性差异在未来期间转回时,会减少企业的应纳税所得额,使企业于未来期间以应交所得税的方式流出的经济利益减少,可抵扣暂时性差异,在其产生期间,符合有关确认条件时,应确认相关的递延所得税资产。

3) 递延所得税资产的确认和计量

资产、负债的账面价值与其计税基础不同产生可抵扣暂时性差异的,在估计未来期间能够取得足够的应纳税所得额用以利用该可抵扣暂时性差异时,应当以很可能取得用来抵扣可抵扣暂时性差异的应纳税所得额为限,确认相关的递延所得税资产。

递延所得税资产的计量时,一般要考虑下列两个因素:

第一,适用税率的确定。确认递延所得税资产时,应估计相关可抵扣暂时性差异的转回时间,采用转回期间适用的所得税税率为基础计算确定。无论相关的可抵扣暂时性差异转回期间如何,递延所得税资产均不予折现。

第二,递延所得税资产账面价值的复核。资产负债表日,企业应当对递延所得税资产的账面价值进行复核。如果未来期间很可能无法取得足够的应纳税所得额用以利用递延所得税资产的利益,应当减记递延所得税资产的账面价值。递延所得税资产的账面价值减记以后,以后期间根据新的环境和情况判断能够产生足够的应纳税所得额利用可抵扣暂时性差异,使得递延所得税资产包含的经济利益能够实现的,应相应恢复递延所得税资产的账面价值。

递延所得税资产的核算应设置"递延所得税资产"科目进行核算,该科目为资产类科目。在资产负债表日,企业确认的递延所得税资产,借记本科目,贷记"所得税费用(递延所得税费用)"科目;当递延所得税资产的应有余额大于账面余额时,按差额确认,即应根据两者之间的差额,借记"递延所得税资产"科目,贷记"所得税费用(递延所得税费用)""资本公积——其他资本公积"等科目。当递延所得税资产的应有余额小于账面余额时,应根据两者之间的差额作相反的会计分录。

【例 12-14】承[例 12-13],该企业预计负债账面价值为 200 万元,即

$$预计负债账面价值 = 200(万元)$$
$$预计负债计税基础 = 200 - 200 = 0$$
$$可抵扣暂时性差异 = 200 - 0 = 200(万元)$$
$$递延所得税资产 = 200 \times 25\% = 50(万元)$$

借:递延所得税资产　　　　　　　　　　　　　　　　　　　　　　50
　　贷:所得税费用　　　　　　　　　　　　　　　　　　　　　　　　50

4) 递延所得税负债的确认和计量

应纳税暂时性差异在转回期间将增加未来期间企业的应纳税所得额和应交所得税,导致企业经济利益的流出,从其发生当期看,构成企业应支付税金的义务,应作为递延所得税负债确认。

递延所得税负债应以相关应纳税暂时性差异转回期间适用的所得税税率计量。在我国,除享受优惠政策的情况以外,企业适用的所得税税率在不同年度之间一般不会发生变化,企业在确认递延所得税负债时,可以现行适用税率为基础计算确定,递延所得税负债的确认不要求折现。

递延所得税负债的核算应设置"递延所得税负债"科目进行核算,该科目为负债类科目。在资产负债表日,企业确认的递延所得税负债,借记"所得税费用(递延所得税费用)"科目,贷记本科目;当递延所得税负债的应有余额大于账面余额时,按差额确认,即应根据两者之间的差额借记"所得税费用(递延所得税费用)""资本公积——其他资本公积"等科目,贷记

"递延所得税负债"科目。当递延所得税负债的应有余额小于账面余额时,应根据两者之间的差额作相反的会计分录。

2. 所得税费用的确认和计量

利润表中的所得税费用由当期所得税和递延所得税两个部分组成。即所得税费用＝当期所得税＋递延所得税。

1) 当期所得税

当期所得税是指企业按照税法规定计算确定的针对当期发生的交易和事项,应交纳给税务部门的所得税金额,即应交所得税,应以适用的税收法规为基础计算确定。即当期所得税＝当期应交所得税。

企业在确定当期所得税时,对于当期发生的交易或事项,会计处理与税收处理不同的,应在会计利润的基础上,按照适用税收法规的要求进行调整,计算出当期应纳税所得额,按照应纳税所得额与适用所得税税率确定当期应交所得税。

2) 递延所得税

递延所得税是指按照《企业会计准则》规定应予确认的递延所得税资产和递延所得税负债在期末应有的金额相对于原已确认金额之间的差额,即递延所得税资产及递延所得税负债的当期发生额,但不包括直接计入所有者权益的交易或事项及企业合并的所得税影响。

值得注意的是,如果某项交易或事项按照《企业会计准则》应计入所有者权益,由该交易或事项产生的递延所得税负债及其变化亦应计入所有者权益,不构成利润表中的递延所得税费用(或收益)。

所得税费用的核算应设置"所得税费用"科目进行核算,该科目为损益类科目,可按"当期所得税费用""递延所得税费用"进行明细核算。在资产负债表日,企业按照税法规定计算确定的当期应缴所得税,借记本科目,贷记"应交税费——应交所得税"科目;当"递延所得税资产"科目的期末余额大于期初余额时,借记"递延所得税资产"科目,贷记本科目;反之,则编制相反会计分录。当"递延所得税负债"科目的期末余额大于期初余额时,借记本科目,贷记"递延所得税负债"科目;反之,则编制相反会计分录。期末,本科目的余额转入"本年利润"科目,结转后本科目无余额。

三、本年利润的结转

(一) 本年利润的结转方法

计算本月利润总额和本年累计利润,可以采用账结法,也可以采用表结法。

账结法是指年度内各月末对损益类科目余额,通过编制结账分录,将其结转到"本年利润"科目的方法。这样,各损益类科目月末结转后均无余额。通过"本年利润"科目结出本月份利润或亏损总额以及本年累计的利润或亏损,年终结转后,"本年利润"科目应无余额。

表结法是指年度内各月末将损益类科目的本年累计余额逐项填入利润表,通过利润表计算出从年初至本月末止的本年累计利润,然后减去上月利润表中的本年累计利润,得出本月的利润或亏损的方法。在表结法下,每月编制资产负债表时,表内"未分配利润"项目应填列利润表中的"净利润";如果平时进行部分利润分配,应根据利润表中的"净利润"项目与"利润分配"科目余额的差额,填列资产负债表中的"未分配利润"项目。

（二）本年利润的核算和结转

企业实现的利润,一律通过"本年利润"科目进行核算。期末将各损益科目的余额转入"本年利润"科目,其具体做法为:将收入类科目的余额转入"本年利润"科目的贷方,将费用类科目的余额转入"本年利润"科目的借方。结转后"本年利润"科目如为贷方余额即为本期净利润,"本年利润"科目如为借方余额为本期亏损。年度终了,企业应将"本年利润"科目结平,企业应将全年实现的净利润,自"本年利润"科目转入本科目,借记"本年利润"科目,贷记"利润分配——未分配利润"科目;如为净亏损,作相反的会计分录。结转后,"本年利润"科目应无余额。

【例 12-15】 某企业 1~11 月份累计实现利润 340 000 元,12 月末各损益科目结转前余额如下:

科目名称	结账前余额（元）
主营业务收入	500 000（贷）
税金及附加	30 000（借）
主营业务成本	300 000（借）
销售费用	10 000（借）
管理费用	50 000（借）
财务费用	10 000（借）
其他业务收入	45 000（贷）
其他业务成本	30 000（借）
其他收益	5 000（贷）
投资收益	8 000（贷）
营业外收入	20 000（贷）
营业外支出	15 000（借）
资产减值损失	2 000（借）
信用减值损失	1 000（借）
所得税费用	80 000（借）

编制会计分录如下:

(1) 结转各收入、利得科目余额:

借:主营业务收入	500 000
其他业务收入	45 000
其他收益	5 000
投资收益	8 000
营业外收入	20 000
贷:本年利润	578 000

(2) 结转各成本费用类科目余额：

借：本年利润　　　　　　　　　　　　　　　　　　　　　　　528 000
　　贷：主营业务成本　　　　　　　　　　　　　　　　　　　300 000
　　　　税金及附加　　　　　　　　　　　　　　　　　　　　 30 000
　　　　销售费用　　　　　　　　　　　　　　　　　　　　　 10 000
　　　　管理费用　　　　　　　　　　　　　　　　　　　　　 50 000
　　　　财务费用　　　　　　　　　　　　　　　　　　　　　 10 000
　　　　其他业务成本　　　　　　　　　　　　　　　　　　　 30 000
　　　　营业外支出　　　　　　　　　　　　　　　　　　　　 15 000
　　　　资产减值损失　　　　　　　　　　　　　　　　　　　 2 000
　　　　信用减值损失　　　　　　　　　　　　　　　　　　　 1 000
　　　　所得税费用　　　　　　　　　　　　　　　　　　　　 80 000

(3) 计算12月份累计利润：

　　　　该企业本月实现利润 = 578 000 - 528 000 = 50 000(元)
　　　　该企业1～12月份累计实现利润 = 340 000 + 50 000 = 390 000(元)

借：本年利润　　　　　　　　　　　　　　　　　　　　　　　390 000
　　贷：利润分配——未分配利润　　　　　　　　　　　　　　390 000

第四节　利润分配

一、利润分配的程序及意义

(一) 利润分配的意义

利润分配是指企业按照国家规定的政策和比例,对已实现的净利润在企业和投资者之间进行分配。首先,企业通过提取法定盈余公积金和任意盈余公积,作为企业发展生产经营的后备资金。其次,通过将一部分利润分配给投资者,作为企业对投资者的回报。最后,企业为了平衡各会计年度的投资回报水平,以丰补歉,留有余地,还留存一部分未分配利润。因此,企业要认真做好利润分配工作,处理好企业和投资者之间的经济关系。

(二) 利润分配的顺序

根据《中华人民共和国公司法》等有关法规的规定,企业当年实现的净利润,一般应当按照如下顺序进行分配：

(1) 提取法定盈余公积。法定盈余公积按照税后利润10%的比例提取。公司法定盈余公积累计额达到公司注册资本的50%以上时,可以不再提取。

(2) 提取任意盈余公积。公司在提取法定盈余公积后,经股东大会决议,可以提取任意公积金。

(3) 向投资者分配利润或股利。公司弥补亏损和提取盈余公积后的剩余利润,有限责任公司按照股东的出资比例向股东分配利润;股份有限公司按照股东持有股份比例分配股利。

二、利润分配的核算

企业对实现的利润进行分配,就意味着利润的减少。为了全面地反映整个会计年度利润的完成情况,以便与利润预算的执行情况进行对比分析,在利润分配时,不直接冲减"本年利润"科目,而是设置"利润分配"科目核算企业利润的分配(或亏损的弥补)和历年分配(或弥补)后的积存余额。"利润分配"科目下应分别设置"提取法定盈余公积""提取任意盈余公积""应付现金股利或利润""转作股本的股利""盈余公积补亏""未分配利润"等明细科目。

(一)弥补亏损的核算

我国企业是独立核算、自主经营的经济主体,当企业发生经营性亏损时,亏损企业改善经营管理,待企业扭亏为盈后,以获得的利润来弥补亏损。

根据规定,企业发生年度亏损后,可以用下一年度的税前利润弥补,若下一年度利润不足弥补的,可以在5年内连续弥补。若5年以内还没有以税前利润将亏损弥补足额,从第六年开始,则只能以税后利润弥补亏损。

由于以前年度的亏损反映为"利润分配"科目的借方余额,而本年度内实现的利润反映为"本年利润"科目的贷方余额,年终清算后,"本年利润"科目的余额转入"利润分配"科目贷方时,即对以前年度的亏损作了弥补。因此,无论以税前利润弥补亏损,还是以税后利润弥补亏损,均不必另行编制会计分录。

(二)提取盈余公积的核算

企业的利润总额交纳所得税后,剩余的部分称为税后利润,也称净利润,它应按照规定的比例提取法定盈余公积和任意盈余公积。法定盈余公积按净利润10%的比例提取。

【例 12-16】 沪光工厂全年实现净利润 350 000 元,按 10%的比例提取法定盈余公积,沪光工厂编制会计分录如下:

借:利润分配——提取法定盈余公积　　　　　　　　　　　　　　　　35 000
　　贷:盈余公积——法定盈余公积　　　　　　　　　　　　　　　　　　35 000

(三)向投资者分配利润的核算

企业在确定分配给投资者利润时,借记"利润分配"科目,贷记"应付股利"科目。

【例 12-17】 沪光工厂全年实现净利润为 350 000 元,按 20%的比例分配给普通股股东现金股利,沪光工厂编制会计分录如下:

借:利润分配——应付现金股利　　　　　　　　　　　　　　　　　　70 000
　　贷:应付股利　　　　　　　　　　　　　　　　　　　　　　　　　　70 000

当实际向投资者分配现金股利时,借记"应付股利"科目;贷记"银行存款"科目。

三、年终结转

年终清算后,"本年利润"科目归集了全年实现的净利润,而"利润分配"科目则归集了全年已分配的利润和历年积存的未分配利润,这时必须结束旧账,开设新账。

企业在结束旧账前,应将"本年利润"科目余额和"利润分配"科目下"提取法定盈余公积"和"应付现金股利"等明细分类科目的余额全部转入"利润分配"科目下"未分配利润"明细分类科目。结转后,除"未分配利润"明细科目外,"利润分配"科目的其他明细科目应无余额。"利润分配——未分配利润"科目年末余额,反映企业历年积存的未分配利润(或未弥补亏损)。

【例 12-18】 长江股份有限公司上年有未弥补亏损 100 000 元,2×18 年实现净利润 900 000 元,按 10%提取法定盈余公积;分配给普通股股东现金股利 300 000 元。长江公司编制会计分录如下:

(1) 结转本年利润:

借:本年利润　　　　　　　　　　　　　　　　　　　　　900 000
　　贷:利润分配——未分配利润　　　　　　　　　　　　　　　900 000

(2) 提取法定盈余公积:

应提取的法定盈余公积 = (900 000 - 100 000) × 10% = 80 000(元)

借:利润分配——提取法定盈余公积　　　　　　　　　　　80 000
　　贷:盈余公积——法定盈余公积　　　　　　　　　　　　　　80 000

(3) 分配现金股利:

借:利润分配——应付现金股利　　　　　　　　　　　　　300 000
　　贷:应付股利　　　　　　　　　　　　　　　　　　　　　　300 000

(4) 结转"利润分配"科目中的各明细科目:

借:利润分配——未分配利润　　　　　　　　　　　　　　380 000
　　贷:利润分配——提取法定盈余公积　　　　　　　　　　　　80 000
　　　　　　　——应付现金股利　　　　　　　　　　　　　　300 000

年末未分配利润 = 900 000 - 100 000 - 380 000 = 420 000(元)

本 章 小 结

收入是企业在正常经济活动中所产生的收益,其实质是企业资产的增加或负债的减少,是企业利润的来源。收入主要是源自客户的合同,按照五步法确认收入:一是识别与客户订立的合同;二是识别合同中的履约义务;三是确定交易价格;四是将交易价格分摊到各单项履约义务;五是在企业履约业务时确认收入。

确认收入时,考虑相关成本,有合同履约成本,有合同取得成本,对相关成本计提相应的减值准备。

在企业会计实务中,注意特殊交易的账务处理,如附有销售退回条件的商品销售,附有质量保证条款的商品销售,售后回购等特殊交易。

在确认费用时,对于确认为期间费用的费用,必须进一步划分为管理费用、销售费用和财务费用。对于确认为生产费用的费用,必须根据该费用发生的实际情况分别不同的费用性质将其确认为不同产品生产所负担的费用;对于几种产品共同发生的费用,必须按受益原则,采用一定方法和程序将其分配计入相关产品的生产成本。

根据我国《企业会计准则》的规定,企业的税前利润一般包括营业利润和营业外收支净额。利润的核算,可以采用账结法,也可以采用表结法。

《企业会计准则》规定,企业应采用资产负债表债务法核算所得税。利润表中的所得税费用由当期所得税和递延所得税两个部分组成。

利润分配是指企业按照国家规定的政策和比例,对已实现的净利润在企业和投资者之间按照一定的顺序进行分配。"利润分配"科目核算企业利润的分配(或亏损的弥补)和历年分配(或弥补)后的积存余额。企业在年终结转后,除"未分配利润"明细科目外,"利润分配"科目的其他明细科目应无余额,它反映了企业历年积存的未分配利润(或未弥补亏损)。

复习思考题

1. 简述收入的概念和特点。
2. 收入的确认主要有哪几个步骤?
3. 如何识别合同?如何识别合同中的单项履约义务?
4. 期间费用的内容有哪些?
5. 利润总额由哪几个部分组成?并说明各部分的定义。
6. 说明按照资产负债表债务法核算所得税的基本原理。
7. 什么是应纳税暂时性差异?何种情况下会产生应纳税暂时性差异?
8. 什么是可抵扣暂时性差异?何种情况下会产生可抵扣暂时性差异?
9. 如何确认和计量递延所得税资产?
10. 如何确认和计量递延所得税负债?
11. 试述利润分配的具体程序。

练 习 题

习 题 一

资料 甲企业委托乙企业销售商品,成本 8 000 元,协议价为不含增值税额 10 000 元。甲、乙企业均为一般纳税人,增值税税率为 13%。甲企业收到乙企业开来的代销清单时并开具增值税专用发票,发票注明,售价 10 000 元,增值税额 1 300 元。乙企业实际销售时开具增值税发票上注明售价 12 000 元。甲企业委托乙企业销售商品,成本 8 000 元,协议价为不含增值税额 10 000 元。甲、乙企业均为一般纳税人,增值税税率为 13%。甲企业收到乙企业开来的代销清单时,开具增值税专用发票注明,售价 10 000 元,增值税额 1 300 元。乙企业实际销售时开具增值税专用发票上注明,售价 12 000 元,增值税额 1 560 元。

要求 根据上述资料分别编制甲企业委托代销的会计分录和乙企业受托代销的会计分录。

习 题 二

资料 承习题一,假定代销合同规定,乙企业按 10 000 元价格销售给顾客,甲企业按售价 10%,向乙企业支付手续费。甲企业收到乙企业代销清单时,开具增值税专用发票注明,售价10 000元,增值税额1 300元。乙企业对外销售开具相同金额增值税专用发票。

要求 根据上述资料编制甲企业委托代销的会计分录和乙企业受托代销的会计分录。

习 题 三

资料 2×18年10月1日,甲公司向乙公司销售1 000件商品,单位销售价格为100元,单位成本为70元,开出的增值税专用发票上注明的销售价格为100 000元,增值税额为13 000元。商品已经发出,但款项尚未收到。根据协议约定,乙公司应于2×18年12月1日之前支付货款,在2×19年1月31日之前有权退还商品。发出商品时,甲公司根据过去的经验,估计该批商品的退货率约为8%。2×18年12月31日,甲公司对退货率进行了重新评估,认为只有5%的商品会被退回。甲公司为增值税一般纳税人,商品发出时纳税义务已经发生,实际发生退回时取得税务机关开具的红字增值税专用发票。假定商品发出时控制权转移给乙公司。2×19年1月31日,发生销售退回,实际退货量为100件,退货款已经支付。

要求 根据上述资料编制会计分录。

习 题 四

资料 2×17年12月31日,某股份有限公司购入一台设备,原价为3 010万元,预计净残值为10万元,税法规定的折旧年限为5年,按直线法计提折旧,会计上按照3年计提折旧,折旧方法与税法相一致。所得税税率为25%,除该事项外,历年来无其他纳税调整事项。公司采用资产负债表债务法进行所得税会计处理。

要求 计算该公司2×19年年末资产负债表中反映的"递延所得税资产"项目的金额。

习 题 五

资料 某企业2×18年度有关所得税会计处理的资料如下:
(1) 本年度实现税前会计利润90万元,所得税税率为25%。
(2) 国债利息收入3万元。
(3) 公司债券利息收入2.25万元。
(4) 按权益法计算的应享有被投资企业当年净利润的份额并计入投资收益为12.75万元。按税法规定,企业对被投资企业投资取得的投资收益,在被投资企业宣告分派股利时计入纳税所得,本年度被投资企业未宣告股利。
(5) 本年度按会计方法计算的折旧费用为6万元,折旧费用全部计入当年损益;按税法规定可在应纳税所得额前扣除的折旧费用为3万元。

要求
1. 采用资产负债表债务法计算本年度应交的所得税。
2. 计算本期应确认的递延所得税资产或递延所得税负债金额。
3. 计算应计入当期损益的所得税费用,并作出相关的会计分录。

习 题 六

资料 周浦工厂2×18年12月31日损益类有关科目的发生额如下:

主营业务收入(贷)	180 000	主营业务成本(借)	116 000
其他业务收入(贷)	12 000	税金及附加(借)	1 224

投资收益(贷)	1 780	其他业务成本(借)	8 400
营业外收入(贷)	2 220	财务费用(借)	2 160
管理费用(借)	15 100	营业外支出(借)	1 116
销售费用(借)	11 200		

要求

1. 12月31日,将损益类贷方余额的科目结转至"本年利润"科目。
2. 12月31日,将损益类借方余额的科目结转至"本年利润"科目。
3. 按25%的税率计算应交纳的所得税,假设无纳税调整事项。
4. 按净利润的10%提取法定盈余公积。
5. 按净利润的30%计算应分配投资者利润。
6. 进行利润年终的结转并计算年末未分配利润。

第十三章

财务报告

学习目的与要求 学生通过本章的学习,掌握财务报表的编制;熟悉财务报告的概念、分类及编制要求;了解财务报告附注的主要内容。

本章关键词 财务报告;资产负债表;利润表;现金流量表;所有者权益变动表

第一节 财务报告概述

一、财务报告及其目标

(一)财务报告的概念

财务报告是指单位根据经过审核的会计账簿记录和有关资料编制并对外提供的反映单位某一特定日期财务状况和某一会计期间经营成果、现金流量的文件。它是企业根据日常会计核算资料归集、加工和汇总后形成的,是企业会计核算的最终成果,也是会计核算工作的总结。

财务报告的目标是向财务报告使用者提供与企业财务状况、经营成果和现金流量等有关的会计信息,反映企业管理层受托责任履行情况,有助于财务报告使用者作出经济决策。

财务报告的使用者包括投资者、债权人、政府及相关部门、单位管理人员和社会公众等。

(二)财务报告的构成

财务报告包括财务报表和其他应当在财务报告中披露的相关信息和资料。财务报告至少应当包括资产负债表、利润表、现金流量表、所有者权益(或股东权益,下同)变动表以及附注。

资产负债表、利润表和现金流量表分别从不同角度反映企业的财务状况、经营成果和现金流量。资产负债表反映企业在某一特定日期所拥有的资产、需偿还的债务,以及投资者(股东)拥有的净资产情况;利润表反映企业在一定会计期间的经营成果,即利润或亏损的情况,表明企业运用所拥有的资产的获利能力;现金流量表反映企业在一定会计期间现金和现金等价物流入和流出的情况。

所有者权益变动表反映构成所有者权益的各组成部分当期的增减变动情况。企业的净利润及其分配情况是所有者权益变动的组成部分,相关信息已经在所有者权益变动表及其附注中反映,企业不需要再单独编制利润分配表。

附注是财务报告不可或缺的组成部分,是对在资产负债表、利润表、现金流量表和所有者权益变动表等报表中列示项目的文字描述或明细资料,以及对未能在这些报表中列示项目的说明等。

(三) 财务报告的作用

财务报告是提供会计资料的重要手段,是会计核算体系中一个非常重要的组成部分。及时、准确、正确、合理地编报和使用财务报告,对满足各使用者的需要,提高各单位经济管理水平以及加强整个国民经济管理,都具有非常重要的意义。具体表现在：

(1) 对编报单位本身来说,通过阅读、研究和分析财务报告,可以使管理当局和经营管理人员从资产、负债、所有者权益以及收入、费用和利润等各会计要素之间的复杂联系中,掌握本单位经济活动、财务收支和财务成果的全面情况,科学地解释过去,从报表的指标体系分析中,寻找本单位在生产经营活动中存在的差距和原因,以便正确地规划未来,进行经营理财决策,进一步发掘提高经济效益的潜力。

(2) 主管财政部门、投资者、债权人和其他外部经济利害关系集团,可以从定期递交公布的真实公正的报告中,了解和评价管理当局的业绩、受托资源的经营责任以及受托责任的履行情况,完整、深刻地认识和掌握会计主体的财务状况和经济成果,获得对其决策有用的会计信息;财务报告有助于投资人、债权人及公众对不同会计主体的经营成绩和财务实力进行比较和预测,使其确定投资或贷款的方向,其结果将促进社会资源流向高收益的行业或企业,达到最佳配置。

(3) 财务报告是进行国民经济核算的基础资料,通过财务报告,可以为编制宏观经济计划提供依据,便于了解和掌握国民经济的发展速度,进行重大的经济决策;同时,它也有利于加强财务监督,严肃财经纪律,从而确保社会主义市场经济的健康、有效进行。

二、财务报表的种类

为了加深对主要财务报表的意义及其结构内容的理解,掌握报表体系的规律性,有必要对报表进行分类研究。

(一) 财务报表按经济内容分类

财务报表按其反映经济内容的不同,分为财务状况报表和经营成果报表。

(1) 财务状况报表是反映会计主体在一定日期的财务状况和一定期间财务状况变动情况的财务报告,主要有资产负债表和现金流量表。

资产负债表可以反映一个单位某一时点的资产、负债和所有者权益的基本情况,揭示单位资产、负债和所有者权益的规模、结构及其相互关系等财务状况。

现金流量表可以综合反映一定会计期间内资金来源和运用及其增减变动情况,系统地揭示会计主体在一定时期内重要的财务事项,对资金变化的原因作出具体的说明。

(2) 经营成果报表是反映单位在一定时期内的收入实现、成本耗费和利润形成等情况的财务报告,主要有利润表。

利润表可以反映单位的收入、成本和利润等基本情况,评价单位的经营业绩,揭示单位的获利能力。

(二) 财务报表按编制时间分类

财务报表按其编报的时间不同,可分为月度报表、季度报表、半年度报表和年度报表。

(1) 年度报表是在年度终了后,按会计年度编制和报送,以全面反映会计主体全年经济活动、财务收支和财务成果的报表。年报在种类、揭示的指标信息方面最为完整、齐全,如资产负债表、利润表和现金流量表等。

(2)月度报表是在月份终了后,按月编报、以简明扼要形式反映某一月份财务状况和经营成果主要指标的报表,如资产负债表、利润表和应交增值税明细表。

(3)季度报表的编制按季度进行,在提供信息指标的详细程度上,介于月报和半年度报表之间。

(4)半年度报表是在每个会计年度的前6个月结束后编制的财务报表,主要包括资产负债表、利润表及其他附注资料。

半年度、季度和月度报表均称为中期财务报表。

(三)财务报表按编制单位和编报范围不同分类

财务报表按照其编制单位和编报范围的不同,可分为基层财务报表和汇总财务报表。

基层财务报表是由实行独立核算的基层单位编制的财务报表。

汇总财务报表是根据上级主管部门所属单位的基层财务报表和本部门的财务报表资料汇总编制的财务报表。汇总报表通常按行政隶属关系逐级汇总,以反映某一部门、行业或地区的总括情况。

(四)财务报表按其所反映的资金运动状况分类

财务报表按照其所反映的资金运动状况不同,可分为静态报表和动态报表。

静态报表是反映单位一定时点的财务状况的财务报表,如资产负债表。

动态报表是反映单位在一定时期的经营成果或财务状况变动情况的财务报表,如利润表和现金流量表。

(五)财务报表按编制用途分类

财务报表按照其控制用途进行分类,可分为对外财务报表和内部财务报表。

对外财务报表是单位按照统一会计制度的规定编制的,报送上级主管部门和其他政府管理部门以及单位的债权人和使用本单位相关资料的外部信息需求者的财务报表。

内部财务报表是单位根据自身需要编制的,提供本单位内部使用的财务报表。内部财务报表由单位的财会部门统一设置制定,经单位领导审批后,由单位的内部责任部门填报,借以满足单位加强经济责任制的核算和内部管理的需要。

(六)财务报表按母、子公司之间关系分类

财务报表按照母、子公司之间的关系进行分类,可分为合并财务报表和个别财务报表。

合并财务报表是由企业集团中对其他单位拥有控制权的母公司编制的综合反映企业集团整体经营成果、财务状况及其变动情况的财务报表。合并财务报表所包含的内容和报表指标与基层财务报表相同,只是其指标的数值中既包含母公司的情况,又包含其所属子公司情况。

个别财务报表是由单位编制的单独反映本单位自身经营成果、财务状况及其变动情况的财务报表。

三、财务报告的编报要求

为了使财务报告能够最大限度地满足各有关方面的需要,实现编制财务报告的基本目的,充分发挥财务报告的作用,企业编制的财务报告应当真实可靠、相关可比、全面完整、编报及时、便于理解,符合国家统一的会计准则的有关规定。

(一) 真实可靠

财务报告各项目的数据必须建立在真实可靠的基础之上,使企业财务报告能够如实地反映企业的财务状况、经营成果和现金流量情况。因此,财务报告必须根据审核无误的账簿及相关资料编制,不得以任何方式弄虚作假。

(二) 相关可比

财务报告所提供的财务会计信息,必须与报表使用者的决策需要相关,并且便于不同企业或同一企业不同时期之间相互比较。只有提供相关而且可比的信息,才能使报表使用者分析企业在整个社会特别是同行业中的地位,了解、判断企业过去、现在的情况,预测企业未来的发展趋势,进而为报表使用者的决策服务。

(三) 全面完整

企业的财务报告应当全面披露企业的财务状况、经营成果和现金流量情况,完整地反映企业财务活动的过程和结果,以满足各有关方面对财务会计信息资料的需要。为了保证财务报告的全面完整,企业在编制财务报告时,应当按照《企业会计准则》规定的格式和内容填报。特别对某些重要事项,应当按要求在财务报告附注中进行说明,不得漏编漏报。

(四) 编报及时

企业财务报告所提供的信息资料,应当具有很强的时效性。只有及时编制和报送财务报告,才能为使用者提供决策所需的信息。否则,即使财务报告的编制非常真实可靠,全面完整且具有可比性,但由于编报不及时,也可能失去其应有的价值。随着市场经济和信息技术的迅速发展,财务报告的及时性要求将变得日益重要。

(五) 便于理解

便于理解是指财务报告提供的信息可以为使用者所理解。企业对外提供的财务报告是为广大报表使用者提供企业过去,现在和未来的有关会计资料,为企业目前或潜在的投资者和债权人提供决策所需的信息。因此,编制的财务报告应当清晰明了。如果提供的财务报告晦涩难懂,不易理解,使用者就不能据以作出准确的判断,所提供的财务报告的作用也就大大减少。当然,这一要求是建立在财务报告使用者具有一定的财务报告阅读能力的基础上的。

第二节 资产负债表

一、资产负债表概述

(一) 资产负债表的概念及意义

资产负债表是指反映企业在某一特定日期财务状况的财务报表。它反映企业在某一特定日期所拥有或控制的经济资源、所承担的现时义务和所有者对净资产的要求权的财务报表;是根据"资产=负债+所有者(股东)权益"这一会计等式,按照一定的分类标准和顺序,将企业在一定日期的全部资产、负债和所有者(股东)权益项目进行适当分类、汇总、排列后编制而成的。

资产负债表可以反映企业资产的构成及其状况，分析企业在某一日期所拥有的经济资源及其分布情况；反映某一日期的负债总额及其结构，分析企业目前与未来需要清偿的债务数额；通过编制资产负债表，可以反映所有者(股东)权益的情况，了解企业现有投资者在企业资产中所占有的份额；通过编制资产负债表，可以帮助报表使用者全面了解企业的财务状况，分析企业的债务偿还能力，从而为未来的经济决策提供参考信息。

(二) 资产负债表的结构

在我国，资产负债表采用账户式结构，报表分为左、右两方，左方列示资产各项目，反映全部资产的分布及存在形态；右方列示负债和所有者权益各项目，反映全部负债和所有者权益的内容及结构情况。资产负债表左、右双方应编制平衡，即资产总计等于负债和所有者权益合计。此外，为了使使用者通过比较不同时点资产负债表的数据，掌握企业财务状况的变动情况及发展趋势，企业需要提供比较资产负债表，即资产负债表就各报表项目分为"上年年末余额"和"期末余额"两栏分别填列。资产负债表的基本格式，如表13-1所示。

表13-1　　　　　　　　　　　　资产负债表　　　　　　　　　　　　会企01表

编制单位：　　　　　　　　　　　　年　月　日　　　　　　　　　　　　单位：元

资产	期末余额	上年年末余额	负债和所有者权益	期末余额	上年年末余额
流动资产：			流动负债：		
货币资金			短期借款		
交易性金融资产			交易性金融负债		
衍生金融资产			衍生金融负债		
应收票据			应付票据		
应收账款			应付账款		
应收款项融资			预收款项		
预付款项			合同负债		
其他应收款			应付职工薪酬		
存货			应交税费		
合同资产			其他应付款		
持有待售资产			持有待售负债		
一年内到期的非流动资产			一年内到期的非流动负债		
其他流动资产			其他流动负债		
流动资产合计			流动负债合计		
非流动资产：			非流动负债：		
债权投资			长期借款		

(续表)

资产	期末余额	上年年末余额	负债和所有者权益	期末余额	上年年末余额
其他债权投资			应付债券		
长期应收款			其中:优先股		
长期股权投资			永续债		
其他权益工具投资			租赁负债		
其他非流动金融资产			长期应付款		
投资性房地产			预计负债		
固定资产			递延收益		
在建工程			递延所得税负债		
生产性生物资产			其他非流动负债		
油气资产			非流动负债合计		
使用权资产			负债合计		
无形资产			所有者权益(或股东权益):		
开发支出			实收资本(或股本)		
商誉			其他权益工具:		
长期待摊费用			其中:优先股		
递延所得税资产			永续债		
其他非流动资产			资本公积		
非流动资产合计			减:库存股		
			其他综合收益		
			专项储备		
			盈余公积		
			未分配利润		
			所有者权益(或股东权益)合计		
资产总计			负债和所有者权益(或股东权益)总计		

(三)资产负债表项目的列示

1. 资产

资产应当按照流动资产和非流动资产两大类别在资产负债表中列示,在流动资产和非流动资产类别下进一步按性质分项列示。

流动资产是指预计在一个正常营业周期中变现、出售或耗用,或者主要为交易目的而持有,或者预计在资产负债表日起1年内(含1年)变现,或者自资产负债表日起1年内,交换其他资产或清偿负债的能力不受限制的现金或现金等价物。资产负债表中列示的流动资产通常包括货币资金、交易性金融资产、衍生金融资产、应收票据、应收账款、应收款项融资、预付款项、其他应收款、存货、合同资产、持有待售资产和1年内到期的非流动资产等。

非流动资产是指流动资产以外的资产。资产负债表中列示的非流动资产项目通常包括债权投资、其他债权投资、长期应收款、长期股权投资、其他权益工具投资、其他非流动金融资产、投资性房地产、固定资产、在建工程、使用权资产、无形资产、开发支出、商誉、长期待摊费用、递延所得税资产和其他非流动资产。

2. 负债

负债应当按照流动负债和非流动负债两大类别在资产负债表中列示，在流动负债和非流动负债类别下进一步按性质分项列示。

流动负债是指预计在一个正常营业周期中清偿，或者主要为交易目的而持有，或者自资产负债表日起1年内到期应予清偿，或者企业无权自主地将清偿推迟至资产负债表日后1年以上的负债。资产负债表中列示的流动负债通常包括短期借款、交易性金融负债、衍生金融负债、应付票据、应付账款、预收款项、合同负债、应付职工薪酬、应交税费、其他应付款、持有待售负债和1年内到期的非流动负债等。

非流动负债是指流动负债以外的负债。资产负债表中列示的非流动负债项目通常包括长期借款、应付债券、租赁负债、预计负债、递延收益、递延所得税负债和其他非流动负债等。

3. 所有者权益

所有者权益是指资产扣除负债后由所有者应享有的剩余权益。即反映企业某一特定日期股东（投资者）所拥有或可控制净资产的总额。所有者权益一般按照实收资本、其他权益工具、资本公积、其他综合收益、专项储备、盈余公积和未分配利润分项列示。

二、资产负债表的编制

资产负债表的编制是以日常会计核算记录的数据为基础进行归类、整理和汇总，加工成报表的过程。我国资产负债表主体部分的各项目都列有"上年年末余额"和"期末余额"栏目，是一种比较资产负债表。

(一)"上年年末余额"的填列方法

表中"上年年末余额"栏内各项目数字，是指上年12月31日24点的数据。上年年末至本年年末，正好是一个完整的会计年度。

(二)"期末余额"的填列方法

"期末余额"是指某一会计期末的数字，即月末、季末、半年末或年末的数字。资产负债表各项目"期末余额"的数据来源，可以通过以下几种方式取得。

1. 直接根据总账科目的余额填列

根据有关总账的期末余额直接填列的项目主要有"交易性金融资产""其他权益工具投资""长期待摊费用""递延所得税资产""短期借款""交易性金融负债""应付票据""应付职工薪酬""持有待售负债""递延所得税负债""实收资本（股本）""资本公积""盈余公积""专项储备"等项目。一般情况下，资产类项目直接根据其总账科目的借方余额填列，负债类项目直接根据其总账科目的贷方余额填列。

需要注意的是，某些项目，如"应付职工薪酬"等项目，是根据其总账科目的贷方期末余额直接填列的，但如果这些科目期末余额在借方，则以"—"号填列。

2. 根据几个总账科目的余额计算填列

根据若干个总账科目的期末余额分析计算填列的项目主要有"货币资金""存货""未分配利润"等项目。

(1)"货币资金"项目，应根据"库存现金""银行存款""其他货币资金"等科目的期末余额合计数填列。

(2)"其他应收款"项目，应根据"应收利息""应收股利""其他应收款"等科目期末余额的合计数，减去"坏账准备"科目中相关坏账准备期末余额后的金额填列。

(3)"存货"项目，应根据"材料采购（或在途物资）""原材料""库存商品""生产成本""周转材料""委托加工物资""材料成本差异""发出商品"等科目期末余额合计减去"存货跌价准备"等科目期末余额后的金额填列。

(4)"在建工程"项目，应根据"在建工程"科目的期末余额，减去"在建工程减值准备"科目期末余额后的金额，以及"工程物资"科目的期末余额，减去"工程物资减值准备"科目期末余额后的金额计算填列。

(5)"其他应付款"项目，应根据"应付利息""应付股利""其他应付款"等科目期末余额的金额合计数填列。

(6)"未分配利润"项目，平时本项目应根据"本年利润"和"利润分配"科目的余额计算填列，未弥补的亏损，在本项目内以"—"号填列。"本年利润"和"未分配利润"的余额均在贷方的，用两者余额之和填列；余额均在借方的，将两者余额之和在本项目内以"—"号填列；两者余额一个在借方一个在贷方的，用两者余额互相抵减后的差额填列，如为借差则在本项目内以"—"号填列。年度终了，该项目可以只根据"利润分配"科目的期末余额填列。余额在贷方的直接填列，余额在借方的在本项目内以"—"号填列。

3. 根据有关明细科目的余额计算填列

根据有关总账所属的明细账的期末余额分析计算填列的项目主要有"预付款项""合同资产""应付账款""合同负债"等项目。

(1)"预付款项"项目，应根据"预付账款"和"应付账款"科目所属明细账的期末借方余额合计减去"坏账准备"科目中有关预付账款计提的坏账准备期末余额后的差额填列。

(2)"合同资产"项目、"合同负债"项目，应分别根据"合同资产""合同负债"科目的相关明细科目的期末余额分析填列，同一合同下的合同资产和合同负债应当以净额列示，其中净额为借方余额的，应当根据其流动性在"合同资产"或"其他非流动资产"项目中填列，已计提减值准备的，还应减去"合同资产减值准备"科目中相关的期末余额后的金额填列；其中净额为贷方余额的，应当根据其流动性在"合同负债"或"其他非流动负债"项目中填列。

(3)"应付账款"项目，应根据"应付账款"和"预付账款"科目所属明细账的期末贷方余额合计数填列。

(4)"应交税费"项目，应根据"应交税费"科目下"应交增值税""未交增值税""待抵扣进项税额""待认证进项税额""增值税留抵税额"等明细科目期末借方余额分别情况，在资产负债表中的"其他流动资产"或"其他非流动资产"项目列示；"应交税费——待转销项税额"等科目期末贷方余额应根据情况,在资产负债表中的"其他流动负债"或"其他非流动负债"项目列示;"应交税费"科目下的"未交增值税""简易计税""转让金融商品应交增值税""代扣代交增值税"等科目期末贷方余额应在资产负债表中的"应交税费"项目列示。

4. 根据总账科目和明细科目的余额分析计算填列

根据有关总账及其明细账的期末余额分析计算填列的项目有"债权投资""其他债权投资""长期应收款""长期待摊费用""合同负债""长期借款""应付债券""长期应付款""租赁负债"等项目。

"债权投资"项目,应根据"债权投资"科目的相关明细科目期末余额,减去"债权投资减值准备"科目中相关减值准备的期末余额后的金额分析填列。自资产负债表日起1年内到期的长期债权投资的期末账面价值,在"一年内到期的非流动资产"项目反映。企业购入的以摊余成本计量的1年内到期的债权投资的期末账面价值,在"其他流动资产"项目反映。

"其他债权投资"项目,应根据"其他债权投资"科目的相关明细科目期末余额分析填列。自资产负债表日起1年内到期的长期债权投资的期末账面价值,在"一年内到期的非流动资产"项目反映。企业购入的以公允价值计量且变动计入其他综合收益的1年内到期的债权投资的期末账面价值,在"其他流动资产"项目反映。

"长期借款"项目,应根据"长期借款"总账科目的期末余额,扣除"长期借款"总账所属的明细账中反映的将于1年内(含1年)到期的长期借款部分,分析计算填列。自资产负债表日起1年内到期应予以清偿的长期借款在"一年内到期的非流动负债"填列。

"应付债券"项目,应根据"应付债券"总账科目余额,扣除"应付债券"总账所属明细账中将于1年内到期的部分,分析计算填列。自资产负债表日起1年内到期应予以清偿的债券在"一年内到期的非流动负债"填列。

"租赁负债"项目,应根据"租赁负债"科目的总账科目余额扣除自"租赁负债"总账所属明细账中1年内到期应予以清偿的租赁负债的期末账面价值部分,分析计算填列。自资产负债表日起1年内到期应予以清偿的租赁负债的期末账面价值在"一年内到期的非流动负债"项目反映。

5. 根据总账科目与其备抵科目抵销后的净额填列。

根据有关资产类科目与其备抵科目抵消后的净额填列的项目有"应收票据""应收账款""其他应收款""存货""持有待售资产""债权投资""长期股权投资""固定资产""无形资产""使用权资产""长期应付款"等项目。

其中,"固定资产"项目,应根据"固定资产"减去"累计折旧""固定资产减值准备"等科目的期末余额后的金额以及"固定资产清理"科目余额分析填列。

"无形资产"项目,应根据"无形资产"减去"累计摊销""无形资产减值准备"等科目的期末余额后的金额填列。

"长期应付款"项目,应根据"长期应付款"减去"未确认融资费用""专项应付款"等科目的期末余额后的金额填列。

此外,在编制资产负债时要注意一些特殊项目的编制。比如,按照《企业会计准则第14号——收入》(财会〔2017〕22号)的相关规定确认为资产的应收退货成本,应当根据"应收退货成本"科目是否在1年或一个正常营业周期内出售,在"其他流动资产"或"其他非流动资产"项目中填列。

按规定确认为预计负债的应付退货款,应当根据"预计负债"科目下的"应付退货款"明细科目是否在1年或一个正常营业周期内清偿,在"其他流动负债"或"预计负债"项目中填列。

按规定确认为资产的合同取得成本,应当根据"合同取得成本"科目的明细科目初始确认时摊销期限是否超过1年或一个正常营业周期,在"其他流动资产"或"其他非流动资产"项目中填列,已计提减值准备的,还应减去"合同取得成本减值准备"科目中相关的期末余额后的金额填列。

按规定确认为资产的合同履约成本,应当根据"合同履约成本"科目的明细科目初始确认时摊销期限是否超过1年或一个正常营业周期,在"存货"或"其他非流动资产"项目中填列,已计提减值准备的,还应减去"合同履约成本减值准备"科目中相关的期末余额后的金额填列。

【例13-1】 甲股份有限公司2×18年12月31日的资产负债表(上年年末余额略)及2×19年12月31日的科目余额,如表13-2和表13-3所示。

表13-2　　　　　　　　　　　　资产负债表　　　　　　　　　　　会企01表
编制单位:甲股份有限公司　　　　2×18年12月31日　　　　　　　　单位:元

资产	期末余额	上年年末余额	负债和所有者权益	期末余额	上年年末余额
流动资产:			流动负债:		
货币资金	2 812 600		短期借款	600 000	
交易性金融资产	30 000		交易性金融负债	0	
衍生金融资产	0		衍生金融负债	0	
应收票据	400 000		应付票据	1 307 600	
应收账款	690 200		应付账款	1 000 000	
应收款项融资			预收款项	0	
预付款项	200 000		合同负债	0	
其他应收款	10 000		应付职工薪酬	220 000	
存货	5 160 000		应交税费	73 200	
合同资产	0		其他应付款	120 000	
持有待售资产	0		持有待售负债	0	
一年内到期的非流动资产	0		一年内到期的非流动负债	2 000 000	
其他流动资产	200 000		其他流动负债	0	
流动资产合计	9 502 800		流动负债合计	5 302 800	
非流动资产:	0		非流动负债:	0	
债权投资	0		长期借款	1 200 000	

(续表)

资产	期末余额	上年年末余额	负债和所有者权益	期末余额	上年年末余额
其他债权投资	0		应付债券	0	
长期应收款	0		其中:优先股	0	
长期股权投资	500 000		永续股	0	
其他权益工具投资	0		租赁负债	0	
其他非流动金融资产	0		长期应付款	0	
投资性房地产	0		预计负债	0	
固定资产	2 200 000		递延收益	0	
在建工程	3 000 000		递延所得税负债	0	
生产性生物资产	0		其他非流动负债	0	
油气资产	0		非流动负债合计	1 200 000	
使用权资产	0		负债合计	6 502 800	
无形资产	1 200 000		所有者权益(或股东权益):		
开发支出	0		实收资本(或股本)	10 000 000	
商誉	0		其他权益工具:	0	
长期待摊费用	0		其中:优先股	0	
递延所得税资产	0		永续债	0	
其他非流动资产	400 000		资本公积	0	
非流动资产合计	7 300 000		减:库存股	0	
			其他综合收益	0	
			盈余公积	200 000	
			未分配利润	100 000	
			所有者权益(或股东权益)合计	10 300 000	
资产总计	16 802 800		负债和所有者权益(或股东权益)总计	16 802 800	

表 13-3　　　　　　　　　　　科 目 余 额 表

2×19年12月31日　　　　　　　　　　　　　　　　单位:元

科目名称	借方余额	科目名称	贷方余额
库存现金	6 000	短期借款	150 000
银行存款	2 358 405	应付票据	300 000
其他货币资金	21 900	应付账款	2 861 400

(续表)

科目名称	借方余额	科目名称	贷方余额
交易性金融资产	60 000	其他应付款	150 000
应收票据	200 000	应付职工薪酬	540 000
应收账款	1 800 000	应交税费	680 193
预付账款	300 000	应付利息	30 000
其他应收款	15 000	应付股利	96 648
材料采购	825 000	合同负债——A	60 000
原材料	135 000	长期借款	3 480 000
周转材料	114 150	应付债券	0
库存商品	6 367 200	预计负债——应付退货款	100 000
材料成本差异	12 750	实收资本	15 000 000
其他流动资产	270 000	盈余公积	1 044 789.5
合同资产——A	85 000	其他综合收益	40 000
债权投资	120 000	利润分配(未分配利润)	201 674.5
长期股权投资	750 000	坏账准备——应收账款坏账准备	5 000
其他权益工具投资	30 000	坏账准备——其他应收款坏账准备	400
固定资产	7 203 000	坏账准备——应收票据坏账准备	2 000
无形资产	1 800 000	累计折旧	510 000
递延所得税资产	29 700	固定资产减值准备	90 000
工程物资	450 000	累计摊销	180 000
在建工程	1 734 000		
其他非流动资产	600 000		
应收退货成本	235 000		
合计	25 522 105	合计	25 522 105

注:表中的"预付账款"科目的余额均为所属明细账的借方余额之和;"应付账款"科目的余额均为所属明细账的贷方余额之和;"应收退货成本""预计负债——应付退货款"科目均在1年内出售或清偿。"合同资产——A"超过1年才能有收款权利。

表13-4　　　　　　　　　　　资产负债表　　　　　　　　　　会企01表
编制单位:甲股份有限公司　　　2×19年12月31日　　　　　　　　单位:元

资产	期末余额	上年年末余额	负债和所有者权益	期末余额	上年年末余额
流动资产:			流动负债:		
货币资金	2 386 305	2 812 600	短期借款	150 000	600 000
交易性金融资产	60 000	30 000	交易性金融负债		0

(续表)

资产	期末余额	上年年末余额	负债和所有者权益	期末余额	上年年末余额
衍生金融资产	0	0	衍生金融负债		0
应收票据	198 000	400 000	应付票据	300 000	1 307 600
应收账款	1 795 000	690 200	应付账款	2 861 400	1 000 000
应收款项融资	0	0	预收款项	0	0
预付款项	300 000	200 000	合同负债	0	0
其他应收款	14 600	10 000	应付职工薪酬	540 000	220 000
存货	7 454 100	5 160 000	应交税费	680 193	73 200
合同资产	0	0	其他应付款	276 648	120 000
持有待售资产	0	0	持有待售负债	0	0
一年内到期的非流动资产	0	0	一年内到期的非流动负债	0	2 000 000
其他流动资产	505 000	200 000	其他流动负债	100 000	0
流动资产合计	12 713 005	9 502 800	流动负债合计	49 082 411	5 302 800
非流动资产:		0	非流动负债:		0
债权投资	120 000	0	长期借款	3 480 000	1 200 000
其他债权投资		0	应付债券	0	0
长期应收款		0	其中:优先股		
长期股权投资	750 000	500 000	永续股		
其他权益工具投资	30 000	0	租赁负债	0	0
其他非流动金融资产		0	长期应付款	0	0
投资性房地产		0	预计负债		
固定资产	6 603 000	2 200 000	递延收益		
在建工程	2 184 000	3 000 000	递延所得税负债	0	0
生产性生物资产		0	其他非流动负债	0	0
油气资产			非流动负债合计	3 480 000	1 200 000
使用权资产		0	负债合计	8 388 241	6 502 800
无形资产	1 620 000	1 200 000	所有者权益(或股东权益):		
开发支出		0	实收资本(或股本)	15 000 000	1 000 000
商誉		0	其他权益工具:	0	0
长期待摊费用		0	其中:优先股		
递延所得税资产	29 700	0	永续债	0	0

(续表)

资产	期末余额	上年年末余额	负债和所有者权益	期末余额	上年年末余额
其他非流动资产	625 000	400 000	资本公积	0	0
非流动资产合计	11 961 700	7 300 000	减:库存股	0	0
			其他综合收益	40 000	0
			盈余公积	1 044 789.5	200 000
			未分配利润	201 674.5	100 000
			所有者权益(或股东权益)合计	16 286 464	10 300 000
资产总计	24 674 705	16 802 800	负债和所有者权益(或股东权益)总计	24 674 705	16 802 800

第三节 利 润 表

一、利润表的内容及结构

(一) 利润表的概念及意义

利润表是反映企业在一定会计期间的经营成果的财务报表。它是以"收入－费用＝利润"这一会计等式作为编制依据的。

通过利润表，可以反映企业在一定会计期间收入、费用、利润(亏损)的数额和构成情况，帮助财务报表使用者全面了解企业的经营成果，分析企业的获利能力及盈利增长趋势，从而为其作出经济决策提供依据。

(二) 利润表的内容及结构

常见的利润表结构主要有单步式和多步式两种。在我国，企业利润表采用的是多步式结构，主要包括以下五个方面的内容。

1. 营业收入

营业收入由主营业务收入和其他业务收入组成。

2. 营业利润

营业收入减去营业成本(主营业务成本、其他业务成本)、税金及附加、销售费用、管理费用、研发费用、财务费用、资产减值损失、信用减值损失，加上其他收益、投资收益、公允价值变动收益、资产处置收益，即为营业利润。

3. 利润总额

营业利润加上营业外收入，减去营业外支出，即为利润总额。

4. 净利润

利润总额减去所得税费用，即为净利润。

5. 综合收益

以净利润和其他综合收益为基础,计算出综合收益。

为了使报表使用者通过比较不同期间利润的实现情况,判断企业经营成果的未来发展趋势,企业需要提供比较利润表,即利润表还应就各报表项目再分为"本期金额"和"上期金额"两栏分别填列。利润表的基本格式,如表13-6所示。

二、利润表的填列方法

(一)"本期金额"栏的填列

(1)"营业收入"项目,应根据"主营业务收入"和"其他业务收入"科目的发生额合计填列。

(2)"营业成本"项目,应根据"主营业务成本"和"其他业务成本"科目的发生额合计填列。

(3)"税金及附加"项目,应根据"税金及附加"科目的发生额填列。

(4)"销售费用"项目,根据"销售费用"科目的发生额分析填列。

(5)"研发费用"项目,反映企业进行研究与开发过程中发生的费用化支出,以及计入管理费用的自行开发无形资产的摊销。该项目应根据"管理费用"科目下的"研究费用"明细科目的发生额,以及"管理费用"科目下的"无形资产摊销"明细科目的发生额分析填列,"管理费用"科目所属其他明细科目发生额计入"管理费用"项目。

(6)"财务费用"项目下的"利息费用"项目,反映企业为筹集生产经营所需资金等而发生的应予费用化的利息支出。该项目应根据"财务费用"科目的相关明细科目的发生额分析填列。该项目作为"财务费用"项目的其中项,以正数填列;"财务费用"项目下的"利息收入"项目,反映企业按照相关准则确认的应冲减财务费用的利息收入。该项目应根据"财务费用"科目的相关明细科目的发生额分析填列。该项目作为"财务费用"项目的其中项,以正数填列。

(7)"其他收益"项目,反映计入其他收益的政府补助,以及其他与日常活动相关且计入其他收益的项目。该项目应根据"其他收益"科目的发生额分析填列。企业作为个人所得税的扣缴义务人,根据《中华人民共和国个人所得税法》收到的扣缴税款手续费,应作为其他与日常活动相关的收益在该项目中填列。

(8)"以摊余成本计量的金融资产终止确认收益"项目,反映企业因转让等情形导致终止确认以摊余成本计量的金融资产而产生的利得或损失。该项目应根据"投资收益"科目的相关明细科目的发生额分析填列;如为损失,以"-"号填列。

(9)"信用减值损失"项目,反映企业按照《企业会计准则第22号——金融工具确认和计量》(财会〔2017〕7号)的要求计提的各项金融工具信用减值准备所确认的信用损失。该项目应根据"信用减值损失"科目的发生额分析填列。

(10)"资产处置收益"项目,反映企业出售划分为持有待售的非流动资产(金融工具、长期股权投资和投资性房地产除外)或处置组(子公司和业务除外)时确认的处置利得或损失,以及处置未划分为持有待售的固定资产、在建工程、生产性生物资产及无形资产而产生的处置利得或损失。债务重组中因处置非流动资产(金融工具、长期股权投资和投资性房地产除外)产生的利得或损失和非货币性资产交换中换出非流动资产(金融工具、长期股权投资和投资性房地产除外)产生的利得或损失也包括在本项目内。该项目应根据"资产处置损益"科目的发生额分析填列;如为处置损失,以"一"号填列。

(11)"营业外收入"项目,反映企业发生的除营业利润以外的收益,主要包括与企业日常活动无关的政府补助、盘盈利得、捐赠利得(企业接受股东或股东的子公司直接或间接的捐赠,经济实质属于股东对企业的资本性投入的除外)等。该项目应根据"营业外收入"科目的发生额分析填列。

(12)"营业外支出"项目,反映企业发生的除营业利润以外的支出,主要包括公益性捐赠支出、非常损失、盘亏损失、非流动资产毁损报废损失等。该项目应根据"营业外支出"科目的发生额分析填列。"非流动资产毁损报废损失"通常包括因自然灾害发生毁损、已丧失使用功能等原因而报废清理产生的损失。企业在不同交易中形成的非流动资产毁损报废利得和损失不得相互抵销,应分别在"营业外收入"项目和"营业外支出"项目进行填列。

(二)"上期金额"栏的填列

本表中的"上期金额"栏应根据上年该期利润表"本期金额"栏内所列数字填列。如果上年该期利润表规定的各个项目的名称和内容同本期不相一致,应对上年该期利润表各项目的名称和数字按本期的规定进行调整,填入"上期金额"栏。

三、利润表编制示例

【例 13-2】 甲股份有限公司 2×19 年度有关损益类科目本年累计发生净额,如表 13-5 所示。

表 13-5 损益类科目 2×19 年度累计发生额 单位:元

科目名称	借方发生额	贷方发生额
主营业务收入		3 750 0000
主营业务成本	22 500 000	
税金及附加	60 000	
销售费用	600 000	
管理费用	4 713 000	
研发费用	0	
财务费用	124 500	
其中:利息费用	127 000	
利息收入		2 500
信用减值损失	27 000	
公允价值变动损益	50 000	
资产减值损失	750 000	
资产处置损益	100 000	

(续表)

科目名称	借方发生额	贷方发生额
投资收益		945 000
营业外收入		1 000 000
营业外支出	591 000	
所得税费用	2 107 375	
其他综合收益——其他权益工具投资公允价值变动		40 000

根据上述资料,编制甲股份有限公司2×19年度利润表,如表13-6所示。

注:"管理费用"科目下有"研究费用"明细科目发生额为6 000元,"无形资产摊销"明细科目发生额为7 000元。

表13-6　　　　　　　　　　　　利　润　表　　　　　　　　　　　会企02表
编制单位:甲股份有限公司　　　　　　　2×19年　　　　　　　　　　　　单位:元

项　目	本期金额	上期金额
一、营业收入	37 500 000	
减:营业成本	22 500 000	
税金及附加	60 000	
销售费用	600 000	
管理费用	4 700 000	
研发费用	13 000	
财务费用	124 500	
其中:利息费用	127 000	
利息收入	2 500	
加:其他收益	0	
投资收益(损失以"-"号填列)	945 000	
其中:对联营企业和合营企业的投资收益	0	
以摊余成本计量的金融资产终止确认收益(损失以"-"填列)		
公允价值变动收益(损失以"-"号填列)	-50 000	
信用减值损失(损失以"-"号填列)	-27 000	
资产减值损失(损失以"-"号填列)	-750 000	
资产处置收益(损失以"-"号填列)	-100 000	
二、营业利润(亏损以"-"号填列)	9 520 500	
加:营业外收入	1 000 000	

(续表)

项 目	本期金额	上期金额
减：营业外支出	591 000	
三、利润总额（亏损总额以"－"号填列）	9 929 500	
减：所得税费用	2 107 375	
四、净利润（净亏损以"－"号填列）	7 822 125	
（一）持续经营净利润（净亏损以"－"号填列）		
（二）终止经营净利润（净亏损以"－"号填列）		
五、其他综合收益的税后净额	40 000	
（一）不能重分类进损益的其他综合收益		
1. 重新计量设定收益计划变动额		
2. 权益法下不能转损益的其他综合收益		
3. 其他权益工具公允价值变动	40 000	
4. 企业自身信用风险公允价值变动		
……		
（二）将重分类进损益的其他综合收益		
1. 权益法下可转损益的其他综合收益		
2. 其他债券投资公允价值变动		
3. 金融资产重分类计入其他综合收益的金额		
……		
六、综合收益总额	7 862 125	
七、每股收益		

第四节 现金流量表

一、现金流量表的概念及意义

现金流量表是反映企业在一定会计期间现金和现金等价物流入和流出的报表。

通过现金流量表，可以为报表使用者提供企业一定会计期间内现金和现金等价物流入和流出的信息，便于使用者了解和评价企业获取现金和现金等价物的能力，据以预测企业未来现金流量。

现金是指企业的库存现金、可以随时用于支付的存款，包括库存现金、银行存款和其他货币资金。现金等价物是指企业持有的期限短（一般指从购买日起，3个月内到期）、流动性强、易于转换为已知金额现金、价值变动风险很小的投资。比如,企业购买的、从购买日起3个月或更短时间内即可到期或即可转换为现金的短期债券投资就是现金等价物。企业应根据具体情况,确定现金等价物的范围,并且一贯地保持其划分标准,如改变划分标准,应视为会计政策变更。企业确定现金等价物的原则及其变更,应在财务报告附注中披露。除特别指明外,本书所指的现金均含现金等价物。

从编制原则上看,现金流量表按照收付实现制原则编制,将权责发生制下的盈利信息调整为收付实现制下的现金流量信息,便于信息使用者了解企业净利润的质量。从内容上看,现金流量表被划分为经营活动、投资活动和筹资活动三个部分,每类活动又分为各具体项目,这些项目从不同角度反映企业业务活动的现金流入与流出情况,弥补了资产负债表和利润表提供信息的不足。通过现金流量表,报表使用者能够了解现金流量的影响因素,评价企业的支付能力、偿债能力和周转能力,预测企业未来现金流量,为其决策提供有力依据。

二、现金流量的分类

现金流量是指现金和现金等价物的流入和流出,可分为三大类,即经营活动产生的现金流量、投资活动产生的现金流量和筹资活动产生的现金流量。

(一)经营活动产生的现金流量

经营活动是指企业投资活动和筹资活动以外的所有交易和事项,包括销售商品或提供劳务、购买商品或接受劳务、收到的税费返还、支付职工薪酬、支付各项税费、支付广告费用等。通过经营活动产生的现金流量,可以说明企业的经营活动对现金流入和流出的影响程度,判断企业在不动用对外筹得资金的情况下,是否足以维持生产经营、偿还债务、支付股利、对外投资等。

(二)投资活动产生的现金流量

投资活动是指企业长期资产的购建和不包括在现金等价物范围内的投资及其处置活动。现金流量表中所指的"投资"既包括对外投资,又包括长期资产的购建与处置。投资活动包括取得和收回投资、购建和处置固定资产、购买和处置无形资产等。通过投资活动产生的现金流量,可以判断投资活动对企业现金流量净额的影响程度。

(三)筹资活动产生的现金流量

筹资活动是指导致企业资本及债务规模和构成发生变化的活动。筹资活动包括发行股票或接受投入资本、分派现金股利、取得和偿还银行借款、发行和偿还公司债券等。通过筹资活动产生的现金流量,可以判断筹资活动对企业现金流量净额的影响程度。

企业编制现金流量表进行现金流量分类时,对于未特别指明的现金流量,应当按照现金流量的分类方法和重要性原则,判断某项交易或事项所产生的现金流量应当归属的类别或项目,对于重要的现金流入或流出项目应当单独反映。对于自然灾害损失、保险索赔等特殊项目,应当根据其性质,分别归并到经营活动、投资活动和筹资活动现金流量类别中单独列报。

三、现金流量表的结构

我国企业的现金流量表包括正表和补充资料两部分(如表13-7和表13-8所示)。

(一) 现金流量表正表

正表是现金流量表的主体,企业一定会计期间现金流量的信息主要由正表提供。正表采用报告式的结构,按照现金流量的性质,依次分类反映经营活动产生的现金流量、投资活动产生的现金流量和筹资活动产生的现金流量,最后汇总反映企业现金及现金等价物净增加额。在有外币现金流量及境外子公司的现金流量折算为人民币的企业,正表中还应单设"汇率变动对现金的影响"项目,以反映企业外币现金流量及境外子公司的现金流量折算为人民币时,所采用的现金流量发生日的汇率或平均汇率折算的人民币金额与"现金及现金等价物净增加额"中外币现金净增加额按期末汇率折算的人民币金额之间的差额。

(二) 现金流量表补充资料

补充资料包括三部分内容:①将净利润调节为经营活动的现金流量(即按间接法编制的经营活动现金流量);②不涉及现金收支的投资和筹资活动;③现金及现金等价物净增加情况。

表 13-7　　　　　　　　　　　　　　现金流量表　　　　　　　　　　　　会企 03 表

编制单位:　　　　　　　　　　　　　　___年___月　　　　　　　　　　　　单位:元

项　目	本期金额	上期金额
一、经营活动产生的现金流量:		
销售商品、提供劳务收到的现金		
收到的税费返还		
收到其他与经营活动有关的现金		
经营活动现金流入小计		
购买商品、接受劳务支付的现金		
支付给职工以及为职工支付的现金		
支付的各项税费		
支付其他与经营活动有关的现金		
经营活动现金流出小计		
经营活动产生的现金流量净额		
二、投资活动产生的现金流量:		
收回投资收到的现金		
取得投资收益收到的现金		
处置固定资产、无形资产和其他长期资产收回的现金净额		
处置子公司及其他营业单位收到的现金净额		
收到其他与投资活动有关的现金		
投资活动现金流入小计		

(续表)

项　目	本期金额	上期金额
购建固定资产、无形资产和其他长期资产支付的现金		
投资支付的现金		
取得子公司及其他营业单位支付的现金净额		
支付其他与投资活动有关的现金		
投资活动现金流出小计		
投资活动产生的现金流量净额		
三、筹资活动产生的现金流量：		
吸收投资收到的现金		
取得借款收到的现金		
收到其他与筹资活动有关的现金		
筹资活动现金流入小计		
偿还债务支付的现金		
分配股利、利润或偿付利息支付的现金		
支付其他与筹资活动有关的现金		
筹资活动现金流出小计		
筹资活动产生的现金流量净额		
四、汇率变动对现金及现金等价物的影响		
五、现金及现金等价物净增加额		
加：期初现金及现金等价物余额		
六、期末现金及现金等价物余额		

表 13-8　　　　　　　　　　　现金流量表补充资料

补充资料	本期金额	上期金额
1. 将净利润调节为经营活动现金流量		
净利润		
加：资产减值准备		
固定资产折旧、油气资产折耗、生产性生物资产折旧		
无形资产摊销		
长期待摊费用摊销		
处置固定资产、无形资产和其他长期资产的损失（收益以"－"号填列）		
固定资产报废损失（收益以"－"号填列）		

(续表)

补充资料	本期金额	上期金额
公允价值变动损益(收益以"-"号填列)		
财务费用(收益以"-"号填列)		
投资损失(收益以"-"填列)		
递延所得税资产减少(增加以"-"号填列)		
递延所得税负债增加(减少以"-"号填列)		
存货的减少(增加以"-"号填列)		
经营性应收项目的增加(减少以"-"号填列)		
经营性应付项目的增加(减少以"-"号填列)		
其他		
经营活动产生的现金流量净额		
2. 不涉及现金收支的重大投资和筹资活动：		
债务转为资本		
一年内到期的可转换公司债券		
融资租入固定资产		
3. 现金及现金等价物净变动情况：		
现金的期末余额		
减：现金的期初余额		
加：现金等价物的期末余额		
减：现金等价物的期初余额		
现金及现金等价物净增加额		

四、现金流量表的主要项目说明

(一) 经营活动产生的现金流量

在我国，企业经营活动产生的现金流量应当采用直接法填列。直接法是指通过现金收入和现金支出的主要类别列示经营活动的现金流量。现金流量一般应按现金流入和流出总额列报，但代客户收取或支付的现金，以及周转快、金额大、期限短项目的现金流入和现金流出，可以按照净额列报。

有关经营活动现金流量的信息，可以通过企业的会计记录取得，也可以通过对利润表中的营业收入、营业成本以及其他项目进行调整后取得，如当期存货及经营性应收和应付项目的变动，固定资产折旧、无形资产摊销、计提资产减值准备等其他非现金项目，属于投资活动或筹资活动现金流量的其他非现金项目。

1. "销售商品、提供劳务收到的现金"项目

该项目反映企业销售商品、提供劳务实际收到的现金(包括应向购买者收取的增值税销

项税额),包括本期销售商品、提供劳务收到的现金,以及前期销售商品、提供劳务本期收到的现金和本期预收的款项,减去本期退回本期销售商品和前期销售本期退回的商品支付的现金。企业销售材料和代购代销业务收到的现金,也在本项目反映。本项目可以根据"库存现金""银行存款""应收账款""应收票据""合同负债""主营业务收入""其他业务收入"等科目的记录分析填列。

根据科目记录分析计算该项目的金额,通常可以采用以下公式:

$$\begin{aligned}\text{销售商品、提供劳务收到的现金} =\ &\text{当期销售商品、提供劳务收到的现金} + \text{当期收回前期的应收账款和应收票据} + \text{当期合同负债预收的款项}\\ &- \text{当期销售退回支付的现金} + \text{当期收回前期核销的坏账损失}\end{aligned}$$

2. "收到的税费返还"项目

该项目反映企业收到返还的各种税费,包括收到返还的增值税、消费税、关税、所得税、教育费附加等。本项目可以根据"库存现金""银行存款""营业外收入""其他应收款"等科目的记录分析填列。

3. "收到其他与经营活动有关的现金"项目

该项目反映企业除了上述各项目以外所收到的其他与经营活动有关的现金,如罚款、流动资产损失中由个人赔偿的现金、经营租赁租金等。若某项其他与经营活动有关的现金流入金额较大,应单列项目反映。本项目可以根据"库存现金""银行存款""营业外收入"等科目的记录分析填列。

4. "购买商品、接受劳务支付的现金"项目

该项目反映企业购买商品、接受劳务实际支付的现金(包括增值税进项税额),包括本期购买材料、商品、接受劳务支付的现金,以及本期支付前期购买商品、接受劳务的未付款项以及本期预付款项,减去本期发生的购货退回收到的现金。企业代购代销业务支付的现金,也在本项目反映。本项目可以根据"库存现金""银行存款""应付账款""应付票据""预付账款""主营业务成本""其他业务成本""应收退货成本"等科目的记录分析填列。根据科目记录分析计算该项目的金额,通常可以采用以下公式:

$$\text{购买商品、接受劳务支付的现金} = \text{当期购买商品、接受劳务支付的现金} + \text{当期支付前期的应付款项和应付票据} + \text{当期预付的账款} - \text{当期因购货退回收到的现金}$$

5. "支付给职工以及职工支付的现金"项目

该项目反映企业实际支付给职工,以及为职工支付的现金,包括本期实际支付给职工的工资、奖金、各种津贴和补贴等,以及为职工支付的其他费用能够。企业代扣代缴的职工个人所得税,也在本项目反映。本项目不包括支付给离退休人员的各项费用(包括支付的统筹退休金以及未参加统筹的退休人员的费用),在"支付其他与经营活动有关的现金"项目反映;支付给在建工程人员的工资和其他费用,在"购建固定资产、无形资产和其他长期资产支付的现金"项目反映。本项目可以根据"应付职工薪酬""库存现金""银行存款"等科目的记录分析填列。

企业为职工支付的养老、失业等社会保险基金、补充养老保险、住房公积金、支付给职工的住房困难补助,以及企业支付给职工或为职工支付的其他福利费用等,应按职工的工作性质和

服务对象,分别在本项目和"购建固定资产、无形资产和其他长期资产支付的现金"项目反映。

6. "支付的各项税费"项目

该项目反映企业按规定支付的各种税费,包括企业本期发生并支付的税费,以及本期支付以前各期发生的税费和本期预交的税费,包括所得税、增值税、消费税、印花税、房产税、土地增值税、车船税、教育费附加、矿产资源补偿费等,但不包括计入固定资产价值、实际支付的耕地占用税,也不包括本期退回的增值税、所得税。本期退回的增值税、所得税在"收到的税费返还"项目反映。本项目可以根据"应交税费""库存现金""银行存款"等科目的记录分析填列。

7. "支付其他与经营活动有关的现金"项目

该项目反映企业除上述各项目所支付的其他与经营活动有关的现金,如经营租赁支付的租金、支付的罚款、差旅费、业务招待费、保险费等。若其他与经营活动有关的现金流出金额较大,应单列项目反映。本项目可以根据"库存现金""银行存款""管理费用""营业外支出"等科目的记录分析填列。

(二)投资活动产生的现金流量

1. "收回投资收到的现金"项目

该项目反映企业出售、转让或到期收回除现金等价物以外的对其他企业的权益工具、债务工具和合营中的权益等投资收回的现金。收回债务工具实现的投资收益、处置子公司及其他营业单位收到的现金净额不包括在本项目内。本项目可根据"债权投资""其他债权投资""其他权益工具投资""长期股权投资""库存现金""银行存款"等科目的记录分析填列。

2. "取得投资收益收到的现金"项目

该项目反映企业除现金等价物以外的对其他企业的权益工具、债务工具和合营中的权益投资分回的现金股利和利息等,不包括股票股利。本项目可以根据"库存现金""银行存款""投资收益"等科目的记录分析填列。

3. "处置固定资产、无形资产和其他长期资产收回的现金净额"项目

该项目反映企业出售、报废固定资产、无形资产和其他长期资产收到的现金(包括因资产毁损收到的保险赔偿款),减去为处置这些资产而支付的有关费用后的净额。如所收回的现金净额为负数,则应在"支付其他与投资活动有关的现金"项目反映。本项目可以根据"固定资产清理""库存现金""银行存款"等科目的记录分析填列。

4. "处置子公司及其他营业单位收到的现金净额"项目

该项目反映企业处置子公司及其他营业单位所取得的现金,减去相关处置费用以及子公司及其他营业单位持有的现金和现金等价物后的净额。本项目可以根据"长期股权投资""银行存款""库存现金"等科目的记录分析填列。

5. "收到其他与投资活动有关的现金"项目

该项目反映企业除了上述各项目以外,所收到的其他与投资活动有关的现金流入。比如,企业收回购买股票和债券时支付的已宣告但未领取的现金股利或已到付息期但尚未领取的债券利息。若其他与投资活动有关的现金流入金额较大,应单列项目反映。本项目可以根据"应收股利""应收利息""银行存款""库存现金"等科目的记录分析填列。

6. "购建固定资产、无形资产和其他长期资产支付的现金"项目

该项目反映企业本期购买、建造固定资产、取得无形资产和其他长期资产实际支付的现

金,以及用现金支付的应由在建工程和无形资产负担的职工薪酬,不包括为购建固定资产而发生的借款利息和融资租入固定资产支付的租赁费,在筹资活动产生的现金流量中反映。本项目可以根据"固定资产""在建工程""无形资产""库存现金""银行存款"等科目的记录分析填列。

7."投资支付的现金"项目

该项目反映企业取得除现金等价物以外的对其他企业的权益工具、债券工具和合营中的权益投资所支付的现金,以及支付的佣金、手续费等交易费用,但取得子公司及其他营业单位支付的现金净额除外。本项目可以根据"债权投资""其他权益工具投资""长期股权投资""库存现金""银行存款"等科目的记录分析填列。

8."取得子公司及其他营业单位支付的现金净额"项目

该项目反映企业购买子公司及其他营业单位购买出价中以现金支付的部分,减去子公司及其他营业单位持有的现金和现金等价物后的净额。本项目可以根据"长期股权投资""库存现金""银行存款"等科目的记录分析填列。

9."支付其他与投资活动有关的现金"项目

该项目反映企业除上述各项以外所支付的其他与投资活动有关的现金流出,如企业购买股票时实际支付的价款中包含的已宣告而尚未领取的现金股利,购买债券时支付的价款中包含的已到期尚未领取的债券利息等。若某项其他与投资活动有关的现金流出金额较大,应单列项目反映。本项目可以根据"应收股利""应收利息""银行存款""库存现金"等科目的记录分析填列。

(三)筹资活动产生的现金流量

1."吸收投资收到的现金"项目

该项目反映企业以发行股票、债券等方式筹集资金实际收到的款项,减去直接支付的佣金、手续费、宣传费、咨询费、印刷费等发行费用后的净额。本项目可以根据"实收资本(或股本)""库存现金""银行存款"等科目的记录分析填列。

2."取得借款收到的现金"项目

该项目反映企业举借各种短期、长期借款实际收到的现金。本项目可以根据"短期借款""长期借款""库存现金""银行存款"等科目的记录分析填列。

3."收到其他与筹资活动有关的现金"项目

该项目反映企业除上述各项外所收到的其他与筹资活动有关的现金流入,如接受现金捐赠等。若某项其他与筹资活动有关的现金流入金额较大,应单列项目反映。本项目可以根据"银行存款""库存现金""营业外收入"等科目的记录分析填列。

4."偿还债务支付的现金"项目

该项目反映企业偿还债务本金所支付的现金,包括偿还金融企业的借款本金、偿还债券本金等。企业支付的借款利息和债券利息在"分配股利、利润或偿付利息支付的现金"项目反映,不包括在本项目内。本项目可以根据"短期借款""长期借款""应付债券""库存现金""银行存款"等科目的记录分析填列。

5."分配股利、利润或偿付利息支付的现金"项目

该项目反映企业实际支付的现金股利、支付给其他投资单位的利润或用现金支付的借

款利息、债券利息等。本项目可以根据"应付股利""应付利息""财务费用""库存现金""银行存款"等科目的记录分析填列。

6. "支付其他与筹资活动有关的现金"项目

该项目反映企业除上述各项外所支付的其他与筹资活动有关的现金流出,如捐赠现金支出、融资租入固定资产支付的租赁费等。若某项其他与筹资活动有关的现金流出金额较大,应单列项目反映。本项目可以根据"营业外支出""长期应付款""银行存款""库存现金"等科目的记录分析填列。

(四)汇率变动对现金及现金等价物的影响

该项目反映企业外币现金流量以及境外子公司的现金流量折算为人民币时,所采用的现金流量发生日的即期汇率近似汇率折算的人民币金额与"现金及现金等价物净增加额"中的外币现金净增加额按期末汇率折算的人民币金额之间的差额。

在编制现金流量表时,可逐笔计算外币业务发生的汇率变动对现金的影响,也可不必逐笔计算而采用简化的计算方法,即通过现金流量表补充资料中"现金及现金等价物净增加额"数额与现金流量表中"经营活动产生的现金流量净额""投资活动产生的现金流量净额""筹资活动产生的现金流量净额"三项之和比较,其差额即为"汇率变动对现金及现金等价物的影响"项目的金额。

(五)现金流量表补充资料

除现金流量表反映的信息外,企业还应在附注中披露将净利润调节为经营活动现金流量、不涉及现金收支的重大投资和筹资活动、现金及现金等价物净变动情况等信息。

1. 将净利润调节为经营活动现金流量

现金流量表采用直接法反映经营活动产生的现金流量,同时,企业还应采用间接法反映经营活动产生的现金流量。间接法是指以本期净利润为起点,通过调整不涉及现金的收入、费用、营业外支出以及经营性应收应付等项目的增减变动,调整不属于经营活动的现金收支项目,据此计算并列报经营活动产生的现金流量的方法。在我国,现金流量表补充资料应采用间接法反映经营活动产生的现金流量情况,以对现金流量表中采用直接法反映的经营活动现金流量进行核对和补充说明。

采用间接法列报经营活动产生的现金流量时,需要对四大类项目进行调整:

第一类,实际没有支付现金的费用。

第二类,实际没有收到现金的收益。

第三类,不属于经营活动的损益。

第四类,经营性应收应付项目的增减变动。

具体来说,采用间接法编报现金流量表需要调整以下项目:

(1)资产减值准备。该项目反映企业本期实际计提的各项资产减值准备,包括坏账准备、存货跌价准备、长期股权投资减值准备、投资性房地产减值准备、固定资产减值准备、在建工程减值准备、无形资产减值准备、商誉减值准备、生产性生物资产减值准备、油气资产减值准备等。本项目可以根据"资产减值损失""信用减值损失"科目的记录分析填列。

(2)固定资产折旧、油气资产折耗、生产性生物资产折旧。该项目反映企业本期累计计提的固定资产折旧、油气资产折耗、生产性生物资产折旧。本项目可根据"累计折旧""累计损耗"等科目的贷方发生额分析填列。

(3) 无形资产摊销。该项目反映企业本期累计摊入成本费用的无形资产价值。本项目可以根据"累计摊销"科目的贷方发生额分析填列。

(4) 长期待摊费用摊销。该项目反映企业本期累计摊入成本费用的长期待摊费用。本项目可以根据"长期待摊费用"科目的贷方发生额分析填列。

(5) 处置固定资产、无形资产和其他长期资产的损失。该项目反映企业本期处置固定资产、无形资产和其他长期资产发生的净损失(或收益)。如为净收益,以"-"号填列。本项目可以根据"资产处置损益"等科目所属有关明细科目的记录分析填列。

(6) 固定资产报废损失。该项目反映企业本期发生的固定资产盘亏报废净损失。该项目可以根据"营业外支出"科目所属有关明细科目的记录分析填列。

(7) 公允价值变动损失。该项目反映企业持有的交易性金融资产、交易性金融负债、采用公允价值模式计量的投资性房地产等公允价值变动形成的净损失。如为净收益,以"-"号填列。本项目可以根据"公允价值变动损益"科目所属有关明细科目的记录分析填列。

(8) 财务费用。该项目反映企业本期实际发生的属于投资活动或筹资活动的财务费用。属于投资活动、筹资活动的部分,在计算净利润时已扣除,但这部分发生的现金流出不属于经营活动现金流量的范畴,所以,在将净利润调节为经营活动现金流量时,需要予以加回。本项目可以根据"财务费用"科目的本期借方发生额分析填列;如为收益,以"-"号填列。

(9) 投资损失。该项目反映企业对外投资实际发生的投资损失减去收益后的净损失。本项目可以根据利润表"投资收益"项目的数字填列;如为投资收益,以"-"号填列。

(10) 递延所得税资产减少。该项目反映企业资产负债报"递延所得税资产"项目的期初余额与期末余额的差额。本项目可以根据"递延所得税资产"科目发生额分析填列。

(11) 递延所得税负债增加。该项目反映企业资产负债表"递延所得税负债"项目的期初余额与期末余额差额。本项目可以根据"递延所得税负债"科目发生额分析填列。

(12) 存货的减少。该项目反映企业资产负债表"存货"项目的期初与期末余额差额。期末数大于期初数的差额,以"-"号填列。

(13) 经营性应收项目的减少。该项目反映企业本期经营性应收项目(包括应收票据、应收账款、预付账款、长期应收款和其他应收款等经营性应收项目中与经营活动有关的部分及应收的增值税销项税额等)的期初与期末余额的差额。期末数大于期初数的差额,以"-"号填列。

(14) 经营性应付项目的增加。该项目反映企业本期经营性应付项目(包括应付票据、应付账款、预收账款、合同负债、应付职工薪酬、应交税费和其他应付款等经营性应付项目中与经营活动有关的部分及应付的增值税进项税额等)的期初余额与期末余额差额。期末数小于期初数的差额,以"-"号填列。

2. 不涉及现金收支的重大投资和筹资活动

该项目反映企业一定会计期间内影响资产和负债但不形成该期现金收支的所有重大投资和筹资活动的信息。这些投资和筹资活动是企业的重大理财活动,对以后各期的现金流量会产生重大影响,因此,应单列项目在补充资料中反映。目前,我国企业现金流量表补充

资料中列示的不涉及现金收支的重大投资和筹资活动项目主要有以下几项:

(1)"债务转为资本"项目,反映企业本期转为资本的债务金额。

(2)"一年内到期的可转换公司债券"项目,反映企业1年内到期的可转换公司债券的本息。

(3)"融资租入固定资产"项目,反映企业本期融资租入固定资产的最低租赁付款额扣除应分期计入利息费用的未确认融资费用后的净额。

3. 现金及现金等价物净变动情况

该项目反映企业一定会计期间现金及现金等价物的期末余额减去期初余额后净增加额(或净减少额),是对现金流量中"现金及现金等价物净增加额"项目的补充说明。该项目的金额应与现金流量表"现金及现金等价物净增加额"项目的金额核对相符。

五、现金流量表的编制方法及其程序

(一)直接法和间接法

编制现金流量表时,列报经营活动现金流量的方法有两种:一是直接法;一是间接法。在直接法下,一般是以利润表中的营业收入为起算点,调节与经营活动有关的项目的增减变动,然后计算出经营活动产生的现金流量。在间接法下,将净利润调节为经营活动现金流量,实际上就是将按权责发生制原则确定的净利润调整为现金净流入,并剔除投资活动和筹资活动对现金流量的影响。

采用直接法编报的现金流量表,便于分析企业经营活动产生的现金流量的来源和用途,预测企业现金流量的未来前景;采用间接法编报现金流量表,便于将净利润与经营活动产生的现金流量净额进行比较,了解净利润与经营活动产生的现金流量差异的原因,从现金流量的角度分析净利润的质量。所以,我国《企业会计准则》规定企业应当采用直接法编报现金流量表,同时要求在附注中提供以净利润为基础调节到经营活动现金流量的信息。

(二)工作底稿法、T型科目法和分析填列法

在具体编制现金流量表时,可以采用工作底稿法或T型科目法,也可以根据有关科目记录分析填列。

1. 工作底稿法

采用工作底稿法编制现金流量表,是以工作底稿为手段,以资产负债表和利润表数据为基础,对每一项目进行分析并编制调整分录,从而编制现金流量表。工作底稿法的程序是:

第一步,将资产负债表的期初数和期末数过入工作底稿的期初数栏和期末数栏。

第二步,对当期业务进行分析并编制调整分录。编制调整分录时,要以利润表项目为基础,从"营业收入"开始,结合资产负债表项目逐一进行分析。在调整分录中,有关现金和现金等价物的事项,并不直接借记或贷记现金,而是分别计入"经营活动产生的现金流量""投资活动产生的现金流量""筹资活动产生的现金流量"有关项目,借记表示现金流入,贷记表示现金流出。

第三步,将调整分录过入工作底稿中的相应部分。

第四步,核对调整分录,借方、贷方合计数均已经相等,资产负债表项目期初数加减调整

分录中的借贷金额以后,也等于期末数。

第五步,根据工作底稿中的现金流量表项目部分编制正式的现金流量表。

2. T型科目法

采用T型科目法编制现金流量表,是以T型科目为手段,以资产负债表和利润表数据为基础,对每一项目进行分析并编制调整分录,从而编制现金流量表。T型科目法的程序是:

第一步,为所有的非现金项目(包括资产负债表项目和利润表项目)分别开设T型科目,并将各自的期末期初变动数过入各该科目。如果项目的期末数大于期初数,则将差额过入和项目余额相同的方向;反之,过入相反的方向。

第二步,开设一个大的"现金及现金等价物"T型科目,每边分为经营活动、投资活动和筹资活动三个部分,左边记现金流入,右边记现金流出。与其他科目一样,过入期末期初变动数。

第三步,以利润表项目为基础,结合资产负债表分析每一个非现金项目的增减变动,并据此编制调整分录。

第四步,将调整分录过入各T型科目,并进行核对,该科目借贷相抵后的余额与原先过入的期末期初变动数应当一致。

第五步,根据大的"现金及现金等价物"T型科目编制正式的现金流量表。

3. 分析填列法

分析填列法是直接根据资产负债表、利润表和有关会计科目明细账的记录,分析计算出现金流量表各项目的金额,并据以编制现金流量表的一种方法。

第五节 所有者权益变动表

一、所有者权益变动表的内容及结构

(一)所有者权益变动表的内容

所有者权益变动表是指反映构成所有者权益各组成部分当期增减变动情况的报表。所有者权益变动表应当全面反映一定时期所有者权益变动的情况,不仅包括所有者权益总量的增减变动,还包括所有者权益增减变动的重要结构性信息,特别是要反映直接计入所有者权益的利得和损失,让报表使用者准确理解所有者权益增减变动的根源。

通过所有者权益变动表,既可以为报表使用者提供所有者权益总量增减变动的信息,也能为其提供所有者权益增减变动的结构性信息,特别是能够让报表使用者理解所有者权益增减变动的根源。

在所有者权益变动表中,企业至少应当单独列示反映下列信息的项目:①综合收益;②会计政策变更和差错更正的累积影响金额;③所有者投入资本和向所有者分配利润等;④提取的盈余公积;⑤实收资本或股本、资本公积、盈余公积、未分配利润的期初和期末余额及其调节情况。

（二）所有者权益变动表的结构

为了清楚地表明构成所有者权益的各组成部分当期的增减变动情况，所有者权益变动表应当以矩阵的形式列示：一方面，列示导致所有者权益变动的交易或事项，改变了以往仅仅按照所有者权益的各组成部分反映所有者权益变动情况，而是从所有者权益变动的来源对一定时期所有者权益变动情况进行全面反映；另一方面，按照所有者权益各组成部分（包括实收资本、资本公积、盈余公积、未分配利润和库存股）及其总额列示交易或事项对所有者权益的影响。此外，企业还需要提供比较所有者权益变动表，所有者权益变动表还就各项目再分为"本年金额"和"上年金额"两栏分别填列。所有者权益变动表的格式，如表13-8所示。

二、所有者权益变动表的填列方法

（一）上年金额栏的填列方法

所有者权益变动表"上年金额"栏内各项数字，应根据上年度所有者权益变动表"本年金额"栏内所列数字填列。如果上年度所有者权益变动表规定的各个项目的名称和内容同本年度不相一致，应对上年度所有者权益变动表各项目的名称和数字按本年度的规定进行调整，填入所有者权益变动表"上年金额"栏内。

（二）本年金额栏的填列方法

所有者权益变动表"本年金额"栏内各项数字一般应根据"实收资本（或股本）""资本公积""盈余公积""利润分配""库存股""以前年度损益调整"科目的发生额分析填列。

三、所有者权益变动表主要项目说明

（一）"上年年末余额"项目

反映企业上年资产负债表中实收资本（或股本）、资本公积、库存股、盈余公积、未分配利润的年末余额。

（二）"会计政策变更""前期差错更正"项目

分别反映企业采用追溯调整法处理的会计政策变更的影响金额和采用追溯重述法处理的会计差错更正的累积影响金额。

（三）"本年增减变动额"项目

（1）"综合收益总额"项目，反映企业当年实现的净利润（或亏损）金额和其他综合收益扣除所得税后的净额相加后的合计金额。

（2）"所有者投入和减少资本"项目，反映企业当年所有者投入的资本和减少的资本。

第一，"所有者投入的普通股"项目，反映企业接受投资者投入形成的实收资本（或股本）和资本溢价或股本溢价。

第二，"其他权益工具持有者投入资本"项目，反映企业接受其他权益工具持有者投入的资本。

第三，"股份支付计入所有者权益的金额"项目，反映企业处于等待期中的权益结算的股份支付当年计入资本公积的金额。

（3）"利润分配"项目，反映企业当年的利润分配金额。

第一,"提取盈余公积"项目,反映企业按照规定提取的盈余公积。

第二,"对所有者(或股东)的分配"项目,反映对所有者(或股东)分配的利润(或股利)金额。

(4)"所有者权益内部结转"项目,反映企业构成所有者权益的组成部分之间的增减变动情况。

第一,"资本公积转增资本(或股本)"项目,反映企业以资本公积转增资本或股本的金额。

第二,"盈余公积转增资本(或股本)"项目,反映企业以盈余公积转增资本(或股本)的金额。

第三,"盈余公积弥补亏损"项目,反映企业以盈余公积弥补亏损的金额。

第四,"设定收益计划变动额结转留存收益"项目,反映企业因重新计量设定收益计划净负债或净资产所产生的变动计入其他综合收益,结转至留存收益的金额。

第五,"其他综合收益结转留存收益"项目,主要反映:①企业指定为以公允价值计量且其变动计入其他综合收益的非交易性权益工具投资终止确认时,之前计入其他综合收益的累计利得或损失从其他综合收益中转入留存收益的金额。②企业指定为以公允价值计量且其变动计入当期损益的金融负债终止确认时,之前由企业自身信用风险变动引起而计入其他综合收益的累计利得或损失从其他综合收益中转入留存收益的金额等。该项目应根据"其他综合收益"科目的相关明细科目的发生额分析填列。

四、所有者权益变动表编制示例

【例 13-3】 承[例 13-1][例 13-2],甲股份有限公司其他相关资料为:提取盈余公积 844 789.5 元,向投资者分配现金股利 6 875 661 元。

根据上述资料,甲股份有限公司编制 2×19 年的所有者权益变动表,如表 13-9 所示。

第六节 附 注

一、附注的概念和作用

附注是对资产负债表、利润表、现金流量表和所有者权益变动表等报表中列示项目的文字描述或明细资料,以及对未能在这些报表中列示项目的说明等。

财务报表中的数字是经过分类与汇总后的结果,是对企业发生的经济业务的高度简化和浓缩的数字,如果没有形成这些数字所使用的会计政策、理解这些数字所必需的披露,财务报表就不可能充分发挥效用。因此,附注与资产负债表、利润表、现金流量表、所有者权益变动表等报表具有同等的重要性,是财务报表的重要组成部分。通过附注与资产负债表、利润表、现金流量表、所有者权益变动表等报表列示项目的相互参照关系,以及对未能在报表中列示项目的说明,可以报表使用者全面了解企业的财务状况,经营成本和现金流量。

表 13-9　　　　　　　　　　　　　　　所有者权益变动表

编制单位：甲股份有限公司　　　　　　　2×19 年度　　　　　　　　　　　　　会企 04 表　单位：元

项　目	本年金额						上年金额					
	实收资本（或股本）	资本公积	减：库存股	其他综合收益	盈余公积	未分配利润	所有者权益合计	实收资本（或股本）	资本公积	减：库存股	其他综合收益	盈余公积	未分配利润	所有者权益合计
一、上年年末余额	10 000 000				200 000	100 000	10 300 000						
加：会计政策变更													
前期差错更正													
二、本年年初余额	10 000 000				200 000	100 000	10 300 000						
三、本年增减变动金额（减少以"－"号填列）													
（一）综合收益总额				40 000		7 822 125	7 862 125						
（二）所有者投入和减少资本	5 000 000						5 000 000						
1. 所有者投入的资本													
2. 其他权益工具持有者投入资本													
3. 股份支付计入所有者权益的金额													
4. 其他					844 789.5	－844 789.5	0						
（三）利润分配													
1. 提取盈余公积					844 789.5	－844 789.5	0						
2. 对所有者（或股东）的分配						－6 875 661	－6 875 661						
3. 其他													
（四）所有者权益内部结转													
1. 资本公积转增资本（或股本）													
2. 盈余公积转增资本（或股本）													
3. 盈余公积弥补亏损													
4. 设定收益计划变动额结转留存收益													
5. 其他综合收益结转留存收益													
6. 其他													
四、本年年末余额	15 000 000			40 000	1 044 789.5	201 674.5	16 286 464						

二、附注的主要内容

附注是财务报表的重要组成部分。附注应当按照如下顺序披露有关内容。

(一) 企业的基本情况

(1) 企业注册地、组织形式和总部地址。

(2) 企业的业务性质和主要经营活动。

(3) 母公司以及集团最终母公司的名称。

(4) 财务报告的批准报出者和财务报告批准报出日。

(二) 财务报表的编制基础

企业应当披露财务报表的编制基础。

(三) 遵循企业会计准则的声明

企业应当明确说明编制的财务报表符合《企业会计准则》的要求,真实、公允地反映了企业的财务状况、经营成果和现金流量等有关信息,以此明确企业编制财务报表所依据的制度基础。

如果企业编制的财务报表只是部分地遵循了《企业会计准则》,附注中不得作出这种表述。

(四) 重要会计政策和会计估计

企业应当披露采用的重要会计政策和会计估计,不重要的会计政策和会计估计可以不披露。

1. 重要会计政策的说明

由于企业经济业务的复杂性和多样化,某些经济业务可以有多种会计处理方法,也即存在不止一种可供选择的会计政策。企业在发生某项经济业务时,必须从允许的会计处理方法中选择适合本企业特点的会计政策。企业选择不同的会计处理方法,可能极大地影响企业的财务状况和经营成果,进而编制出不同的财务报表。为了有助于使用者理解,有必要对这些会计政策加以披露。

需要特别指出的是,说明会计政策时还需要披露下列两项内容:

(1) 财务报表项目的计量基础。会计计量基础包括历史成本、重置成本、可变现净值、现值和公允价值,这直接显著影响报表使用者的分析,这项披露要求便于使用者了解企业财务报表中的项目是按何种计量基础予以计量的,如存货是按成本还是可变现净值计量等。

(2) 会计政策的确定依据。即企业在运用会计政策过程中所作的对报表中确认的项目金额最具影响的判断。例如,企业如何判断持有的金融资产是持有至到期的投资而不是交易性投资。又如,对于拥有的持股不足 50% 的关联企业,企业为何判断企业拥有控制权因此将其纳入合并范围;再如,企业如何判断与租赁资产相关的所有风险和报酬已转移给企业,从而符合融资租赁的标准;以及投资性房地产的判断标准是什么等,这些判断对在报表中确认的项目金额具有重要影响。因此,这项披露要求有助于使用者理解企业选择和运用会计政策的背景,增加财务报表的可理解性。

2. 重要会计估计的说明

企业应当披露会计估计中所采用的关键假设和不确定因素的确定依据,这些关键假设和不确定因素在下一会计期间内很可能导致资产、负债账面价值进行重大调整。在确定报表中确认的资产和负债的账面金额过程中,企业有时需要对不确定的未来事项在资产负债表日对这些资产和负债的影响加以估计。例如,固定资产可收回金额的计算需要根据其公允价值减去处置费用后的净额与预计未来现金流量的现值两者之间的较高者确定,在计算资产预计未来现金流量的现值时需要对未来现金流量进行预测,并选择适当的折现率,应当在附注中披露未来现金流量预测所采用的假设及其依据、所选择的折现率为什么是合理的等。这些假设的变动对这些资产和负债项目金额的确定影响很大,有可能会在下一个会计年度内作出重大调整。因此,强调这一披露要求,有助于提高财务报表的可理解性。

(五)会计政策和会计估计变更以及差错更正的说明

企业应当按照《企业会计准则第28号——会计政策、会计估计变更和差错更正》及其应用指南的规定,披露会计政策和会计估计变更以及差错更正的有关情况。

(六)重要报表项目的说明

企业应当以文字和数字描述相结合、尽可能以列表形式披露重要报表项目的构成或当期增减变动情况,并且报表重要项目的明细金额合计,应当与报表项目金额相衔接。在披露顺序上,一般应当按照资产负债表、利润表、现金流量表、所有者权益变动表的顺序及其报表项目列示的顺序。

(七)其他需要说明的重要事项

这主要包括或有和承诺事项、资产负债表日后非调整事项、关联方关系及其交易等。

本 章 小 结

财务报告是指单位根据经过审核的会计账簿记录和有关资料编制并对外提供的反映单位某一特定日期财务状况和某一会计期间经营成果、现金流量的文件。它是企业根据日常会计核算资料归集、加工和汇总后形成的,是企业会计核算的最终成果,也是会计核算工作的总结。

财务报告的目标是向财务报告使用者提供与企业财务状况、经营成果和现金流量等有关的会计信息,反映企业管理层受托责任履行情况,有助于财务报告使用者作出经济决策。

财务报告的使用者包括投资者、债权人、政府及相关部门、单位管理人员、社会公众等。

财务报告包括财务报表和其他应当在财务报告中披露的相关信息和资料。财务报告至少应当包括资产负债表、利润表、现金流量表、所有者权益(或股东权益)变动表以及附注。

资产负债表是指反映企业在某一特定日期财务状况的财务报表。它反映企业在某一特定日期所拥有或控制的经济资源、所承担的现实义务和所有者对净资产的要求权的财务报表;是根据"资产=负债+所有者(股东)权益"这一会计等式,按照一定的分类标准和顺序,将企业在一定日期的全部资产、负债和所有者(股东)权益项目进行适当分类、汇总、排列后编制而成的。

在我国,资产负债表采用账户式结构,报表分为左、右两方,左方列示资产各项目,反映全部资产的分布及存在形态;右方列示负债和所有者权益各项目,反映全部负债和所有者权益的内容及结构情况。资产负债表左、右双方平衡,即资产总计等于负债和所有者权益合计。

利润表是反映企业在一定会计期间的经营成果的财务报表。常见的利润表结构主要有单步式和多步式两种。在我国,企业利润表采用的是多步式结构。

现金流量表是反映企业在一定会计期间现金和现金等价物流入和流出的报表。现金流量,是指现金和现金等价物的流入和流出,可分为三大类,即经营活动产生的现金流量、投资活动产生的现金流量和筹资活动产生的现金流量。我国企业的现金流量表包括正表和补充资料两部分。

所有者权益变动表是指反映构成所有者权益各组成部分当期增减变动情况的报表。

在所有者权益变动表中,企业至少应当单独列示反映下列信息的项目:①综合收益;②会计政策变更和差错更正的累积影响金额;③所有者投入资本和向所有者分配利润等;④提取的盈余公积;⑤实收资本或股本、资本公积、盈余公积、未分配利润的期初和期末余额及其调节情况。

附注是对资产负债表、利润表、现金流量表和所有者权益变动表等报表中列示项目的文字描述或明细资料,以及对未能在这些报表中列示项目的说明等。附注是财务报表的重要组成部分。

复习思考题

1. 什么是财务报告?它包括哪些内容?
2. 什么是资产负债表?它有哪几种结构形式?如何编制资产负债表?
3. 什么是利润表?如何编制利润表?
4. 什么是现金及现金等价物?
5. 现金流量表将业务分为几类?分别是什么?
6. 报表附注的形式有哪几种?

练习题

习题一

资料 A公司 2×19 年 12 月 31 日有关科目的余额如下:

应收账款——A	15 000 元(借)	应付账款——B	30 000 元(贷)
合同资产——丙	30 000 元(借)	合同负债——丙	20 000 元(贷)
预付账款——C	10 000 元(借)	预收账款——D	18 000 元(贷)
合同资产——丁	43 000 元(借)	合同负债——丁	73 000 元(贷)
应收票据——W公司	630 000(借)	坏账准备——应收账款坏账准备	300 元(贷)
应付票据——M公司	830 000(贷)	坏账准备——应收票据坏账准备	2 000 元(贷)
应收退货成本	1 600 元(借)	预计负债——应付退货款	2 300 元(贷)

假设:"合同资产——丙"和"合同资产——丁"超过1年才能有收款权利。"应收退货成本""预计负债——应付退货款"科目均在1年内出售或清偿。

要求 计算资产负债表中下列项目的金额(列示计算过程):

(1)"应收票据"项目。
(2)"应收账款"项目。
(3)"应付票据"项目。
(4)"应付账款"项目。
(5)"预收款项"项目。
(6)"合同资产"项目。
(7)"其他非流动负债"项目。
(8)"其他流动资产"项目。
(9)"其他流动负债"项目。

习 题 二

资料 A公司2×19年有关资料如下:

(1) 资产负债表有关项目的余额为:

"交易性金融资产"上年年末余额66 000元,期末余额0元;

"应收票据"(含增值税、下同)上年年末余额630 000元,期末余额140 000元;

"应收账款"(含增值税、下同)上年年末余额2 400 000元,期末余额960 000元;

"存货"上年年末余额180 000元,期末余额150 000元;

"应付票据"(含增值税、下同)上年年末余额350 000元,期末余额170 000元;

"应付账款"(含增值税、下同)上年年末余额240 000元,期末余额290 000元;

"应付利润"上年年末余额450 000元,期末余额200 000元。

(2) 利润表及利润分配表有关资料如下:

本年销售收入为5 600 000元,销售成本3 000 000元;

投资收益(均为出售短期股票投资获利)9 000元;

营业外收入(均为处置固定资产净收益)180 000元;

向所有者分配现金利润78万元。

(3) 其他有关资料:

应收甲公司货款40 000元,增值税额5 200元,因甲公司破产,无法收回上述款项,本年度内确认为坏账损失;

本年出售固定资产的原价为1 200 000元,已提折旧450 000元;

本年出售短期股票投资(非现金等价物)及固定资产等均已收到现金;

应收、应付款项均以现金结算;

不考虑该企业本年度发生的其他交易和事项。

要求 计算现金流量表中下列项目(列示计算过程)的金额:

(1) 销售商品、提供劳务收到的现金。
(2) 购买商品、接受劳务支付的现金。
(3) 收回投资收到的现金。

(4) 分配股利或利润所支付的现金。

(5) 处置固定资产、无形资产和其他长期资产所收回的现金净额。

习 题 三

资料 东方股份有限公司(以下简称东方公司)系增值税一般纳税人,适用的增值税税率为13%,适用的所得税税率为25%。假设无纳税调整项目。销售单价除标明为含税价格外,均为不含税增值税价格。

东方公司2×19年发生如下业务:

(1) 向甲企业赊销A产品200件,单价为2 000元,单位销售成本为1 000元。

(2) 东方公司经营以旧换新业务,销售A产品2件,单价为2 260元(含税价格),单位销售成本为1 000元;同时收到2件同类旧商品,每件回收价100元(不考虑增值税);实际收入现金4 200元存入银行。

(3) 11月10日向乙企业销售B产品20件,单价为800元,单位销售成本为500元。价款已于当日如数收存银行。

(4) 向丙公司销售材料一批,价款为10 000元,该材料发出成本为6 000元。当日收取面值为11 300元的银行承兑汇票一张。

(5) 丁企业要求退回本年5月20日购买的10件A产品。该产品销售单价为2 000元,单位销售成本为1 000元,其销售收入20 000元已确认入账,价款尚未收取。经查明退货原因系发货错误,同意丁企业退货,并办理退货手续和开具红字增值税专用发票。东方公司收到退回的货物。

(6) 收到外单位租用本公司办公用房下一年度租金60 000元,款项已收存银行。

(7) 甲企业来函提出当年购买的A产品质量不完全合格。经协商同意按销售价款的5%给予折让,东方公司开具红字增值税专用发票。

(8) 委托戊企业销售A产品100件,协议价为每件2 000元,该产品每件成本为1 000元。东方公司收到戊企业开来的代销清单,代销清单上注明戊企业已销售A产品20件。东方公司尚未收到款项。

(9) 接受大华公司的委托,代其销售E产品1 000件,按售价的10%收取手续费。E产品双方的协议价为每件200元,东方公司已将受托的E产品按每件200元全部售出并同时收到款项。向大华公司开出代销清单并收到大华公司开具的增值税专用发票。东方公司扣除手续费后将剩余款项归还给大华公司。大华公司将手续费收入作为其他业务收入处理。

(10) 收到增值税返还10 000元,存入银行。

(11) 本年用银行存款支付管理费用20 000元,销售费用20 000元,财务费用6 000元。

(12) 本年发生税金及附加3 500元(不用编制会计分录)。

要求

(1) 编制上述业务的会计分录。

(2) 编制利润表。

习 题 四

资料 某股份有限公司为工业企业一般纳税人,其适用的所得税税率为25%,增值税税率为13%;销售价格中均不含应向购买者收取的增值税额;原材料采用实际成本核算。

其 2×19 年 1 月 1 日的科目余额表,如表 13-10 所示。

表 13-10　　　　　　　　　　　　科目余额表　　　　　　　　　　　　单位:元

科目名称	借方余额	科目名称	贷方余额
库存现金	7 600	短期借款	300 000
银行存款	580 000	应付票据	41 000
交易性金融资产	500 000	应付账款	890 000
应收票据	15 000	应付职工薪酬	108 000
应收账款	400 000	其他应付款	60 000
其他应收款	18 000	应付利息	5 000
材料采购	18 000	应交税金	20 000
原材料	180 000	其他应交款	6 000
周转材料	80 000	长期借款	1 600 000
库存商品	1 020 000	其中:一年内到期的长期借款	1 000 000
长期股权投资	500 000	股本	4 000 000
固定资产	1 500 000	盈余公积	100 000
在建工程	2 000 000	利润分配(未分配利润)	187 800
无形资产	800 000	累计折旧	400 000
长期待摊费用	100 000	信用减值损失	800
合计	7 718 600	合计	7 718 600

该公司 2×19 年度发生如下经济业务:

(1) 购入原材料一批,买价 300 000 元,增值税额为 39 000 元,用银行存款支付,材料收到入库。

(2) 购入需要安装的设备一台,价款为 120 000 元,增值税额为 15 600 元,同时支付包装费、运杂费 2 000 元,价款及包装、运杂费等均以银行存款支付。

(3) 企业将持有的股票部分出售,收到款项 230 000 元,该股票取得成本为 200 000 元,款项已存入银行。

(4) 从银行提取现金 200 000 元。

(5) 银行代发支付工资 600 000 元。

(6) 分配支付的职工工资,其中生产人员 342 000 元,车间管理人员 136 800 元,行政管理人员 114 000 元,在建工程人员 91 200 元。

(7) 基本生产车间报废一台设备,原价 280 000 元,已提折旧 160 000 元,清理费用 1 000 元,残值收入 2 000 元,已用银行存款收支。

(8) 从银行借入五年期借款 500 000 元，借款存入银行，该项借款用于在建工程。

(9) 销售产品一批，销售价款 1 800 000 元，应收的增值税额 234 000 元，销售产品的实际成本为 620 000 元，货款已收到并存入银行。

(10) 拥有其 100% 的股份的被投资企业本年度实际净利润 1 000 000 元，该被投资企业适用的所得税率为 25%。

(11) 销售材料一批，销售价款为 380 000 元，增值税额为 49 400 元，款项已收到并存入银行，该批材料的实际成本为 200 000 元。

(12) 计提本年销售应负担的城市维护建设税 80 000 元。

(13) 计提本年销售应负担的教育费附加 4 000 元。

(14) 收到公益性捐赠款 5 000 000 存入银行。

(15) 计提应计入本期的短期借款利息 50 000 元。

(16) 归还短期借款本金 200 000 元及利息 25 000 元。

(17) 摊销无形资产 60 000 元。

(18) 收到应收账款 200 000 元，款项存入银行；计提本年坏账准备 5 000 元。

(19) 用银行存款支付广告费 10 000 元，其他管理费用 150 000 元。

(20) 用银行存款缴纳增值税 80 000 元，教育费附加 4 000 元。

(21) 偿还长期借款本金 1 000 000 元，偿还上年所欠货款 390 000 元。

(22) 将各损益类科目结转本年利润。

(23) 计算所得税费用和应交所得税。

(24) 按净利润的 10% 提取法定盈余公积，按净利润的 5% 提取任意盈余公积。

(25) 分配现金股利 400 000 元。

(26) 将利润分配各明细科目的余额转入"未分配利润"科目。

要求

(1) 编制该公司 2×19 年度经济业务的会计分录。

(2) 编制该公司 2×19 年 12 月 31 日的资产负债表、2×19 年度的利润表。